川上徹《終末》日記

時代の終わりと僕らの終わり

同時代社

藤田省三さんは言った――

「人類は滅んでいく。キミのやることは世紀末のルポルタージュ、それを書くことだ」

（〇九・一二・三〇記）

川上徹（かわかみ・とおる）

一九四〇年　東京・亀戸生まれ。
一九六〇年　東京大学教養学部入学とともに日本共産党入党。
一九六四年　全日本学生自治会総連合再建大会で中央執行委員長。
一九六六年より一九七二年まで日本民主青年同盟（民青）本部に勤務、中央常任委員。
その後出版社勤務などを経て、
一九八〇年　友人たちの協力により同時代社を設立。
一九九〇年　日本共産党離党。
二〇〇九年　膠原病の一つリューマチを発症。プルドニン投与の治療が始まる。
二〇一三年　心臓の状態が悪くなり弁膜症と診断。
二〇一四年六月　心臓手術の検査入院時に胃癌ステージⅣと告知される。抗癌剤治療が始まる。
二〇一四年一二月　肺炎を発症。
二〇一五年一月二日　永眠。享年七四。
著書に『もう一度、船を出せ』（花伝社）、『査問』（ちくま文庫）、『アカ』（筑摩書房）、『素描・一九六〇年代』（大窪一志との共著）、『戦後左翼たちの誕生と衰亡』（以上、同時代社）。

何が終わり、何が残されるのか
——川上徹《終末》日記に寄せて——

宮崎学

二〇一四年一二月の半ばの寒い日だった。川上徹さんが、ふらりとやってきて、当時私らの間で進行中だった企画についてちょっと話をして、あとはとりとめもない昔話。じゃあと言って帰っていった。何をしに来たのかな、と思った。

それから数日中に川上さんは倒れ、翌一五年一月二日に亡くなった。そのときになって、ああ、お別れに来てくれたんだ、と思った。そして、激しい喪失感に襲われた。これまでに、親しかった人がたくさん死んでいる。そのなかで、川上さんの死がいちばんこたえた。

そのとき進行中だった企画とは、戦後七〇年論だった。そこには、戦後日本の社会変革はなぜできなかったのか、俺たちの闘いは何を変え、何を変えられなかったのか、それを自分自身の体験と思想に即して明らかにして、後に続く世代に手渡したいという川上さんの思いがこめられていた。その思いは私にもよくわかるものだったので、企画に参加したのだった。だが、それも川上さんの死で無に帰してしまった。

それについて思い出すことがある。二〇一一年、死の床にあった荒岱介が語った言葉である。荒は、早稲田で学費闘争に始まって二次にわたった早稲田闘争を共に闘った仲で、のちに社学同委員長となり共産主義者同盟（ブント）戦旗派を率いた新左翼の指導者だった。その点では、党派は違うが、川上さんと共通するところがあった。その荒が、最後に、私の手を握って、「俺たち、どこでまちがったのかな」とつぶやいたのだ。

戦後の左翼、そのなかで重要な部分を占めたわれわれ六〇年代左翼は、大きな栄光と、それに勝るとも劣らぬ大きな負債を背負った。

荒が社学同や戦旗派の指導者として活躍した一九六〇年代、川上さんは、共産党＝民青系の平民学連から再建全学連の委員長、さらには民青中央常任委員学生対策部長として、当時、左翼各派に比して最大、また青年運動史上最大の勢力を誇った共産党＝民青系青年学生運動の中心的指導者として輝ける存在だった。

しかし、七〇年代になって、ブントを含む新左翼諸党派が武装闘争と内ゲバで混迷のうちに衰退していく一方で、「戦闘的民主的学生運動」を標榜していた川上さんたちも、共産党中央から「分派」として摘発されて逼塞していく。

やがて、新興派新左翼も正統派旧左翼も、戦後左翼運動の主役であった青年学生を惹きつける力を失っていき、それと共に社会的にも孤立していったのである。そして、かつての活動家の多くが、内ゲバで殺されたり、失意のまま社会の裏面に埋もれたりして、社会の表舞台から姿を消していったのだ。

早大共産党のメンバーも、次々に政治運動から去っていった。かくいう私も、故郷京都に帰り、裏社会のアウトロー稼業に勤しむことになっていったのだが、そのなかでも、川上さんは、出版活動や文化活動を通じて左翼運動に関わりつづけていた。だが、かつての活動家のなかから起こっていた川上徹決起待望論にもかかわらず、運動の表舞台に出てこようとはしなかった。

それが変わったのは、一九九六年、私が書いた『突破者』が契機になった、と川上さん自身が語っていたという。私は、この本で、戦後史の裏面で「突破」をやりつづけてきた自分の行状を語り、「見渡せば多数派ばかり」という「社会の態をなしていない社会」に対して、心ある者は叛旗をひるがえさなければならない、と呼びかけた。

川上さんは、これに応えて、それまで秘めていた一九七二年「新日和見主義事件」の実相を語り、共産党中央の官僚統制を批判しただけではなく、次のように書いた。

> 私は「昨日の世界」から何を掬い上げるべきかと考える。私を党へと導き、ああまで人を駆り立てたものの中から、この世紀末の現在に至るもなお生きるもの、生き延びなければならぬもの、それは何か。この時代だからこそ生きるべき精神とは何か。

このように、みずからの左翼体験を現在の社会における生き方に活かしていかねばならない、と訴えたのだった。

その思いが、やがて「これからの社会を考える懇談会」（通称コレコン）に集まったかつての左翼諸党派の指導者たちのまとめ役になっていくことにつながっていったのだと思う。日共、ブント、赤軍、革労協、第四インター、フロント、毛沢東派、協会派、人民の力派など、主義主張が異なり、かつては激しく対立していたこともあった、しかもいまだに弱小ながら一党一派を率いている手だれの古強者をまとめるには、率直で誠実でありながら自由闊達で度量の大きい川上さんがうってつけだったと言えよう。

私は「左翼はとっくに終わってるよ。残党を集めたって何もできんよ」と冷ややかだったが、「ガクちゃん（川上さんは私のことをこう呼んでいた）の言いたいことはわかるけど、だれかが左翼の後始末をしないとね。後始末を通じて、継承すべきものを継承していかないと、いままでやってきたかいがないよ」と、川上さんは笑っていた。それは、川上さんの著書『査問』に書かれていた、左翼の栄光の時代に人びとを左翼運動の実践に駆り立てたものの正体を——その悪しき面も良き面も——明らかにして、次の世代に伝えたいという思いにもとづくものであったろう。

荒は死の床で「俺たち、どこでまちがったのかな」と言ったが、川上さんは「どこでまちがったのか」とともに「何を継いでもらわねばならないか」を考えていたのだ。そして、それが二〇一四年に川上さんがまとめた『戦後左翼の誕生と衰亡』の問題意識であったろうし、私を加わらせて企てていた最後のプロジェクトの意図であったろう。そして、また、その問題をめぐって川上さんが考えたことは、本書にまとめられた〈終末〉日記のいろいろなところに見てとることができる。

この〈終末〉日記を読むと、川上さんが、左翼が「どこでまちがったのか」、左翼の「何を継いでもらわねばならないか」ということを時代状況との関連で考えていることがわかる。そして、それは私自身の時代状況認識と多くの点で重なる。重なるのは当たり前で、この日記がカバーしている時期、川上さんと私は、時代状況について、何度もくりかえし語り合ってきたのだ。特に、それは川上さんが企画してくれた私の『続・突破者』をまとめていく過程で、濃密にかわされたのであった。

この本を書いたのは、二〇一〇年、民主党政権の時期だったが、このとき、年初から毎月二回ほど、川上さんと私、二人の共通の友人である大窪一志が集まって、私が一五年間にネットなどに綴った主張や行動の記録をもとにしながら、いろいろと話し合い、議論をした。その速記をもとにしながら書き下ろしたのが『続・突破者』だ。このときの議論の中心の一つが、現在の時代状況をどう認識するかということだった。

当初、時代状況にいちばんペシミスティックだったのが「近代はすでに終わって近代のめくりかえりが起こっている」と言う大窪で、次が「熱も温もりもないスーパーフラットな社会になってしまった」という私。川上さんはというと、私らが指摘する現象については認めるものの、それでも戦後がつくってきた社会意識と政治意識、端的には平等感覚と戦後民主主義の力はまだ完全に失われたわけではないという立場から発言をしていた。

だから、二〇一一年三月一一日、東日本大震災のときにも、川上さんは「これで日本は大きく変わる可能性がある」と言っていたのだ。そういう人が多かったと思うが、これは結局、幻想であった。このような幻想は、川上さんたちのように戦時下の日本を子どもながらに知っていて、戦後すぐに自意識をもつようになった世代に特有の、戦後という時代に対する思い入れの強さが導き出していたのではないかという気がする。

だが、それから三年、二〇一四年に「戦後史」プロジェクトに大窪とともに招集されたとき、この点についても、川上さんの考え方は変わっていた。そのころ、川上さんは、こう書いている。

〔戦後という〕この歴史がそっくり、完全に、日本人の意識から消滅するのが今年から来年です（極端に言えば）。九条だけではないのです。革命も、意地も、悔しさも、宮崎たちの言う掟もその社会も、良くも悪くも道徳も、人びとにとって何よりも昨日までの記憶が、まずきれいに消尽することでしょう。

川上さんは、ようやく戦後的なものに立脚して社会を変革する希望を捨てたということである。私は『続・突破者』で、「未来に希望などない」「絶望からスタートしたほうがいい」「未来に展望や希望を持ちたいと考えること自体が現在の生き方を誤らせる」と書いたけれど、四年を経て、川上さんも同じ地点に立ってくれたという思いだった。

川上さんが、どのような体験と思索から、そうした結論に到着したのか。同じ結論であっても、私のような無造作な直感によってではなく、もっと高等な思考回路をへて、そこに到達したのだと思われる。その行程を、この〈終末〉日記を精読して検証してみるのもよいのではないかと思う。

だが、それだけでない。私は、「希望などない」というところから、地面がコンクリートで固められてしまった地中の蟬に自分を擬して、土のなかでいのち果てるだろうが、それでも最後まで地上を目指して這い登るだろうと書いた（『続・突破者』の「最後に」）。重要な違いは、川上さんは、私と違って、そういうニヒリスティックな結論には至らず、別のもっとポジティヴな途を目指したということだ。

川上さんは、戦後という時代が消尽されてしまったのであるなら、その歴史を奪還して、みずからの手にわしづかみにし、奪還された歴史を続く世代に手渡してやろう、と試みたのである。それが、最後の試みになった戦後史プロジェクトの目的だったのだ。

だから、川上さんは、最後の時期に、「飛躍」と「継承」ということをしきりに考えていたようだ。それは、敗戦による戦前社会から戦後社会への「飛躍」と、その移行における「継承」であり、またいまの戦後の終焉による戦後社会から脱戦後社会への「飛躍」と、その移行における「継承」である。そして、大事なのは、川上さんがいずれの場合にも、「継承」がうまくなされなければ「飛躍」もうまくできないと考えていたということだ。

川上さんは、大窪宛の私信（二〇一四年一二月八日）で、海軍下士官から共産党軍事委員長になった大窪敏三、陸軍少尉から左翼教育学者になった五十嵐顕、予科練出身の革命家・樋口篤三が敗戦を契機にどんな「飛躍」と「継承」を遂げたかを問題にしている（大窪一志「時代が終わり僕らも終わるとき残されるものは何か」、『情況』二〇一五年三―四月合併号）。

そして、三人共に、軍隊体験のなかで身につけた信義・道義を貫こうとした「継承」があったからこそ、それぞれの革命運動への「飛躍」があったのだという点に注目している。

だから、いま求められている戦後社会から脱戦後社会への「飛躍」においても、「継承」すべきものは何なのかを確かめ、それを守ることが必要だと考え、そこを明らかにしようという問題意識が川上さんにはあったのだと思う。そして、さて、これから、戦後史プロジェクトを通して、それを明らかにしようというところで、川上さんは倒れた。

だが、その継承すべきものは、われわれがおこなってきた社会運動の場で培われてきたものであり、それについては、この〈終末〉日記のなかで随所にさまざまなかたちをとって言及されている。川上さんは、本書にも記されているように、政治学者の藤田省三の遺言に従って、「〈終末〉の時代の記録者」になろうと心に決めて、この日記を書きつづけてきたのだ。われわれはそこから継承すべきものを読み取って、それを活かしていかなければならない。


時代の様相は確実にさらに悪くなってきている。

それは「安倍の暴走」とか「トランプの無謀」とかによるものというよりも、われわれ自身の内部から起こっている崩壊現象によるものなのだ。いま問題なのは、外からの攻撃ではなく内からの崩壊なのだ。

この世界は終わる。腐って、崩れて、溶け去る。それは、どうしようもない、止められない、最期の相に入ってきている。

だが、人間は終わらない。すべての人間が丸ごと救われることはないが、崩れ去る世界を生き抜き、みずからを建てて生きる人間がかならず残る。

川上さんは「〈終末〉の時代の記録者」として、終末における人間の生き方をこの日記のなかにさまざまなかたちで描いている。われわれは、そこから学んで、みずからを建てる途を探らねばならない。この〈終末〉を生き抜き、生き残っていくために。

（作家）

凡例

一　本書は、川上徹が「世紀末日記」として二〇〇二年から二〇一二年まで（二〇〇八年はなし）書き記していた未発表の日記とその期間に既発表のエッセー・論考、二〇一四年から大窪一志氏のブログ「単独者通信」に掲載された川上徹・大窪一志往復書簡（「時代の終わりと僕らの終わり」）のうち川上徹の書簡のみを抜粋し、時系列順に収録した。

一　本書編集にあたり、原文を尊重し、できるだけ注釈などは書き加えたりしなかったが、原文だけではどうしてもわかりにくい箇所については、本文の〔〕内に記した。また、明らかな誤字・脱字については訂正をし、適宜ルビを付した。

一　本書に登場する人名については、巻末に人名索引としてまとめたが、公開に差し障りがある思われる人名についてはイニシャル表記とした。

目次

何が終わり、何が残されるのか　―川上徹《終末》日記に寄せて―　宮崎学　1

二〇〇二年　21
八・二四　バンちゃんの短編読みました　21
一一・一〇　三池写真展初日の一一月一〇日シンポでのボクの発言　22

二〇〇三年　28
一・二五　六〇年代を生きた我々には　28
一・三一　私の、「とりあえず」の問題意識　28
二・一六　牧梶郎の「石原文学論」に触発されて考えたこと　30
六・二三　日共新綱領＝消えた言葉　34
一〇・一七　共産党体験者たちの「拉致問題」　34
一〇・二〇　NHK番組で特集「ネオコン」をやっていた　36
一〇・二六　いま、拉致問題は政治的には行き詰まっている　37
一一・三　《T・K生の時代と「いま」》　38
一一・四　酔っている。「故郷」兎追いし……　38
一二・一〇　日本共産党研究会参加。宮崎学と　39

一二・一四〜一五　コレコン合宿　40
一二・一九　池明観先生からクリスマスカードあり　42
一二・二七　いいだもも氏より『日本共産党はどこへ行く?』献本される　44
一二・三〇　たまたまテレビで映画「座頭市物語」を見る　45
一二・三一　E・M・フォスター「自由」には二種の意味がある　46

二〇〇四年　49

一・一　人類Aと人類B　49
一・二　「あしたのジョー」を読んで革命を考えた　51
一・一七　日共党大会報告を読んだ　51
一・一八　綿矢りさ『インストール』『蹴りたい背中』を読む　52
一・一九　イラク派兵の責任の一端　56
二・一　山田太一さんへのハガキ　57
二・七　酒井啓子『イラク 戦争と占領』を読む　57
二・一一　日共研究会。ボクの問題提起　59
二・一三　「原之夫をしのぶ会」　60
二・一五　西井一夫がいいことを言っている　61
二・二〇　『あごら』誌の「誌上デモ」に参加　62
二・二一　一本の映画・一編の詩　64
二・二七　平和事務所二〇周年に寄せて　69

三・一三　恵比寿で「グッバイ、レーニン！」を観た　71
三・一四　「朝日」で長谷川如是閑の特集　73
三・一七　ハンナ・アレント論――太田哲男君と　74
三・一九　タシナ・渡辺一枝対談　74
三・二四　ガザでハマスのヤシン師が殺害された　76
四・一二　イラク人質事件　76
四・二一　『アクト』に原稿を送る　83
五・二四〜二五　拉致家族の一部が小泉と一緒に帰ってきた　84
五・二九　パレスチナ駐日代表の講演会を聞く　84
六・一〇　釈弘元さんの原稿　86
六・一九　「勇気というものは遺産と同じように…」　87
九・一一　「終わりなきゲーム」の時代に　89
一〇・二一　コレコン「綱領」（私案）を作成　112
一二・二　『「彼女たち」の連合赤軍』はヒントになった　114
一二・四　大菩薩がなければ自分もまた　115
一二・二〇　「北」に対する「経済制裁」の声　115
一二・三〇　謹賀新年　117

二〇〇五年　119

五・二　《ブント》、《層としての学生運動》　119

五・一四　「よど号」と「大菩薩」　124
六・八　「キューバ円卓会議」　126
八・二六〜二七　コレコン合宿でレポートした　126
一〇・二　幾つかの警句　129
一〇・二二　「アナ・ボル」原稿ついにまとまる　131
一〇・二三　「なんで今さらアナ・ボルなの?」　132
一二・一〇　四茂野修著『甦れ!　労働組合』合評会での発言　133
一二・一三　「濡れた子を傘にさそって落ち着かず」　138
二〇〇六年　140
一・一三　先に逝った友よ、ごめん　140
五・二九　森輝子さんは亡くなっていた　141
二〇〇七年　143
一・三　正月の読書体験　143
一・七　上原真さんへの手紙　146
一〇・三〇　「星座」の中の古在由重　148
二〇〇九年　152
一二・二六　樋口さん死去　152

一二・二九　樋口篤三がこれほどの家族思いだとは　154
一二・三〇　「八九年」とは何であったのか　156

二〇一〇年　163

二・六　本日は樋口篤三を偲ぶ会　163
二・一三　昨日、中国研究会　164
二・二三　世紀末を記録せよ――　165
三・一二　これからのテーマ、タイトル　166
三・二二　チェンジの時代に〈驚く〉こと　166
四・一四　天安門事件のとき、自分はそこにいた　170
五・三　大窪との会話からのヒント　170
五・五　塩見孝也さんへの「弔辞」　171
五・七　ＩＴ時代は六八世代がつくった　172
五・三一　葦牙ジャーナル巻頭言を書いた　174
六・五　鳩山内閣が吹っ飛んだ　175
六・一〇　菅内閣誕生。官僚によるクーデター説　175
六・二一　左翼の墓碑銘を残さないといけない　176
六・二二　風の中の政治家たち　177
七・二二　「ハンシャ」？　178
七・二九　団塊の世代の犯罪性　181

八・一四　「真の革命家であるかの基準…」　181
八・一九　官僚階級温存のために　182
八・二四　湯河原・敷島館　182
九・一　民主党代表選――続「風の中の政治家たち」　184
九・六　ルネッサンス研究所設立趣意書について　185
九・七　宮崎学、大窪一志と相談　190
九・一一　ラブリオーラ記念シンポにて　191
一〇・一　強い意志　191
一〇・九　「おもろ」＋「萱」＋「ふじ」雑談　192
一〇・一二　脳幹と前頭葉　193
一一・一一　現代の浪士はいずこに　194
一一・一二　社会の危機と左翼の責任　198
一一・一七　「全体」を書ける人がいなくなった　206
一一・二六　「孤族」ということ　206

二〇一一年　209
一・一〇　恐ろしき結論　209
一・一六　人民党から共産党への移行と逆行　210
二・七　樋口篤三さんと松崎明さん　210
三・一一　東北関東大震災三・一一午後二時過ぎ発生　212

三・一四　原発が炉心溶融している　213
三・一五　予測可能性の範囲外の時代　213
三・一九　一変するという予感　216
三・二〇　基盤の喪失　217
三・二三　NHKニュース報道を見つつ　219
三・二七　安斉育郎『家族で語る食卓の放射能汚染』　220
四・四　総漂流状態の「政」「官」「メディア」　221
四・一一　震災一ヵ月。原発未だ先見えず　223
四・二〇　人災（ヒューマン・エラー）　223
四・二五　立命館のSさんから　224
四・三〇　ルネ研における近代化議論　225
五・一五　「三・一一」は何を終わらせたのか　227
五・一八　世界の危機　228
六・一　八〇年代——辻井と宮崎　230
六・五　アナーキズムの再生　230
七・八　樋口遺稿集見本出来の日に　232
七・一四　一八七一年マルクス『フランスの内乱』　235
八・二　墓碑銘—左翼も右翼も墓碑銘は必要である　237
八・四　「みんな他力依存なんです…」　237
八・二〇　沖縄とアイヌ　239

九・一九　さようなら原発集会　241
一〇・一七　右翼について（大窪一志）　241
一〇・二二　なぜぼくはプルードンに関心をもつか　243
一〇・二四　煙幕のメディア　252
一一・一〇　三・一一は世紀を画するほどの巨大な歴史的な転換点　253
一一・一五　沖縄と福島、さらには震災を被った三陸の民衆　254
一二・五　痩我慢の精神　254
一二・一二　辻井喬さんと　258

二〇一二年　259

三・一二　太田昌国さんへ『「拉致」異論』の感想文　259
三・一三　暴対法改訂にひそむ危険　261
三・一五　暴対法改正反対講演会から　263
三・一七　大和田幸治さんが亡くなった　266
八・二六　深井純一最終講義の核心と自伝エッセーについて　268

二〇一四年　川上徹・大窪一志往復書簡から川上徹の書簡　272

八・二三　ガラちゃん、しばらく　272
八・三一　問題状況はあまりに多岐にわたると思ってます　274
九・九　戦後「七〇年」の問題性　280

九・二九　「回り舞台」は回ってしまったのか　288
一一・一三　「時代経験」として〈いま〉を語れるために　297
一二・八　川上徹の最後の手紙　307

人名索引　i

二〇〇二年

〇二・八・二四

バンちゃん〔牧梶郎、「葦牙」（あしかび）元編集長〕の短編読みました。最初、二八号〔「葦牙」誌〕を受け取ったとき、「マリカ」という洒落た名前の女の「宿」だと勝手に想像し、その想像を膨らまし「バンちゃん、何かまた告白的なこと書いたのかな」と人知れずニンヤリと笑っていたのでした。そのまま忙しさにかまけて放置し、今日（八月二四日）、読みました。高校の同期会の流れというシチュエーションには、最近はボクもしばしば遭遇するし、似たような体験もあるので、非常に自然にすいすいと読むことができました。T高校とH高校と似たようなところもあるし。

いま、ボクは一九六〇年代末のいわゆる「全共闘」世代、団塊の世代の青春体験について、非常に興味を持っています。今度の短編の主人公たちと重なるでしょうか。そこで、彼らにとって「七〇年安保」「学園闘争」体験はどうだったのかが素通りしているようで、多少の不満が残りました。

「宿」の住人、団塊の世代のサラリーマンが、流されて屈折している姿の背景に、時代体験が見えてこない。いや、別に彼が闘ったかどうかは問題ではない。彼もまた時代の空気を吸っていたわけだし、それはどんな匂いをしていたのかな、と。

この間、テレビで、田原総一朗・立松和平らの「七〇年安保」の特集があったそうです。ボクは見ていないのだが、その感想を多くの人から聞きました。番組の取材者によると多くの人が取材を断ったそうです。語りたがらなかったそうです。「あの経験はいったい何だったのか」、誰もがあまり語らない。それはなぜだろうか。ボクはそこに興味があります。もしかしたら、ボクの「査問」体験と似た事情があるのでは。イヤ、党派体験というのではない。一種、敗北体験というものか。敗北は相対化するのに時間がかかります。まして、現在のおのれとの「連続」を納得するのでは。

考えてみれば新日和見事件の要因は、結局のところ、「七〇年安保」があったわけですから、ボクらの体験も七〇年世代の時代体験の中にもう一度位置づけ直してみる価値があるかもしれない。ボクは、査問を自分の狭い全体主義体験と絞ってきたキライがあった。少し時代の中に引き据え直して考えてみようか、そんな風に思っているわけです。

バンちゃんの短編が一つの刺激になりました。ボクには「モノ書き」の自覚はないが、「モノ」を書かないではいられない人間ではあると思っている。だから、到底「評」などにはならない、感想です。とりあえず。

〇二・一一・一〇

三池写真展初日の一一月一〇日シンポでのボクの発言、以下。

三池闘争と私

私にとっての「三池」は人生の出発点ともいえるものです。一九六〇年、大学に入学した私は、安保闘争の渦の中に飛び込んでいきました。五・一九、六・四総評ゼネストをはじめ、とくに五月一九日以降は毎日のように繰り広げられる国会包囲闘争は、まだ一九歳の若者であった私に、国がひっくり返るということはこういうことかと思わせるに十分な迫力がありました。しかし、六月一九日午前零時、改訂安保条約は自然成立しました。その晩、何万人の人が国会周辺で夜を明かしたのか知りません。誰かが笛を吹き、続けて誰かが呼応し、地鳴りのような、悲鳴のような音が響き渡り、暗闇の中から澎湃《ほうはい》としてわき起こるシュプレヒコールと交差していました。なすすべもなく、巨大な黒いシルエットとなった国会に向かって、私は地べたに座り続けておりました。そして自分に言い聞かせようとしていました。闘いというものは敗北することもあるのだ、いや、最後の勝利までは、労働者階級は負け続けるものなんだ、そして、闘いのあとに残る唯一の財産は、人民の団結の力と、人と人が結ばれる絆の強さ、その質の高さなのだと納得しようとしたものでした。

私は川崎セツルメントの一員でした。かねて先輩から「三池」に行かないかと誘われていました。いささか目標を失っていた私は、イチもニもなくその誘いに乗り、親から貰ったコメを担いで夜行列車で大牟田に向かいました。緑ヶ丘社宅の集会所の一室が私たちの宿泊場所となり、そこで生活をしていましたが、主婦会のお母さんたちがスイカを差し入れてくれたり、家族の食卓に招待してくれたり、社宅の浴場に連れて行ってくれたり、見るもの聞くことの全てが初めての体験ばかりでした。彼らが全国の炭鉱労働者たちから寄せられた六〇〇円カンパで生活を支え、一家族月一万円の生活をしていたということを、私がどの程度理解していたか、今となってはよく思い出せません。

なだらかな丘陵地帯で、鬱蒼とした緑と群生していた向日葵の黄色が燃え立つようでした。その時の滞在は七月の半ばまで。私たちの活動は、子どもたちに人形劇を見せたり、学校の勉強を教えたりすることでした。保育園は警官隊に占領されていましたから、社宅の広場は子どもたちで溢れていました。ちょうど三池の「海戦」のころでしたが、私は現場にはいません。たしか三池労組の発行するニュースを社宅に配った記憶があります。一〇万人集会にも参加していません。まあ、「留守番部隊」のような役割を担っていたのです。

人形劇の内容は、その地方に伝わる勧善懲悪の民話を題材にしたものでしたが、生き生きとした子どもたちの反応、明るさ、素朴さは忘れられません。いがぐり頭のやんちゃ坊主や弟を背負ったオカッパの女の子がきらきらと輝く眼で、吸い付くように私たちの指先を見ているのです。ああいう表情をした子どもたちの姿を、アノ時代以降、私は見たことがありません。芝居は野外でやりましたから、夏の強い日差しが子どもたちに降り注ぎます。夏休みに入ってからでしょうか。ある日、中学三年生の一人の女の子がやってきて、子どもたちの頭上にすだれをかざしてくれました。芝居の最中ずっと両手をかざしているわけですから、腕は相当疲れたはずです。その子は毎日のように黙々とやってくれたのです。聞くと、父親は指名解雇者の一人だということでした。

いったん東京に帰った私は、その年の八月の半ばから九月の始めのころ、炭労が斡旋案を受諾し、三池労組には孤立感が漂いはじめたころ、再び緑ヶ丘社宅にやって来ました。そして日よけをやってくれたあの女の子が、岸和田の紡績工場に働きにいくつもりだということを聞きました。彼女は翌年の三月卒業の予定でしたが、一家の生活はそれまで待てない、父親は大阪に働きに行き、自分は一日も早く働きに出なければいけないと明るく言うのです。胸が衝かれる思いでした。当時はそういうケースが多くあり、働きに出た子たちが就職先の会社の許可を貰い三月の卒業式にだけ学校に戻り、卒業免状を貰ったということでした。その女の子のことを思いだすとき、私は不思議に「南蛮の音を子守の歌と聞いて育った」(「炭鉱(ヤマ)の娘」)この可愛い娘のことを思い出します。

私は三池闘争では多くのことを学びましたが、その一つは、労働者の闘いは勝つこともあるが負けることもあるということ、闘いには高揚の時期もあるが敗北と沈滞の時もあること、そしてそれを担う人々の暮らし＝「生活」には切れ目がないということを思い知りました。この世で「事件」と呼ばれるもので、それに偶然にも関わった一人の人間にとっては、その「事件」を通してその後の人生を尊厳をもってこらえていく魂《たましい》のようなものが獲得できるかどうか、それが大事だということでした。三池闘争は多くの人にとって、間違いなくそうした「質」を持っていたと思います。

その後の私は、学生運動から民主青年同盟の専従幹部として七〇年代初頭まで活動を続けることになるわけですが、その動機の背景に、六〇年における安保と三池のいずれも敗北に終わった闘い、これをどうしたら超えられるか、というテーマがありました。どうしたら勝てるか。これはおそらく安保条約という日米軍事同盟に支えられた国家権力を打倒すること、新しい人民の権力を打ち立てること、それなしに労働者をはじめ差別され虐げられてきた人々の悲劇はなくならない。「三池」が負けたのは、結果的に孤立させられたからだ。無数の「三池」が、職場で、地域で、学校で、全国で澎湃として登場したとき、闘争中の「三池」のように人々がその現場の主人公になり、それが「上部」における政治権力の交代と結びついたとき、この国は根本的に変わるだろう。私は非常に政治主義的にものごとを考えようとしました。

時あたかも、一九七〇年一〇月二五日、南米のチリでアジェンデ社会党党首が選挙で大統領に当選し、人民連合政権が誕生しました。私はこの頃、チリ共産党書記長ルイス・コルバランの論文を、夢中になって読んだ記憶が残っています。彼らは言っていました。選挙で勝つことも大事だがそれだけでは駄目なのだ。工場、農村、学校、行政機関それぞれの中に、人民の権力を創り、それぞれの連合(「人民連合委員会」と呼んでいました)の形成こそがカギなのだ、と。それに成功してこそアジェンデを支えることができるのだと。日本における六〇年代末から七〇年代初頭の学園闘争の高揚も、私はそうした文脈の中でとらえようとしたのです。その原風景に「三池」での体験があったことはいうまでもありません。

あれから四〇年、三〇年の歳月が流れました。いま、当時描いた私の理想や政治的展望などどこかに吹き飛んでしまい、まるで夢物語であったかのような時代へと一変してしまいました。戦争が悪だということは、あの時代は誰も疑わない「公理」ともいうべきものでした。しかし、いま、戦争は正義であると、耳や目を覆いたくなるような声高な叫びがテレビや新聞を覆っています。私たちはおそらく追い込まれているのだと思います。もっと深い所から始めなければならないように思うのです。どうしたら人間らしさを回復できるのでしょうか。おそらくその答をも「三池」は持っている。どういうときに人間は人間を信ずることができるのか、どういうときに人間は尊厳のために闘うものなのか、追い込まれたときの人間の「出処進退」のようなものを教えている。私はそう思います。

二〇〇二年

二〇〇三年

〇三・一・二五

六〇年代を生きた我々には、現在の自分と当時の自分との間にある「変化」に関して説明責任があるだろう。

六〇年代、私にとっては社会主義者であったというよりは、まず共産党員であった。党員は当然社会主義者なのだとすれば、自分も社会主義者であったと一応はいえる。しかし、その社会主義は、いってみれば「党員化」したそれ、「イデオロギー化」したそれ、日共イデオロギーによって変質し整序されたそれであったといえるだろう。こうした事情は他の党派体験をした者にもいえることではないだろうか。「中核化」したそれ、「解放派化」したそれ、「協会化」したそれ、という意味である。

アノ時代、我々の世代においては、自立した個人として社会主義者になることがきわめて困難だった。

〇三・一・三一

私の、「とりあえず」の問題意識（三池合宿にあたって）。
＊これまでの人生を振り返って、私は「とりあえず」の選択と発想でやってきた。長期の見通しとか戦略は苦手であり、じつは、それをあまり信用したくないというホンネもないわけではない。古くは六一年の構造改革論争（分裂）の時もそうだったし、自分が専従になっていった契機もそうだった。その後も。
＊比較的「戦略」的発想で動いたのは、新日和見事件の時だったろう。アレは、たしかに『査問』に書かれていた内容では不十分である。けっして全体を描いているわけではない。明らかに宮本議会主義・官僚主義に対置した戦略を考えていた。その意味で「分派」の萌芽であったといえる。（我々の内部事情で）そこには踏み込んではいない。
だが、事件後、個々の人間の行動は、きわめて現実主義的で、みんな「とりあえず」散っていった。六〇年安保後のブントの個々が「とりあえず」散っていった（アメリカ、研究室、現場等々）、逃亡していったのは解るような気がする。
＊『査問』と『アカ』で、「とりあえず」個人的な総括をしたつもりだった。しかし、「総括をすればそれで済むのか」という問いに、たちまちぶつかった。
その要因の一つは「現状」である。現実が呼びかけるのだ。なぜこんな状況になってしまったのか。私は「社会」主義者ではある。だが、問題はそこにはなく、必要なのは「とりあえず」抵抗する精神なのだ。その過程で生まれる戦略とは何か。大兄諸氏のご意見を伺いたい。

もう一つは、「現状」に対する責任意識、六〇年代の者による時代総括が必要ではないか、という意識である。私には仮説がある。

○三・二・一六

牧梶郎の「石原文学論」に触発されて考えたこと。

自慢ではないが、ボクは石原慎太郎の小説は一冊も読んだことはない。読みたいと思ったこともない。そんな読者をおそらく予期して、膨大な小説群を丹念に読みとった牧は、作品の一つ一つのあらすじを紹介し、それに解説を加えてくれた。牧を通じて石原作品のほぼ全貌を知り得たことは、このクソ忙しいときにあって貴重な時間節約になった点でまことにありがたかった。

と同時に牧の論考（「強者へのこだわり」『石原慎太郎というバイオレンス』同時代社刊収録）は、石原作品の何たるかを明らかにすることによって、現代社会にあふれている一つの危険な風潮、そのメンタリティー、時代的社会的な気分・心理ともいうべきものを、きわめて象徴的にあぶりだしている。それは「石原人気」を支えている、ある種の人々のメンタリティーを解剖している作業になっていると思えるのである。

「石原人気」の背景には、政治家石原がパフォーマンスとして「銀行税」「ホテル税」や「ディーゼル車締め出し」「横田基地返還」等のスローガンを掲げていることによって、社会的「強者」に対する抵抗のイメージが浸透していることもあるだろう。だが、牧は、石原の小説に即して彼の思想の内容に迫り、じつは自分自身がいかに「強者」へのこだわりに取り憑かれた男であるかを明らかにしてみせた。

牧は、石原作品を解くキーワードとして、「暴力」や「遊戯」「性」「殺」や「純粋行為」などがあるといい、それを分析しながら石原の「嫌悪の人間学」を取り上げている。石原の「人間学」によれば「嫌悪」こそが最も現代的な情念であり、「嫌悪」の遂行こそが現代における「行為」なのだという。「自分を塞ぐ何か」を嫌悪の対象として攻撃的に自覚したとき、人間は初めて主体を回復できる。そしてその対象を「殺す」＝絶滅させる行為の中にこそ、主体を実現することができるのだ。「憎い奴は殺すまで憎むことによって行為は完璧となり完結するのだ」と。

牧が取り上げた『嫌悪の狙撃者』は、自滅的な警官隊との銃撃戦の果てに取り押さえられた一人の青年の物語である。青年は、身持ちが悪く自ら芸者になった姉と、性的関心しかない夫のもとに嫁に行った知的障害者のもう一人の姉を持ち、悲劇的な家庭環境に育ち屈折した生いたちを抱え込んでいた。その屈折の角度は、人生の途上でいつも自分を「塞ぐ」ものによっていっそう強められてきたものであった。銃撃戦の最中、青年の心は不思議なほど満ち足りていたのだという。牧はこの小説が「自らの周りのすべてを憎んで嫌い、その嫌悪を、照準した銃で狙撃するという……人間」への、何よりも石原自身の「渇きに似た賛歌」なのだと紹介している。

ボクは、嫌悪の感情とは、現代におけるもっとも人間的な感性から発するものの一つであると考えている。ラムズフェルドが薄笑いを浮かべながら「核兵器の使用を躊躇しない」と言って世界を威嚇するとき、嫌悪の情を通り越し思わず「悪魔」という言葉さえが浮かぶ。だが、その嫌悪感は同時に、その地では日々繰り返されている家屋の破壊、水道管施設や病院や学校の崩壊のもとで苦しむパレスチナ民衆への一層の共感と、劣化ウラン弾の後遺症で泣くイラクの子どもたちへの同情をより強く刺激し、喚起してくれるものである。嫌悪の感情とは、人間の想像力がどこまで具体性を持ち、広がりを持つことができるか、精神の「格闘の場」であるといっていいだろう。身近な生活の場に遭遇する様々な小心者や「権威」を振りかざす愚か者への嫌悪でさえ、自分はそうは振る舞いたくないという、意志力や正義感を刺激し自覚させることだってあるのだ。

だが、石原の言う「嫌悪の人間学」はこうしたものとはだいぶ違うものであるらしい。牧は、個々の作品を通じて、石原にとって嫌悪の対象は社会的「弱者」、とりわけ「女」によって表象されるものであることを明らかにしてみせたように思う。作品に登場する様々な男たちは、女たちをいたぶり、陵辱し、引き回し、ゲームとして遊び、殺し、それでも足りないとして喘ぐ。これらの描写は、石原が嫌悪を感ずる「弱者」の醜悪さを際だたせる小道具なのではないかとさえ思えてくる。それは「男女差別」とか「女性蔑視」とか「愛の不毛」とか、そんなヤワな次元のことではないのではないか。

けっして強者には向かうことのない嫌悪の情は、その対象を徹底的に憎み、殺す＝消滅させることによってしか果たされない。そこには、やわらかで、繊細で、時にはあいまいで、しなやかな、凡そ人間的な諸々の感性がわき出る余地はない。複線や複々線のない、凶暴にだけ向かうただの単線である。

石原の「男」たちは『嫌悪の狙撃者』の青年に代表されるように、社会からはじき出され、自分の安住すべき処を失った、自分を「塞いでいる」ものに圧倒された者、安住したシステムの中から彷徨《さまよ》い出た者、それらに飽いている者たちが多いように見える。社会という人間の有機的諸関係が崩壊しつつある現代において、こうした者たちの予備軍は日々再生産されつつある。そこには下積みの失業者やホームレスばかりでなく、浮遊するエリート層も含まれているはずである。石原が「嫌悪に発する精神的に凶悪な思考こそが現代の知性」であると言い、ある種のジャーナリズムがこれに喝采を送るとき、ボクは、より弱い者への嫌悪で繋がった「エリート」と「モッブ（群衆）」の「精神的同盟」（ハンナ・アレント『全体主義の起源』）を、そこに見るような思いがする。

石原の言う「凶悪な思考」とは何か。彼は自分に嫌悪をもたらす不快にどう対応しようとするのか。その思考は、たんに不愉快を避け回避しようとする自然の生理ではもちろんない。不愉快と格闘（＝交渉）しようとするものでもない。その本質は、不快を避ける行動をとることを必要としないように、反応としての不快を呼び起こす元のモノ＝刺激を除去してしまいたい（＝殺すこと、絶滅すること）というところにある。そこに「凶悪」さがあるのである。これは、苦痛や不愉快と交渉し、対決（この積み重ねが人間の「経験」といわれるものだ）しようとするのではなく、対面の機会そのものを一挙に無くしてしまおうとするものである。ブッシュやシャロンを思い起こすまでもない。

ボクたちの経験は、自分たちと異なるもの、緊張をもたらすもの、違和感のあるもの、時には敵対するものとの様々な交渉と妥協、あるいは闘争と格闘そのものであった。それがこれまでの人生経験といえるものであり、ひいては人間の歴史であったことだろう。嫌悪をもたらす不快との交渉の積み重ねの中でこそ、人間の知性は磨かれてきたとは言えまいか。その意味で「凶悪な思考」は、経験という人間の価値への挑戦だと言えるだろう。いま、なにごとも「一挙に片づけてしまおう」という風潮が、世界を日本社会を席巻しているように見える。牧は、その背後にある煽動者の一人の作品分析を通じて、そうした風潮のメンタリティーを解剖してみせた。ボクはそう読みたい。

〇三・六・二三

日共新綱領＝消えた言葉。

二ヵ所で「労働者階級」が使われている。「戦前」と、（一〇）で根本的任務の箇所で。だから、抽象的には「階級」の概念が生きているとはいえる。しかし、その実態を担保する「労働組合」の概念は消えた。

「運動」という言葉自体、（八）で「平和と社会進歩の運動」が二カ所、「国会外の運動」が一個、諸外国における「人民の運動」で二カ所登場するだけである。「大衆運動」「市民運動」「青年運動」「学生運動」「労働運動」など、運動に関する概念はきれいさっぱりと消え去った。

「福祉」が二ヵ所、しかし、「医療」という言葉はない。「協同組合」という言葉もない。

〇三・一〇・一七

共産党体験者たちの「拉致問題」。

昨日、Kから手紙。メールで送った訪韓団報告とボクの多少の言葉にかなり過剰反応してきた。議論したいと。ゴメンこうむる。

横田滋、荒木和博、桜井よしこらを講師に拉致問題講演会をやるとのこと。ボクのメールは、やわらかくこれを批判したのだったが。

「救う会」と「家族連絡会」によるチラシの内容。

「今こそ経済制裁を！」「拉致はテロだ！」署名運動を展開している。

「北朝鮮を刺激しないことを前提としたコメ支援や秘密交渉」だけでは、拉致被害者を取り戻せない。「五人の帰国は」「拉致問題の解決なしに日朝国交なし」と断言した小泉首相と、金正日政権を「悪の枢軸」と正しく位置づけたブッシュ米大統領の強い圧力が生んだものです、という。

K、T、Aら、こうした共産党体験者（Kは現役）たちの拉致問題への姿勢の特徴を考える。それは簡単に言えば次のようなことだろう。

＊金正日との闘いへの決起の呼びかけ。いろいろあるという。

＊次にこの闘いをネグレクトし冷水を浴びせている「左翼知識人」批判。トロツキスト批判に明け暮れて闘争を放棄した日共の姿に重ね合わせる。あるいは、拉致問題は戦後民主主義の陥穽《かんせい》だという。

＊「左翼知識人」は「北」への締め付け反対と言って事実上拉致被害者救援活動を放棄している。

こうした論点の問題性を考える。

＊当事者性の欠如。金正日を見抜けなかった（全体主義を見抜けなかった）左翼知識人は恥じ入るべきだと、声高々に、居丈高に叫んでいるようにみえる。右翼が、アメリカがそう叫ぶのは許せる。彼らはもともと反共であり、これの殲滅《せんめつ》を旗印にしてきた。しかし、自分はいったい何者なのだ。自分もまた左翼知識人の真ん中――とはいわずとも、その系列の中にいたのではなかったか。「見抜けなかった」点では同罪ではないのか。そうであるとすれば、同罪であり。

＊問題把握の浅薄性。そもそもこの問題は「人権問題として」取り上げることに無理がある。これが「人権問題」ではないというのではない。「として」取り上げることに無理があるのだ。ましてや「として」の「解決」などありえないからだ。東アジアの平和共存という枠組みの中でしか解決できない。

＊共産党体験を生かす道。

〈〇三・一一・九　追加〉

「拉致ヒステリー」という言葉が相応《ふさわ》しいだろう。

拉致問題とは、東アジアにおける幾つかの国家権力（中でも「北」と日米のネオコン）がふるうパワーポリティクス（力の政治）と、これの被害者＝犠牲者の問題を、我々がどのようにとらえ、どのように行動すべきかという問題だと考えます。

「北」の国家は言うまでもなく非道《ひど》い独裁国家であり、そのもとで利益を得ているのは少数の特権階級だけであり、民衆は飢えています。

↓↓池明観《チ・ミョンクワン》先生の「北への旅」

彼らはまるでゲームのように「核」兵器をもてあそび、緊張を高めることによって、自分たちのための利益を引き出そうとしています。そして、民衆からは見えないところで、コソコソと陰謀を働き、罪もない人間を道具のように拉致したり抹殺したり強制収容所で働かせたりしています。その非人間性、反人間性は、もはや繰り返すまでもないでしょう。

〇三・一〇・二〇

ＮＨＫ番組で特集「ネオコン」をやっていた。ヒントが多かった。

ネオコンはナチスの迫害体験、強制収容所体験から学んだという。ウォルフォウィッツもパールもユダヤ人であり、彼らの師匠は民主党だった。なぜ歴史はヒトラーの蛮行を許したのか。それはチェンバレンの宥和政策だった。これがナチをいい気にさせ、彼らの台頭を許したのだ。そこまでの脅威にならないうちに先制的に攻撃し殲滅させるにある、と。

ここに共産党体験者たちとネオコンとの共通性がある。

まず、全体主義体験者たちは、このシステムが内部からの改革ではどうにもならないことを熟知している。外部からの圧力でしか、攻撃でしか、この党は変わらない。周囲が融和政策をとれば「我が党は正しかった」とつけあがる。だから「太陽政策」は彼らのフトコロを肥やし、自信をもたせるだけなのだと。アメをやってもダメ。ムダ。

しかし、この組織はモッブとエリートの結託によって成り立っている。帰属意識によって団結が保たれている組織。

〇三・一〇・二六

いま、拉致問題は政治的には行き詰まっている。イラクで手詰まりとなっているアメリカにとって戦争を仕掛ける余裕はない。さらに中国、ロシアの地政学的権益との衝突を冒す冒険もなかなか困難だ。そんな状況のもとで、われわれ民衆レベルにおいても、政治的解決の道などできるわけがない。池明観先生は反省をこめて自分は政治の力にあまりに頼りすぎてきた、と述べた。政治的力は権力者たちによるそれと、民衆の世論という力と二つある。全体主義国家が世論で動くと信ずることの方がおかしい。すると残るのは国家による政治しかない。

政治ではなく、文化だ。

〈〇三・一一・一　追加〉

今井文孝さんからの感想の一節にこうある。

「私も『北』の問題では、あくまでねばり強く、冷静な交渉を、と考えますが、人道援助は金首領を利するのでは……という曖昧さがありました。この点、池さんの意見は誠に透明です。政治の枠を超えた市民レベルの日韓交流、実践をしていない者には、こういう発想は出てこないでしょう」

〇三・一一・三

《T・K生の時代と「いま」》と、私は池先生にテーマを設定した。

翻って考えるに、そのテーマはブーメランのようにおのれに返ってくるものではないか。「T・K生の時代」とは一九七三年から一九八八年の一五年間である。それはボクにとっては一九七二年から一九九〇年に至る「空白」の一八年間に相当する。ぴったりと合致する。

模索の連続。問題意識の塊がいくつかできたが、それらは、日常の生活の中で放置されてきた。それが、九〇年代に入るとともに「一挙に」つながったのである。

ボクにとっては「生活」と「模索」の時代であった。

〇三・一一・四

酔っている。「故郷」。兎追いし……。それはボクのふるさと。しかし、それは本当の故郷ではないという感覚。どんなに懐かしがっても、君は違うよと、恐らく言われるだろう。少なくとも、そのように言う人の視線をボクは知っている。だから、ボクのホントウのふるさととは言えない。ボクには故郷はない。

ボクが、サッと醒める感覚というのはそういうものだろうか。ボクは乗るタイプである。故郷を思う。落涙する。それはホントに単純。しかし、すぐ醒める。ホントだろうか、という感覚。原点が揺れる感覚。ここはいつも「そうではない」という感覚なのだ。

乗りやすい、影響されやすい、和しやすい、その道の天才！　天性の和合の性分、岩のような人。分かっている。だが、違う。バカヤロウメ。

〇三・一二・一〇

日本共産党研究会参加。宮崎学と。「現代」から過去を振り返る視点、彼らには無し。ブント系もまたか。革共同系（白井朗の記念会）では痛感したが。八二年東大入学の若者が誉めてくれたが。現実に食い入る視点こそがいま必要なのだ。

階級社会、階級闘争、プロ独裁などの概念の有効性が議論されたが、ちょっと古すぎないか。大衆社会の誕生がこれらを吹っ飛ばした。長崎浩の「叛乱論」はそれを指摘していた、ということを彼らも認めた。ただ、長崎の論もまた、「社会」の崩壊に手を貸したという点で、現代に責任がありはしないか。旧左翼は「豊かさ」社会主義という点で責任あり。新左翼も責任あり。両方とも大衆社会が「社会」を崩壊させた、無自覚だったという点で同罪であるといえないか。

〇三・一二・一四〜一五

コレコン合宿。第四インター系三人参加。初参加ということもあったのか、緊張しているような。常連は常連だから気も許す、心も許す。人間関係というものは、イデオロギー関係も左右するものなのだろう。

夜の飲み会はさすが。それにしても、アノ常連さんたちも、新左翼丸出し。山崎耕一郎君、君までが口角泡を飛ばしている姿は感動的ですらあったヨ。君たちの武器庫を互いに丸出しにして議論をしていましたね。

「君はそんな武器で戦っていたのか」「その武器は古い、古い。それについてはトロツキーがとっくに論破している」「ソ連という国の定義は君たちは間違っている。アレはたんなる労働者の国家だった。社会主義とは縁もゆかりもない」「いや、そんなことはない。アレはやっぱり過渡期だったのだ」「いや、過渡期ではない。アレは……」

そんな話を聞いていて、ボクはまったく孤立感を感じたのです。いや、ボクは日共を卒業するのに二〇年、それだけならよかったのですが、さらに五年ほどかけてマルクスも離脱したのです。ボクは昨夜、みなさんの議論についていけなかったのです。だって、ボクの武器庫にはみなさんが競い合っていた類の武器は何一つなかったからなのです。そういう武器を一掃してしまったからなのです。もっとも、しまった、とは思いませんでした。ただ、そんなワタシを君たちは付き合って行こうと思いますか。もし、思うのだったら、ボクは大変嬉しい。

ボクにはタシナ・ワンブリというアメリカインディアンの女性の友人がいます。

彼女は人類は滅亡するという考えです。彼女には「自由の王国」はアホらしいのです。ボクもそれに賛成なのです。彼女と付き合う気持ちがありますか？

「付き合います」「ボクも付き合います」

まあ、ボクとしてはしてやったり、だったでしょうか。

コレコンを統一戦線と呼ぶ人がいる。統一戦線とは「違い」と「一致点」で説明されることが多い。共同行動の場合などはそう説明するのが解りやすいでしょう。しかし、ホントのところは、互いに「違う」相手の「価値」を認めることでしょう。さらにそれが「必要」となったときがホントの統一戦線なのでしょう。これはムカシの民族民主統一戦線の考え方と似ている。労働者と農民が「互い」を「必要」とするのがこの統一戦線ではありませんか。コレコンとはそういうものでしょう。ボクを全員が必要としなくなったとき、ボクは外れます。そういう時って分かるものなのです。視線とか雰囲気で。とりあえず、ボクは皆さんを「必要」としています。みなさんのアンバランスが愉快だから。論理的一貫性？　ボクはそんなもの信じません。バカバカしい。


《柏井宏之さんの話》　イタリアに行ってきた。精神障害者を地域で受け入れる施策の現場を見てきた。病院から出して地域で受け入れるというわけ。病院からの「追放」ではなく、病院での「隔離」から「解放」だというわけです。どうやらイタリアではこれが成功しているらしい。グラムシの陣地戦が生きていると思った。これが陣地戦の成果なのだ。たぶん一〇年、二〇年という単位で進められる闘いだったのだ。――非常に印象に残ったレポートの一つでした。――ベルルスコーニは人気があるのだという。今度の選挙でも彼は勝つ。しかし、社会のレベルではそんな簡単にひっくり返らない。

〇三・一二・一九

池明観先生からクリスマスカードあり。

＊以下、ボクの返事

賀状、ありがとうございました。早めですが、私も繰り上げてあらためて感謝の気持ちをお届けしつつ、「その後」のことをご報告致します。先生にとっていくらかの気慰みと気分転換にもなるかもしれないと念願しつつ。

先生の講演会のあと、一二月一四～一五日、あの実行委員会の中心メンバーたち（「これからの社会を考える懇談会」と称し、ネオコンに対抗して「コレコン」と略称しています）は一泊二日の合宿をしました。快晴に恵まれた群馬県北部・榛名湖畔で。翌日からは雪が降り始めましたから幸運でした。五〇代から六〇代にかけて男ばかり総勢一七人。みんな名前だけは凄い連中です。「労働者社会主義同盟」「労働者共産党」「日本革命的共産主義者同盟」「社会主義戦線」「人民の力」「労働者の力」……。旧左翼元赤軍の「司令官」で出獄後は釜ケ埼で野宿労働者の組織化を地味にやっている男もいます。旧左翼出身のボクとしては、一、二年前だったら、名前を見ただけで近寄るようなことは決してなかっただろうと思うような人たちでした。それでもこうした「新しい」友人たちが「池明観先生の講演はホントに良かった」と口々に言うのです。山崎君のところの『社会主義』誌だけでなく、それぞれの機関紙誌であの講演会記録を大きく取り上げていました。

こうした光景はボクにはとてもアンバランスに見えるのですが、他方では非常に心地よいというか、人間くさいというか、愉快なのです。夜、アルコールが入った議論になると、これまた凄い。それぞれの「理論倉庫」からマルクスやレーニンの言葉の「武器」を取り出し、チャンチャンバラバラ始めるのです。「ボクの倉庫は『武器』を一掃してしまったので、皆さんの議論に加われず、非常に淋しい」と言うと大笑い。そんな議論の中で「これからは、ボクはマルクス主義は one of them だ」などという発言も出たりしました。少なくとも彼らがこれまで固執していた「首尾一貫性」を放棄したことだけは確かなようです。

とても信じられないような狂気が荒れ狂っているこの時代に、一つの生命として生き延びようとするなら、どうしてもこうした柔軟さ、アンバランスを大事にしていかざるをえない、そんな気がしました。自分たちが生きてきた「常識」が覆されるということは、人間にとってホントに苦痛なことなんですね。だから、ヒューマニティに富む言葉（みんなそれに飢えているのです）を聞くとき、誰でも優しくなるのですね。先生の講演に含まれていた優しさを、みんなは敏感に感じ取り素直に受け入れたのだと思います。

イタリアの生協運動を見てきたという者のレポートがありました。精神障害者を地域で受け入れる施策の現場を見てきたというのです。病院から患者を出して地域で受け入れるというわけです。患者を病院から「追放」するというのではなく、病院での「隔離」から「解放」です。どうやらイタリアではこれが成功しているらしい。報告者はグラムシの陣地戦が生きていると思った、これが陣地戦の成果なのだ、たぶん何十年という単位で進められてきた闘いだったのだ、と感想を言っていました。

なかなか羨ましい話と聞きましたが、東アジアの国々で、どこまでこうした「社会の再建」が可能か、崩壊の速度との競争に勝てるかどうか。展望は暗いですが、若い人たちには言い伝えていくしかないのでしょうか。

こんどコレコンは、ボクの友人でタシナ・ワンブリという名（「鷲の羽衣の女」というシャイアン名です）のアメリカインディアンの女性を囲む懇談会をやろうと思っています。一九四七年生まれの彼女は、六〇年代のベトナム反戦運動の最中、インディアン居留地で軍需物資輸送反対の軍事闘争をやって捕まりました。それを救ったのが日本のアムネスティの一員で「解放の禅学」を唱える市川白弦という坊様だったそうです。

なにやら思いつくままを書き連ねる手紙になってしまいましたことお詫び致します。私はもう少し「足掻《あが》いて」みようと思います。ちょっと大袈裟かもしれませんが、私にとって先生は最後に残された師です。新しい年、お元気でお仕事をされることを祈っています。

奥様、ご家族の皆さまがご健勝でありますことを――。

○三・一二・二七

いいだもも氏より『日本共産党はどこへ行く？』献本される。

いいだもも様

『日本共産党は……』拝受いたしました。ありがとうございました。

なにせ私にとっても古巣の組織の話であり、興味深く読み始めているところです。現在、第二章の途中までです。九一年の離党以来「赤旗」を購読していないこともあり、ももさん（こんなお呼びの仕方で失礼ですが、気分的には合うのでご容赦ください）が、詳細に　不破哲三たちの言説、党員の意見を紹介して下さり、かつ解説・批判して下さっているので、非常に分かりやすく助かりました。

もっとも、最近はインターネットで「赤旗」紙面は一日遅れで読めるので、多少は承知しておりました。チュニジア訪問記が延々と連載されたときは、ときどき覗いておりました。不破が何処に行こうとどうでもいいのですが、随分と暢気なヤツだなと思っていました。内部の人の話によると、不破は最近ずっと体調が悪く、選挙は完全に志位に任せていた状態だったそうで、終わってからは、上田兄弟とこの若者執行部との矛盾は深まる一方なのだと。もう、支離滅裂です。

「九〇年大転回」論をはじめ多くの論点はこれからゆっくりと読ませていただきます。七回大会の経緯など興味深く、とくに小委員会の実態など、私の入党以前の話なので参考になりました。古在由重・中西五洲・いいだももの三人が同宿だったという話など初めて知りました。いろいろ感想はありますが……取り急ぎ御礼申し上げます。

今後のますますのご活躍お祈りしております。

〇三・一二・三〇

たまたまテレビで映画「座頭市物語」を観る。

これは一九六二～六四年にかけて子母沢寛原作で六作作られた。カッコよく痛快なドラマだった記憶が甦った。振り返れば六〇年安保のアトだったのだ。座頭市はもめ事に自ら関わっていくタイプに比して、紋次郎はそうでもない。

さらに考えてみれば、連続テレビドラマ「木枯し紋次郎」が人気を呼んだのは一九七二年、アウトローヒーローに共感を寄せる若者が多かった。新日和見事件の年だった。

虚無と孤独を友とする渡世人、木枯し紋次郎が「アッシには関わりのねえことでござんす」のセリフにもかかわらず、個人的な怒りから虐げられた人につい手をさしのべ悪へ挑んでいく。その生き方がしがらみで身動きのとれない管理社会に生きるサラリーマンの支持を、またニヒルさが女性層の人気を得る。着物は薄汚れた合羽、地毛をいかしたかみはぼざぼさのまげ、立ち回りも型をつけず殴り合いのように転げ回る泥臭さ。一八回の放送終了後、さらに続編が出た。

座頭市と紋次郎。ちょうど一〇年の間隔。二人のアウトローは対照的である。

紋次郎が「アッシには関わりのねえことでござんす」と言って、しかし、関わってしまうのに対して、座頭市は自らもめ事に関わっていく。

一方、七一年、鶴田浩二の「傷だらけの人生」が流行っていた。「右も左も真っ暗闇ではございませんか」。このセリフが心情的に我々にぴったりだったこともあって、誰かが民青会館に持ち込み、勤務時間中からテープを流していた。

さらにまた、「男はつらいよ　フーテンの寅」の第一作が上映されたのは一九七〇年一月のことであり、これが大ヒットし七二年当時はすでに五〜六作目が上映されていた。

〇三・一二・三一

E・M・フォースター「自由」には二種の意味がある。リバティとフリーダム。

リバティ（liverty）――離脱とか何かから解放（livelation）されること。

フリーダム――仲間と共通のことについて語り合うときに生まれる積極的状態を表す。ドイツ語のfrei（自由）とFreund（友人＝friend）とが類縁関係にあることは示唆的である。「相互性」を持った空間こそが自由の概念だった。そして、その空間こそが「社会」である。「社会」なくして人間は人間たりえない。私も生きていくことはできない。民主主義は「社会」を生かしていくための最低限のものである。

「そういうわけでデモクラシーのために二つのバンザイと言おう。一つはそれが多様性を認めるからであり、もう一つはそれが批評を許すからである。二つのバンザイだけで全く十分であって、三つ目のバンザイをする理由などない」（フォスター）。

フリーダムと社会は一対のものであり民主主義はそれに奉仕する。

「戦後民主主義虚妄論」は制度化した国家への反逆であった点で、リバティを求めたのであった。そして、国家から離れたところでの「私＝プライベート」を求めた。

だから、彼らの運動は「多様性」と「批評」を認めないという点で、もっともアンチ・デモクラシーであった。

かつて人間は「神様」からどう思われるかと考え、それをみずからの「抑止力」とした。監視者を自らつくったのだった。しかし、そんな「神様」が消えた。そんなときは、人間に最も近い友人としての自然界に生きる他の生命体からの視線で考え直すことが必要だろう。『カフカとプラハ』（パーヴエル・アイスナー）。

二〇〇四年

〇四・一・一

人類Aと人類B。

これまでの人類史を「人類A」の歴史とし、これからの歴史を「人類B」の歴史、とした方がずっと分かりやすい。二一世紀初頭の「いま」は、二つの人類史が混淆し重なっている時期なのだ。終末・滅亡と誕生・生成、この二つのドラマが重なって進行している。NHKは紅白〈歌合戦〉のプログラムをそのように設定したのかもしれない。つまり彼は、プログラムとしてAとBをゴチャゴチャにして混淆し、これを「一つの人類」に描こうとしたのか。だが、そこにはムリがある。ボクはそこをカミソリを使ってきれいに引き剝がそうとする。そこには、単なる世代以上の溝があるからだ。孫たちのことを考えると「人類A」の末尾に位置する我々は、「人類B」の存在を認め、彼らに敬意を持つ必要があるのかもしれない。

Bは人間が「社会」から解き放たれた時点から発生した。裸で狼の群の中に放り出された人間に新たな諸特性が装備された。ヒーボー、ソノカ、タマキ〔川上徹の孫たち〕らがBの歴史を作る。Aに所属するボクとしては「人類Bに幸多かれと祈る」としか言いようがない。

〈〇四・一・一二　追加〉

オルダス・ハクスリーの『すばらしい新世界』を読む。その世界では、地球を分割統治する一〇人の総統たちがいて、彼らの計画に従って人類は決められた数だけ試験管から生まれる。アルファ（+、一）、ベータ（同）、ガンマ、エプシロンなどと階級分けされ、それぞれの心理・意識を、睡眠時条件反射教育によって付与されている。この小説は、人類史についての警告に満ちている。その世界の人類はいくつかの特性を刷り込まれている。人間は瓶から生まれる。母親・父親・結婚などの言葉はいやらしくて卑猥で不潔なものと刷り込まれている。

試験管時代に間違ってアルコールを垂らされたために、体格が貧弱で劣等感を持ってしまった青年は、不満という心理、「考える」ことを多少知ってしまった。青年は、女の友人と、野蛮人の住んでいる世界に旅行した際、「新世界」から落とされた女とその子と知り合う。そして、その二人を新世界に連れてくる。野蛮人の青年はシェイクスピアを熟知している。小説は諧謔に満ちたストーリー展開へ。

新世界では、システムを円滑に動かすため、仕事の内容で決められた階級に応じたハウツー物の書籍しかない。本はない。条件反射教育によって本はいやしいものと刷り込まれている。現在が幸せであればいいのである。過去を嫌悪するのである。過去を知ることは内乱を知ることであり、混乱を知ることであり、何故かを考えることであり、それはなにより社会の安定を阻害する危険があるからであった。

イギリス生まれのハクスリーが、移住先の南仏にてこの小説を発表したのは一九三二年。戦争への動きが急となった三八年、アメリカ移住。

○四・一・二

塩見孝也たちが「あしたのジョー」を読んで革命を考えたという話を聞いたとき、ボクは唖然とした。精神的に自分の方が高いと感じたからだ。しかし、待てよ、ボクら新日和〔シンヒヨ〕は、あのころどうだったろう。ふーっと思い直してみたのだった。「傷だらけの人生」と「木枯し紋次郎」と「フーテンの寅」……。

○四・一・一七

日共党大会報告を読んだ。

方針のすべてが「カレンダー化」し、目標のすべてが「数値化」した、無味乾燥で広漠とした世界を久しぶりに堪能した。

それにしても、彼らの現状は厳しい。アト二年で党員を一〇万人増やす（単純計算で半年で二万五〇〇〇人）。これから半年で赤旗読者を一三三％増やす。そうでなければ比例区「絶対確保議席」の五議席を取れない。地方区七議席死守。にもかかわらず大会決定の読了率は三〇％台……。これはもう組織として破産した、ムチャクチャの世界だ。中央委員は一六〇人台から一四〇人台へリストラ。若者を増やしたいが展望なし。

＊日共の思想難民が大量に発生している。今回の大会方針は最初からムリと思われる。難民はさらに発生するだろう。すると、難民救済が必要になってくる。松平直彦君の話によれば、中核派もその九割が「中央の方針についていけない」のだという。新社会党の書記長（？）が専従を降りた、という。新旧左翼ともに瓦解しつつあり、それぞれのところから難民が発生しているというのが現状か。樋口篤三さんは「イラク戦争で日本は大変動の時代に入った」と言うが、アジか本気か。

「コレコンに入れてくれ」との声いくつかあるとのこと。樋口さんによれば、山崎（社民）三、川上（日共系）三、新左翼三のバランスを崩すな、と。コレコンも一種の思想難民といえるが、まあ、それは別として、これが「難民収容所」となることなく、自立した抵抗戦線としてネットワークを形成することが必要だろう。

＊池明観講演会記録は各派とも機関紙で掲載したが、いずれも評判がよかったという。『社会主義』誌も『人民の力』誌も、そしてフロントでも。「従来の論文にないものがあった」。山崎曰く、ムカシだったら考えられない事態だ。クリスチャンの話をなんで載せるんだと。朝日健太郎さんも、これまで組織ではなにをやっているのかと冷たい視線を浴びていたが、池明観講演会の実績を見て、みんなから見直されたのだという。それぞれの組織の中にも難民予備軍を抱えているわけなのである。

〇四・一一・一八

綿矢りさ『インストール』『蹴りたい背中』を読む。

芥川賞を一九歳、二〇歳の二人の女の子が受賞。サテ。『山椒魚』と『新しい世界』と、そして人類Bの文学と。

AとB再論。

綿矢りさのキーワードは「不器用」である。不器用はカッコワルイのである。

AとBが経済的にバトンタッチするのは二〇一五年である。Aの末尾である団塊の世代が年金を貰い始める（つまり彼らが六五歳になる年）のがその年なのである。

Bは親の世代とは会話できない。いや、会話自体が苦痛である。生徒と溶け込みたいと願う先生は悲しい存在なのである。つねにそこには拒絶があり、過去に対する拒絶があった。新しい物が生まれるとき、それは伝統に対する叛乱である。それはボク自身も通った道だった。それはいい。だが、何かが違う。新人類という言葉が流行《はや》ったことがあった。限りなく透明に近いブルーは村上龍の言葉だった。その彼が選考したのが綿矢りさだった。同じことか。いや、違う。

〈〇四・一・二〇　追加〉

金原ひとみが「朝日」と「毎日」の一・二〇付で書いている。

「毎日」では、ゴキムカデが出たんだってば……誰も信じてくれなくて……そんな私が芥川賞を、と書いている。ゴキブリとムカデの交尾の結果この虫が誕生したんだろーか。信じらんなくても、デモ、今度はおめでたいことなのでドーカみなさん一歩譲って信じて下さい、とある。ゴーマン。

「朝日」では「何者か」でなくたっていいと。どーしてみんな自分が何者であるか、そんなにこだわるんだろーか。そんなことかっこ悪いじゃん。私のこと、みんなバカっぽい子が賞もらっていろいろ言うけど。

彼女らはむき出しの意思をもって自分たちを対置しようとしている。誰に対して？ Aに対してである。彼女らには居場所がない。故郷からも過去からも現在からも離れたい。離れた方が居心地がいいんだもん、しょーがねえじゃねーか。究極のモッブの心理。

〈〇四・一・二八　追加〉

もっと大変なのは、村上龍、高樹のぶ子らをはじめとした団塊の世代が「驚いている」ということだ。少女たちの世界を描いたとして、その世界を珍しいものを見るようにハッとしていることだ。そういう感性の団塊の世代こそが問題とされるべきなのだ。六〇年代論は、こうしたおめでたい団塊は何者であるかを見てみることなのだ。どうとらえるべきかなのだ。少女たちが少女たちの世代を描いたその見事さに驚き入っているのだ、団塊は。そういう団塊をボクは捉えなければいけない。問題はBにあるのではない。Aが無知・無防備であること、そこをどう考えるか、だ。

〈〇四・二・一五　追加〉

ちょっと待て。村上龍については訂正の必要あり。『限りなき透明…』を読む。〈〇四・一・二八追加〉ほど簡単ではない。幾つかの感想あり。村上はボクの一回り下の辰年。団塊の最後の世代というか「その次」というか。七六年に群像新人賞。ベトナム戦争下の米軍基地の町、福生を舞台にした、汚物にまみれた世界。ヤンキーどもが好む原色とけたたましい騒音を背景に、唾液と吐瀉物と排泄物の中にハーフやら黒人やら日本の若者たちが生きている。それをカメラの眼で冷静に見ている。そのカメラの眼、透明な冷たい客観視を、〈私〉意識の崩壊、ということもできるだろう。「鳥」が出てくる。今井裕康の「解説」によれば、「鳥」は暗喩としての現代社会そのものであることは明らかだという。ベトナム戦争下の龍とイラク戦争下のピアス。出口の見えないそれぞれの時代の青春を描いている。が、どこかが根本的に違う。龍の眼は透明である。その透明度が「清潔」なのだという評価を、当時もらったらしい。しかしそこに写った世界、龍が切り取った世界はけっして透明ではない。騒音と原色にあふれていた。若者たちの絶望にも色があった。これに比べて、ピアスの世界は描いた世界そのものが、透明というより希薄なのだ。

〈〇四・二・一一 追加〉

芥川賞の少女たちは、人間の関係が希薄さの極地にまで至っている世界を描いた。関川夏央（「朝日・学芸」一・二七）によれば、「父性」なるものへの反発と和解への希求があるのだという。そして、この希薄さこそが小説の強度なのだという。『蛇にピアス』の最後の部分である。芥川賞選考の対象となった本になったものよりいい、という。関川は金原の作品は「すばる」に載ったものの方が単行本になったものよりいい、という。関川は金原の作品は「すばる」に載ったものの方が単行のは「すばる」の方だという。

「大丈夫。アマを殺したのはシバさんじゃない。アマを犯したのはシバさんじゃない。シバさんは犯人じゃない。シバさんは、きっと大丈夫。私には、そんな根拠のない自信が芽生えていた」（「すばる」〇三年一一月号）

「大丈夫。アマを殺したのがシバさんであっても、アマを犯したのがシバさんであっても、大丈夫」（単行本、集英社）

前者には、「途切れそうな繋がり」への微かな希求の色彩が滲んでいるのに対して、後者には、希薄性への絶望的な確認と開き直りがあるように見える。

希薄性はいつごろから始まったのか。希薄性には匂いがあるのだろうか。もしあるとすれば、団塊たちはその匂いを嗅ぎ取った最初の世代だったのではないか。六〇年代後半、あの騒乱の中で、じつは彼らは人と人の関係がどうしようもなく遠くへ行ってしまったことを確認したのではないか。スクラムを組め、バリケードの中に凝集せよ、そうした叫びは遠くへ行きそうな「友」を呼び戻したいと願う切ない叫びだったのではないか。

〇四・一・一九

イラク派兵の責任の一端は「北に制裁を」の世論をリードした連中にある。アメリカに頼ろうという言論をリードした連中にある。彼らはいずれ責任をとらなければならない。Aはその一人である。戦犯の一人である彼の日記を読む。当然のことながら、日記にはこの歴史的日付についての言及はない。だが、戦犯は語らないことによって罪を重ねるものである。

いま、イラク参戦を支持する世論がじわじわと伸びつつある。おそらくこれからも伸びるだろう。悔しいが、拉致世論を作った連中にまんまとやられたのだ。それらを継続して操作しているのがナベツネだろう。「読売」の凄さ。

考えてみれば、ボクの人脈＝系統のはずなのだ。Aどころか、K、K、Oなどいろいろ名前が浮かぶが、共産党体験からアンチ北に単純に行くこの連中の薄さ、バカさは何だ。

〇四・二・一

山田太一さんへのハガキ。

久しぶりに山田さんのテレビドラマ見させていただきました。ボクは今年六四歳になるのですが、あの家族のような状況と似たり寄ったりの友人が何人もいます。高校の同級生たち（結構エリート社員の道を歩んだ）がそうなるのは分かるのですが、ムカシ左翼活動やってた連中でさえ、そんなのがゴロゴロいます。そういう意味で、他人事でなく楽しませてもらいました。ボクは最近「自分自身への不足感」ということを考えています。じつはここ一〜二年、かつて七〇年前後の運動をやっていた新旧左翼各派の人たち（団塊の世代）と、しばしば集まる機会を持ってます。彼らは今でも群小党派を率いています。ボクにしてみれば、ムカシはバリケードの向こう側にいた人たちですが、三回ほどの合宿をやったりして、すっかり「友人」になってしまったのです。五〇〜六〇代のおじさんたち二〇人ぐらいが、真剣に、不器用に（自己批判的に）、ホンネのところで「自己紹介」をしている姿をご想像ください。そんな体験の中で、ボクとは出自も経緯も異なるこれらの友人を「必要」とする感覚、つまり自分への不足感を感ずるようになったのです。打算的でない友人ってそういうことなのでしょうね。山田さんのドラマを見ていて、何か共通するものを感じました。家族がそれぞれそれを必要とすることの発見というか再発見というか。

〇四・二・七

酒井啓子『イラク　戦争と占領』を読む。米兵の死者数で快哉を叫ぶというだけではダメ。あらためて専門家から心地よい視点を教わった。どっこいイラクの「社会」は生きている、と酒井はいう。

欧米のイラク研究者たちが、戦争直後のイラクを見て一様に驚いたのは、四半世紀のフセイン独裁を経てもなお、国内で「社会」が生きていたという事実であった、と酒井はいう。国家と個人の間にある仲介物を徹底的に排除し壊滅させたのがフセインだと信じられていた。部族的紐帯、宗教的ネットワーク、共同体的結合による地域社会の指導者を、フセインは認めてこなかった。ところが、戦後のイラクでは、それらの社会的結合が甦ってきたのであった。そして、現在の勢いとしては、とりわけ宗教的ネットワークが強力な力を発揮し、今後の趨勢を決定するように見える。シーア派は突如として現れ、バグダッドから聖地カルバラに向けて一〇〇万人の行進を実現した。スンニ派も呼応した。戦争直後、全土を覆った略奪と無秩序は、イスラム指導者たちが発出したファトアによって収まった。略奪品はモスクに返されたのだという。両勢力は、占領に抵抗し新生イラク建設に協力していくだろうか。そこにしか未来はないのだが。

この事実は、占領者であるアメリカにとっても誤算であった、と酒井はいう。彼らは社会が崩壊したあとで、自由に「解放」された個人が、自由競争し、西欧型の「民主主義」制度を作り上げるだろうと考えていた。アメリカは、いま、多くの国営企業を民営化しているという。市場原理の導入、というわけだ。アメリカ風「中東の民主化」。ネオコンたちが描いた青写真は、結局のところどうなるのか。それでも「社会」を粉砕するのか、それとも公然と呼吸を始めたイラク「社会」によって粉砕されるのか。

今のアメリカは、たとえて言えば、壺に手を突っ込んだはいいが手を抜けない状態なのだという。

つかんだモノを放せば抜けないことはないのに、欲張りなアメリカは放すつもりはない。

『山之口貘詩集』（思潮社）を読む。収録されている、茨木のり子「精神の貴族」がいい。貘の作品は時代の影響が少なかったように見える。普通は作品には時代の影響が滲み出てくるものだが、貘にはそれが少ないのだという。「時代的背景などはかすんでしまって、ただ彼の『精神の貴族』としての、強烈な個性だけが受けとられるのです」。宮沢賢治もまた貘と同じように「個性のほうが強くかがやいて、日本のどういう時代に生きた人」か分からない。漠と賢治の共通性がある。

〇四・二・一一

日共研究会。ボクの問題提起。酒井による「イラク社会」と『蛇にピアス』と日共新綱領と、この三題噺をした。オチは六〇年代論にあり、と。しかし、空回り。

由井格さん、堀田善衛『海鳴りの底から』を読むべし、と。天草四郎の乱をテーマに、組織存続の意義が結論だった、当時の党員たちに影響を与えた、との由。ありうる話だ。

日共の組織第一主義が議論になった。

左翼の転向。新左翼の転向はボキッと折れるタイプが多いが、日共の場合は、スルリ型が多いのはなぜか。……いや、違うかな。

〇四・二・一三

「原之夫をしのぶ会」。銅版画集発行版元社長としてあいさつ。三〇人以上の参加。最近こうした会合へ出る機会が多い。

帰途、K氏と「おもろ」〔池袋の沖縄料理店〕で。六人兄弟の次男坊。陸軍大佐だった父親、性格破綻者で、彼が〔都立〕北園高校一年のとき離婚。兄弟全員が母親側に。しかし経済的には大変で夜間部へ。苦学して一九五六年東大入学。五八年六・一事件〔共産党本部で開かれた全学連代議員グループ会議で、党中央と学生党員が衝突・決裂〕。その年の暮、入党。本郷内のアカハタ配達を一手に。ただし一年もたたず、ブントへ。党員でありブント同盟員が両立した時期があった。ブントでは労対。ブント分解の際は「戦旗」派へ。印刷を引き受けた。その後は中核派へ。ほぼ二〇年間の非合法活動。六年ほど前に中核から離れた。三浦さんは一二〜一三年前じゃないかな。中核時代は家族とは別居していた。「やめた」と言って家に帰ったとき、女房は、信念を曲げなかった時のあなたの方がかっこよかったのに、と言った。中核の本多さんは残念だった。組織では、非合法の下では家族にも居所を知らせない、ということになっている。そういう決定を自分で出したのに、自分では連絡をとっていた。それが命取りになった。詳しいことは今は言えないが。本多さんには油断があった。社会保険労務士の仕事はけっこう忙しい。自宅と事務所が一緒。朝は規則的になりにくいので、自分は毎朝出かけることにしている。

いつごろからか、日共対立党派の人間と付き合うようになったのは。『査問』のパーティーの時に齋藤驍さんを呼んだときが最初か。

〇四・二・一五

西井一夫（二〇〇一年一一月逝去）がいいことを言っている（『島成郎を読む』）。島が、反対側に回った人とも権力側の人ともずっとつき合い続けてきたのではないかと思うと記し、それがどうだというのだ、と。

「恥ずかしいこと、他人に対して隠さねばならぬことを共有できることが、友人としての基本レベルだと私は思う。最近のオタク時代では、好きな部分の共有が友人関係と錯覚されている向きが感じられるが、そうではなく、嫌いな部分が共有できるか否かが大切なのである」

日朝政府間交渉は「継続」だけが決まり、何の進展もなかった。外務省田中審議官は「こんなに大変な交渉は初めて」と言った。外為法改正で北に対する送金停止の「ナイフ」を懐に、つまり匕首を相手の喉に突きつけて交渉に臨んだのだったが、やっぱりダメだった。おそらくそんなところだろう。この結果を受けて北に対する強硬策を唱える「圧力派」がジワリと力を増しているのだという。今度は外為法の発動、万景峰号の入港禁止へと、力の政策を発動する以外に道はない。おそらく世論はそのように形成されていく。メディアはそのために総動員されていくだろう。一体、この国の官も民も、どこまでバカなのだろう。力による脅迫、力による解決というやり方は必ず失敗するということは、泥沼のイラクを見れば明らかなことだ。殴りさえすれば相手は屈服すると考える単純な思考。

火遊びをしている子どもを見つけたとき、大人だったらどうする？「危ないから止めよう」と注意するか。「知ーらないヨ、知らないヨ」と言い「他人の子だから」とその場から立ち去るか。

〇四・二・二〇

『あごら』誌の「誌上デモ」に参加し、以下の投稿。

メディアの罪

敗戦の翌年に小学校に入学し、戦後民主主義とともに育ってきたボクにとっては、「大義」のある戦争などと考えたことはなかった。戦争に「大義」（ましてや手続の有無）などがあるわけがない。戦争主導者が自分のロジックに転ぶのは別として、どだい戦争は悪であることは、証明の必要のない「公理」だとされてきたからである。少なくともボクらの世代にとっては、それが常識であった。

だから、自衛隊が海外に派兵されるとか、北朝鮮をやっつけろ、制裁を強化せよなどという言論が公然とまかり通る事態は、いささか呆然とするようなことであった。ましてや派兵に賛成と反対の世論が拮抗するなどということは、数年前までは信じがたいことであった。アッという間のこの変わりように、言いしれぬ脱力感を感じるのはけっしてボク一人だけではないだろう。この国の近未来など見たくもないというのが、一方におけるボクの正直な気持ちである。

有名な文学賞を受賞した若い女性が、受賞後のエッセーで、自分が何者であるかとか自分の位置とか、そんなことは「どーでもいいこと」でこれからも私は考えたくない、そんな意味のことを書いていた。その時はああそうなのか、こうした「軽さ」も一つの時代風潮なのかと読み過ごしていた。ただ、自分は何者であるのか、どこから来てどこへ行くのかという問題は生涯にわたる自分の関心事であり、歴史と現実の中でしか生きられないと思ってきたボクにとっては、少しばかり引っかかる印象として残った。
「先遣隊」と称する軍隊が出発したその日、「朝日」と「毎日」は一面トップに、隊員たちを見送る一人の少女の写真を載せていた。「戦場に兵士を送る家族」か、見たくない光景だな、そう思ってよく見ると、少女の視線は隊員たちには向かってはおらず、両手で持った「写メール」の画面に吸い付けられているのだった。口を少しばかりあけ、視線は小さなそのメカのある一点に集中されている。子どもが何事かに熱中しているときの放心したようなあの表情。

この写真から漂ってくる希薄感はいったい何だろうと思った。「軽さ」と言ってもいい。兵士たちはこれから劣化ウランに汚れた戦場に行くのだった。ブッシュ二世が破壊し殺し傷つけたものを、彼の要請で補完部隊の一員として働きにいくのだ。巨大な戦争のメカニズムの中に自ら飛びこもうとしているのだった。そうした現実の因果の関係、意味ある世界と、あまりにあどけない少女の姿は、どこか不釣り合いに対照的で、それを見ている者を不安にした。だが、この軽さ＝あどけなさは、もしかしたらボクたち大人たちの間にも、最近は蔓延し始めているのではなかろうか。復興のために汗を流すのだから仕方ないのではないかと、素朴に信じている一部の世論の中に。

前後の歴史の脈絡からも、現実という地面からも空高く舞い上がってしまったとき、人はどうしてこうも呆気なくプロパガンダの餌食となってしまうのだろうか。おそらく、〇二年九月の「日朝共同声明」以来の短期間のあいだ、台風のように吹き荒れた好戦的プロパガンダの嵐は国民の意識＝常識を一変させるほど凄まじいものであったのだ。「北を締め上げなければ拉致問題は解決しない」とか「アメリカと一体になって貢献することが日本の国益である」といった錯誤の意識は、間違いなくこのプロパガンダによって形づくられたものであった、とボクは思う。錯覚による「共同体」意識が形成されてはじめてイラク参戦は可能になった。メディアの罪は途方もなく重い。「お前が悪い」という魔女狩りの矛先をかわし自ら風の側に移った者も同罪である。

こうなっては最悪の事態を覚悟するほかあるまい。自衛隊がイラクのレジスタンス勢力の標的になったその日、わがメディアはここぞとばかり「愛国行進曲」を歌いあげることだろう。異を唱える者、それは邪魔者。お前が悪い！

おかしな話だが、ボクにとって形として描くことのできる希望は「過去」にしかない。押し寄せる醜悪な「未来」に対して、ボクは怒りを持続し、諦めずに、背中の希望を前面に押し出しつづけていこうと思う。一矢報いることができるかもしれない。

○四・二・二二

一本の映画・一編の詩

ボクは昼間その日初公開の映画「わが故郷の歌」を見た。そして、その晩、あるテレビ番組（「貘さんを知っていますか」）を見たきっかけで、一つの詩と再会した。映画はクルド人の若い監督による最新のイラン映画であり、詩は今から六〇年以上前、沖縄出身の詩人・山之口貘によってうたわれたものである。この二つの作品の間には何の関係もないのだが、ボクは、まるで構成された「一つの」芸術作品のように感じたのだった。ドキュメント第一部と第二部といった具合に。

〈一〉

イラン映画「わが故郷の歌」を見た。初老の父親が屈強な二人の息子を連れてイラク国境に向かった。そこに行けば、かつて不本意ながら離婚し、イラク側クルディスタンに行った妻の消息が分かるかもしれない。彼女がサダム・フセインによるクルド攻撃から逃れてそこにいるという知らせを聞いたからだった。父親はクルド社会では名の通った歌手であり息子たちも楽器を巧みに操ることができたから、途中の難民キャンプではどこでも歓迎された。そんな光景には思わずホッとさせられるし、その彼らが盗賊に遭遇する災難やら幾つものエピソードも、軽いタッチで描かれている。

だが、初めて覗くその難民社会は貧しさが溢れていた。父母を失った子どもたちだけの巨大なキャンプ。おびただしい墓標。イラク、イランの北部一帯に及ぶクルディスタンは苛酷な自然の大地であり、徹底した男中心の部族社会であり、そこでは先祖伝来の遊牧や農業の基盤そのものが破壊されていた。住まいを作るレンガの素材は、女たちが素手で大地からかきむしった粘土である。こうした地域と一体化しているイラクで、武力による「民主化」を実現しようとするブッシュ二世たちの試みは、なんと空想的で狂気的なものであることか。ブッシュ二世以上に無知と思われる日本自衛隊は、途方もない世界に足を踏み入れたことを知る。その無謀さにあらためて愕然とさせられた。

初老のその男は途中で息子たちと別れ、イラク領内のキャンプに辿りついたものの、そこで妻は「行方不明」と知らされる。そのキャンプでは男たち全員がサダムに連れ去られ、女たちの多くが化学兵器の犠牲になったと。生き残った女たちから男は一人の少女を託された。妻の残した子であった。男は少女を背負って再び雪の国境を越えようとする。映画のラストシーンである。

難民の移動を監視しているのだろうか。絶え間ない爆音が聞こえる。険しい山岳地帯を一面の雪が覆っている。一体となった二人の寒気をふせぐものは、女たちがくれた一枚の毛布だけである。左右いっぱいに広がった真っ白な稜線の向こう側から、前屈みになった男がゆっくりと現れる。眼前を螺旋状に置かれた有刺鉄線が遮っている。男は立ち止まり、片足で鉄線を踏みつける。もう一方の足でその先をさらに踏みつける。毛布が引っかからないように、身体を傷つけないように、慎重に、ゆっくりと、男は国境という「仕切り線」を越えたのであった。背後の爆音を聞きながら、カメラは有刺鉄線のこちら側から、その姿を撮り続けて、映画は終わった。その後、男と少女が無事に故郷に辿りつけたかどうか、誰も分からない。

現代とは「難民の時代」であると言えようか。世界各地の難民はクルドの男と同じように、生きるために危険をおかして国境を越える。飢えた北朝鮮の難民が同胞を頼って氷結した鴨緑江を渡る。パレスチナの農民は何倍もの時間をかけて「分離壁」を迂回し自分の畑に向かう。国家による「仕切り線」は、結局は人間によって踏み越えられるものであるという意味で、そのお粗末さ、滑稽さ、無力さを象徴しているが、同時にそれは、爆弾と地雷と銃撃によって人々を殺戮するという、人間の血と涙にまみれた存在でもあるだろう。それは、今でも毎日のように、地球のどこかで大地を赤く染め続けている。民衆の痛覚の中にこそ人類史の核心があるとすれば、この映画は、いまの世界の本質は「こういう形をしているのだ」と、ボクの目の前に突き出してきたように思えたのである。

〈二〉

夜、テレビ番組が終わったあとで書棚にあった『山之口貘詩集』を取り出し、「喪のある景色」と題するその詩を確かめた。以前に読んだはずなのだが、新鮮な再会であった。

うしろを振り向くと／親である／親のうしろがその親である
その親のそのまたうしろがその親の親であるといふやうに
親の親の親ばつかりが／むかしの奥へとつづいてゐる
まへを見ると／まへは子である／子のまへはその子である
その子のそのまたまへはそのまた子の子であるといふやうに
子の子の子の子の子ばつかりが／空の彼方へ消えいるやうに
未来の涯へとつづいてゐる
こんな景色のなかに
神のバトンが落ちてゐる
血に染まつた地球が落ちてゐる

この詩が発表されたのは一九四〇年、たまたまボクが生まれた年、真珠湾攻撃の一年前のことであり、詩人が三七歳の時の作品である。山之口貘は一九六三年、五九歳の若さで貧窮のうちに死んだ。生前の山之口貘が通った池袋の沖縄料理店「おもろ」は、ボクがここ二〇数年来、何かと足を運ぶ店であり、店の主人や古い常連たちの間では直接会ったことのある者はほとんどいないにも拘わらず、

「貘さん」は親しい「知人」なのである。詩人茨木のり子は「貘さん」のことを希に見る「精神の貴族」とよび、一切の俗物根性から遠く離れた優しい人だったと紹介している。いや、余分なことはこれ以上ふれることもあるまい。ボクがぎょっとしたのは、この詩の最後の三行である。

神のバトンが落ちている。リレーのように引き継がれていく「親」から「子」へのいのちのバトンは人間の歴史そのものであったはずだ。「むかしの奥」から「空の彼方に消えいる」ように「未来の涯まで」手渡しされるはず「神のバトン」。それがどうしたことだろう。ある日、貘さんの目の前にそれが「落ちている」というのだ。断絶?!

「血に染まった地球が落ちてゐる」。山之口貘がこの詩を書いたころ、中国戦線は泥沼状態にあり、すでに町や村では戦地に行った若者たちの「名誉の戦死」を弔う葬列が絶えなかったことだろう。詩のタイトルである「喪のある景色」はけっしてめずらしいことではなかったはずだ。そのとき、憂鬱な貘さんの遠い視線の彼方には「血に染まった地球」がごろんところがっている姿が見えていた。おそらく理不尽な侵略を受けているアジアと世界の多くの民衆の悲劇も、貘さんの視野には入っていたことだろう。

世界中が火だるま状態に陥っている「今」を、貘さんは予測していたのだろうか。じつはクルディスタンの大地で貘さんがこの詩を作ったのだと言われても、だれも不思議には思わないことだろう。一編の詩の巨大なスケールに息をのんだ。何年か前、たしかにボクはこの詩と出合っている。だが読み飛ばしてしまったか、あるいは読んでもその意味が分からなかったのかもしれない。恥ずかしいことだが、いずれにしても脳裏には残らなかった。一本の映画があらためてボクの不明を気づかせてくれたのである。

〇四・二・二七

以下、平和事務所二〇周年に寄せて、M君に頼まれて寄せた原稿。ピースピア記念号に収録されるもの。

二〇年前のこと——どっこい生きている

その年の夏、原水禁大会国際会議が池之端文化センターで開かれていた。かんかん照りの蒸し暑い日だった。ボクはその頃、友人とともに同時代社という小さな出版社を立ち上げて四年目だった。それまでの生活からすればおよそ縁遠いと思っていた経営問題に悪戦苦闘していた。忙しい日だったが、ボクは朝から「今日はどうしても池之端に行く」と心に決めていた。べつに大会の内容に特別の関心があったわけでもないし、国際会議に参加しようと思ったわけでもない。だいいちいきなり入れるわけでもない。「(吉田)嘉清サンのそばに立ってあげなきゃ」。そう思っただけである。

この大会を機とする、共産党の日本原水協に対する介入は目に余るものがあった。理事長の草野信男先生や事務局長の吉田嘉清さんを暴力的にクビにした。ボクは当時まだ共産党に籍を残しており、この党の体質についてはかなり分かっているつもりだったから、嘉清さんたちは相当非道い仕打ちに遭うにちがいないと思っていた。聞くところによれば嘉清さんたちは、党の介入に抗議し「堂々と会場に入る」と言っているという。理屈としては嘉清さんたちは正しい。しかし、権力を発動したときのこの党は怖い。勝てるわけがない。嘉清さんたちが会場の外でしょんぼり立っている姿を、ボクは想像してしまったのだ。これは許せない。せめて煙草を吹かしながら談笑する相手が一人でもいなければ。

行ってみると、たまたま会議は休憩かなにかで、外庭は人が溢れていた。少し離れた所にいた嘉清さんは意外に元気で、扇子をバタバタ使いながら何人かの人に囲まれていた。嘉清さんはボクの姿をみとめると、「やあ、川上君、元気か」。堂々たるものであった。多少拍子抜けしたものの、まあ、もう一人ぐらい取り巻きがいてもいいかと思い、ボクはしばらくそこにぐずぐずと立っていることにした。

ボクが「平和事務所」設立に多少かかわりを持ったのは、そんなことが契機だった。当初、事務所は水道橋に置かれることになったこともあり（ボクの会社も水道橋にある）、古道具屋で机や椅子を探し、運び込む手伝いなどもした。オープニング・セレモニーのときは、若い人たちと近所の酒屋にビールを買いに行ったりもした。ボクはもっぱら「力仕事」を少しだけやった。会議が終わったアトの二次会には何度か出たこともあった。そんな次第で、その後この「事務所」が実質的に草の根平和運動の一つのセンターとして活動を始めた頃は、ボクはあまりお役にも立っていない。

だから、ボクの動機は運動の視点からすると、いささか不純であったのかもしれない。ああいう形で（一つの党派のご都合で）、平和運動の統一と共同を目指していた努力が潰されるのを、外野としても黙っては見ていられない、冗談じゃねえ、どっこい生きているぞ、という姿を形にしておきたい。そういう意味では、ボクの直情のなせるワザだったと思っている。

思えば、一九八四年という年は、日本の平和運動の統一にとって否定的な意味で画期となった年であった。社会党系の原水禁国民会議と共産党・市民系による原水協との分裂が決定的になり、以降現在に至るまで協力・協同の関係は回復していない。それは、戦争に反対する多くの人々の願いに水を差し続ける結果となった。自衛隊のイラク派兵などを許す今日の事態をもたらした遠因の一つにもなっていると思う。おそらく当時の共産党は、統一して運動を進めるよりは統一の相手を批判した方が、自分たちの勢力拡大に有利と判断したのだろう。ケチな根性と打算をみんなが少しずつ我慢しなければ、眼前の戦争勢力に負けてしまうではないか。切歯扼腕《せっしやくわん》の思いで、二〇年前の出来事を思い出すのである。

＊＊＊

一九八四年という年は、一万円、五千円、千円の新札（今の紙幣）が発行され、一万円札が小型化し、一層価値が少なくなったように感じられた年でもあった。一九四八年、最晩年のジョージ・オーウェルが発表した近未来小説のタイトルは『１９８４年』だった。あらためてこの年が「今」に何を訴えているのか、考えてみる機会にしたいと思っている。ボクの直情はどんな意味を持っていたのか。あの年は何かの「始まり」の年ではなかったか。

〇四・三・一三

先週、恵比寿で「グッバイ、レーニン！」を観た。会場オモテにいくつかの映評が貼られていた。その中の一つに「赤旗」のそれがあった。監督へのインタビューを交えて記者がまとめたもの。あらすじの紹介はともかく、最後のまとめはいささか興ざめのものであった。

映画の最後に、息子の親友が母親向けに作ったテレビニュースを見せるところがある。母親はうすうす感づいている。じつは自分が気を失っている七ヵ月の間に、それまで自分が信じていた社会主義の祖国が崩壊し、西にすっかり吸収されてしまったのではないかと。それでも、親孝行の息子たちは、壁の崩壊やホーネッカーの退陣などの映像を逆転のドラマに仕立て上げ、ベッドの母親にそれを見せる。かつて東ドイツの国民英雄だった宇宙飛行士の男――彼はいまはしがないタクシードライバーになっていたが――その男に頼み込み、統一ドイツの大統領としてテレビ演説させるのである。壁を乗り越えて西から東へ、民衆が怒濤のようにやってくる！　自由と平等な社会を求めて、社会主義の祖国へ。倒錯した映像を見ながら、母親は得心するというストーリーである。そして母親は眠るようにいのちを閉じる。

「赤旗」の記者は、「あそこに非常に心を動かされたと言ってくれた」という監督の言葉を紹介し、「大統領」が描く「社会」に自分も共感したことを吐露しながら、自分の映画評をまとめているのである。じつは社会主義の夢は、今でも消えているわけではないのだと言いたいのかもしれない。最近の党綱領改訂以降、「未来社会」について語ることの多い党機関紙の記者としては当然かもしれないが。

映画評は人それぞれである。「大統領」の演説の場面を、カタチだけ、チャップリンの「独裁者」のあの演説のシーンと重ねて観たのだろうか。ボクもたしかにチラと脳裏に浮かんだが、チャップリン扮する独裁者の演説は、来るべき未来の平和な社会への願いを、ナチの放送設備を使って語りかけていたから、痛快でもあったし感動的でもあった。だが、「グッバイ、レーニン！」はアレとは全く違う。母親はかつての夫と会っている。すでに多くのことを悟っていたはずである。この映画の奥はもっと深い。母親の得心の中身が吟味されなければならない。

〈〇四・三・一七　追加〉

「赤旗」で映画評。これまたピンボケ。彼の結論は「東西を超えた人間的価値観を求める姿勢に新しい可能性を見たい」ということだという。

〇四・三・一四

三月一三日付「朝日」で長谷川如是閑（一八七五〜一九六九）の特集をやっていた。生涯独身。

「断而不行＝断じて行わず」。

「戦争の前は憤怒なり、戦争の中は悲惨なり、戦争の後は滑稽なり」。

「男子は結婚によって女子の賢を知り、女子は結婚によって男子の愚を知る」。

断じて動かず。中途半端に動くべからず、ということ。辺見庸が左翼から非難されるのは、その中途半端性なのである。中途半端とは、多少動いてゴチャゴチャ言う（「世界」三月号）からいけないのである。彼にそのつもりがなくても、それは一種のケチつけであり、それは党派性を持つ行為なのである。

オレは伝えなければいけない。つながらないかもしれないが、つなげようと努力する側に立たなければいけない。何を伝えるか。それはオレの時代であり、オレの父母の時代である。

○四・三・一七

ハンナ・アレント論――太田哲男君と。

アレントが収容所にいたとき、出てもいい、というナチの命令が出たとき、彼女は出たがほとんどの者は逃げなかった。この状態におけるユダヤ人たちに対するアレントの怒り、軽蔑。

夜と霧、アンネ・フランクを持ち上げることが問題だ。親はなぜ逃げなかったか。じっと動かなかった。それが問題だ。ユダヤ人論としてアレントの怒りは理解できる。

太田君「藤田省三先生の言ったことでよく覚えている。新左翼は大学を敵にした。安易だ。闘いやすい相手だ。それはがっかりだ。代々木はおかしいのは当たり前だが、安易でない敵を見ていた」

＊「噂の真相」休刊号入手。人類Aの時代の一つの文化が終焉した。

○四・三・一九

タシナ・渡辺一枝対談。

＊外国人排除と外来種排除・絶滅と根っ子は同じヨ。梅は中国から来たのヨ。純粋パックはだめヨ。奈良時代、世界一の国際都市だった。私の一番好きな時代。私の故郷の中央アジアも国際国家だった。

＊自然と文明。どちらかを犠牲にしなければならない。何を犠牲にするか。便利さを犠牲にするか、できるか、それは個人の問題だ。覚悟の問題だ。自分の便利さのためにどこまで自然を犠牲にするか。

自然と人間の関係がいちばんうまく行っていたのは江戸時代だったろう。江戸時代に戻ればいい。経済成長は低ければ低いほどいい。マイナス成長がいい。

＊信長と秀吉。信長には自信があったが秀吉にはなかった。自信って何ですか。それは存在意味があるということ。自然界には同じ葉っぱないヨ。
＊私、狼に育てられたよ。それぞれの国の誕生はさまざまな動物と関係がある。アメリカはバッファロー。
　アメリカは多民族国家、モザイク。けっして融合はしていない。ブラジルは白、黒、茶などが社会の中に融合している。アメリカは二〇年に一度は戦争をしないと国として成り立たない。
＊石原都政のもとで教員は酷い目に遭っている。教育の現場は、管理主義が今すごくなっている、との質問（というより意見の開陳）に対して、タシナらしい答。
　私、教研集会に講師で出たことあるよ。狂犬集会じゃないよ。でも、コレ似ているよ。先生たちはみんな宿舎に泊まっていて会場にはバスで向かう。一台に七〇人ぐらい乗る。男ばっかりだった。若いの、中年、年取った人、みんな男だった。途中で右翼が「大漁旗」みたいな国旗を立てて、そのバスの横から襲った。私も中にいて驚いた。右翼の少年は二〜三人乗っているだけ。一八歳ぐらいかな。その一人がバスに向かって竹槍みたいな棒を、窓から突っ込んでくる。男たち、ただアタマを下げて避けるだけ。誰も何も言わない。ただ避けるだけ。この組織腐っている。私、バスから降りて少年の所に行き、あなたたちは教研育ちではないか、止めなさい、と言った。少年たちは帰った。勇気、情熱、想像力の無い人たちが、どうして子どもたちを育てられるか。子どもたちが犠牲者なんだ。いま、学校の先生たちが管理で締め上げられている。コレ、自業自得ヨ。

○四・三・二四

二日前、ガザでハマスのヤシン師が殺害された。「彼をやっつけた」とイスラエルのメディアは一斉に伝えたという（三月二四日付　天声人語）。世論の六割が殺害に賛成した。だが、これでテロが減ると応えた者は一％だった（アトは増える、変わらない）。イスラエル政府は「ハマスの全幹部を殺害する予定」だと。

パレスチナは、エジプト、サウジ、ヨルダンなどの親米政府が倒されないかぎり解決しないだろう。北島義信さんによれば、浄土教は「在家」が基本なのだと。坊主は在家の中のインテリであり、宗教は生活に根ざしたものだ。その点はイスラムも同じで基本は在家。だから、ハマスを潰すということは生活を潰すということと同じで、パレスチナ人を絶滅しなければ実現しない。それは可能か、という問題となる。その意味で、イラク戦争のあとにシーア派の「社会」が生きていた（酒井啓子）ということは当然のことであったわけである。

〈○四・四・六　追加〉

イラクではついにシーア派のサドル師立つ。全土で戦闘。

○四・四・一二

イラク人質事件、ゲリラ「二四時間以内釈放」声明発表後、今朝で二八時間が経過。多くのことを考えさせられる。まず人道支援という言葉である。三人は、文字通りそれを実行に移していた。極めて少数者だが、そういう人たちがいたということ。これはボクにとって発見であった。若い人質は劣化ウランの調査に行った。防塵マスクをつけないという。なぜなら「イラク人に失礼じゃないか」。他ならぬ左翼はこの道を歩むべきであった。遅くはあるまい。人道支援は我々のスローガンなのだ。

政府はアメリカに支援を頼むという。多くの人がそうした行為の危険性をいちばん強く感じている。拉致問題は家族が政府と一体だった。今度の事件の気持ちよさは、家族が一線を画していること。そこに本質がある。

ゲリラたちは国家と民衆を明確に区別している。

こともあろうに、高遠菜穂子さんがゲリラとつるんでいて、今回の事件はヤラセなのだというウワサが飛び交っているのだという。あるいは、危険が分かっていてイラクなんかに入るという無謀を責める人たちがいるという。そういう人々で高遠さんの掲示板が閉鎖になったという。今回の人質事件をまともに授業で話した先生が「先生はバカだ」となじられ、泣かされたのだという。呆然としか言いようがない。メディアのプロパガンダの力、それに騙される人間、この問題は一矢報いなければならない。

以下HP掲載「K君への手紙」〈当時、同時代社HPに掲載していた〉

イラク人質事件――「難民」への自覚　〇四・四・二〇

この胸くそ悪さは何だろう。拘束されていた三人が解放された安堵感にもかかわらず、胸の底に疼く不愉快感は日増しに強くなっている。それは無論、拉致したイラク人抵抗勢力に対するものではなく、ましてや三人やその家族に対するものではない。

彼ら三人は凄いことをやっていたのだった。ブッシュ二世によって破壊され傷つけられたイラクの復興支援のために、危険を顧みず人知れず地道な努力を続けてきた人々がいたということ、その実態について、じつはボクはあまり知らなかった。アフガンで、パレスチナで、あるいは東チモールで、NGOやボランティアの若者たちが働いていることを多少は知ってはいたが、あのイラクでも同様の活動が、戦火の中で「現にあった」ということを、恥ずかしながらボクはよく知らなかった。

彼らが解放されるまでの一週間、多くの情報がもたらされた。彼らはさまざまなネットワークをもち、イラクの本当の姿を日本に伝えようとし、どんなにか献身的に活動していたことだろう。逆に、自衛隊の派兵がどんなにか彼らの活動を困難におとしいれたことだろう。彼らにとって自衛隊派兵は邪魔だったのである。だから、家族が自衛隊の撤退を要求したとき、それは家族の願いとして当然の発言であったし、息子や娘たちの意思を代弁したものでもあったはずだ。自衛隊さえいなければ、彼らは捕えられることもなかったのだ。

また、抵抗勢力が出したとされる声明を読んだとき、ボクは感動さえ覚えた。声明は「日本国民」

る。

と「政府」とをきちんと区別していた。イラク社会に対して敬意を持ち、ブッシュ二世と日本政府に唯々諾々とは従っていない日本人が存在していることを、声明は認めていた。戦火の下で、イラク抵抗勢力と「日本国民」との間で成立した初めての「対話」ではなかっただろうか。この「対話」があったからこそ三人は解放され、そして三人の苦難の体験があったからこそ「対話」は成立したのである。

もっともボクは、声明が「日本国民」と呼んでいるその実態が、それほど立派なものではないことをよく知っている。ボクの胸くそ悪さの一つは、そのあたりから発しているものであろうか。声明は「日本国民」に対してファルージャで起こっている悲劇に注目してほしいと訴えていた。ファルージャでのアメリカ兵たちがやっていることは、ベトナム戦争のときの「ソンミの虐殺」を思い出させるものであった。だがこのとき、「日本国民」はどれだけ声明の訴えに耳を傾けただろうか。むしろその頃から、日本のメディアは三人の家族へのバッシングに精を出し始めたのだった。世論調査上の国民は、自衛隊の派兵は「イラク復興支援」だから「いいことだ」と信じ、アメリカに従うことは「国益」にかなっていると思いこんでいる者が多くを占めている、派兵に反対だと言ってもその理由のトップは「危ないから」だという、そのような「日本国民」なのである。三人の行動を「自業自得」だとわけ知り顔に評論し、彼らのプライバシーをねじ曲げてあばきたて、彼らの行動は無謀登山や無謀水泳と同じだから「自己責任」により救出にかかった費用の「損害」を賠償すべきだと叫ぶ、そんな権力迎合メディアのプロパガンダを、容易に受け入れている「国民」である。こうした「国民」を背景に、政府はこんど、三人の帰国の際の飛行機運賃（値切ってエコノミークラス！）と健康診断料を請求するのだという。なんと鉄面皮で、ケチな「国民」と「政府」であることか。

事件は、世界に広がるイスラム社会の侮《あなど》りがたい情報収集力と自己統治力を見せつけた。三人の解放に続いて解放されたジャーナリストたち二人の拘束と解放の過程では、コトの進行はすべてイスラム社会ネットワークの中で解決された。三人については、日本政府は大袈裟な「救出態勢」をとったが、解放の過程では具体的に何一つそれらが機能しなかったことは明らかである。役立たずの「不眠不休」。二人の解放の場合は、政府は事実上「蚊帳の外」にいた。むしろ、そのおかげで五人の命は助かったと考えた方が事実に近いのかもしれない。「費用」を騒ぎ立てるなら、税金の無駄遣いをした政治家と官僚たちの一人ひとりが責任を負うべきであろう。彼らこそが、解放に尽力したイスラム社会の人々に対して自分たちの非礼を詫び、無能の代償として丁重なるお礼をすべきなのである。

権力者たちは国民に対する「強い要請」と称して、危険だから一般人はイラクから出て行け、もう入って来るな、行くな、と命令している。「非戦闘地域」だから自衛隊は行くのだと言っていたのはどこの誰だったのか。この豹変！　報道規制の約束をしたマスコミだけを基地の中に囲い込み、外の活動はすべて自衛隊に任せておけというわけである。この警告に従わぬ者には国家の保護は及ばない、どうだ、分かったか。こうした、「国策」（「読売」系列のメディアが最近しばしば使う用語で、いくらでも拡大解釈できる言葉である）に従わなかった三人に対する賠償請求と迎合メディアの仕打ちは、いわば従わない者への「みせしめ」なのである。

近代国家はすべての国民を「公民」として扱い、思想・信条によって差別せず、「善人」も「悪人」も、「国策」に賛成する者も反対する者も、法律に違反しないかぎりにおいて平等に扱われることを前提にして成り立っている。これを、事実上の不平等を隠す欺瞞の制度だと批判することはできるが、それでもなお、これまでの（日本）国家は、建前の上ではこの原理を尊重するとして振る舞ってきた。しかし、そんなあたりまえの建前さえかなぐり捨てて、政府は「国策」に従わぬ者を国家は保護しない、というのである。

さしずめ今回の被拘束者たちは保護に値しない。こうした政府の意図に呼応した形で、当事者とその家族に対する猛烈なバッシング、メディアによるリンチ（私刑）の嵐が吹き荒れている。北朝鮮の拉致被害者の家族にはそんなことはありえなかった。「理由は簡単。今回拘束された日本人やその家族が『自衛隊撤退』を主張したからである」（東京新聞「メディア新事情」〇四・四・一九）という。家族の発言は戦争主導者たちの虎の尾を踏んでしまったのだ。このコラム氏は、こうしたバッシングの背後には政府の情報操作があると指摘している。たしかに、家族に対する嫌がらせＦＡＸの殺到など、組織的で巨大な「闇の力」が蠢いていると感じるのはボクだけではないだろう。

「自己責任」という考え方は、いつの時代も権力者、社会的強者によって都合よく使われてきた。古くは「貧乏人はムギを食え」と言ったのは首相当時の池田勇人だが、最近は、貧しさゆえに税金や保険料を払えない者に対するさまざまな保護をうち切る施策がまかり通っている。それを当然とする風潮。弱い者がより弱い者を踏みつける。今回の「自己責任」論も、こうした社会的雰囲気の延長として、その極端な形として表出したものであろう。

「国」の保護を受けるために、あえて「国策」に賛成し、「国策」に身を寄せて我が身の安全を確保する道もあろう。「北」の拉致被害者家族のように、国家の流す情報を信じ、我が子に会いたくとも我慢し、すべてを国家と迎合ジャーナリズムに託し、手厚く保護されて、結果を待つ、こうした道もありうるだろう。あるいは報道記者として、自衛隊宿営地の中から「安全」に記事を書くというのも、処世術の一つとして「賢い」選択ではあるのかもしれない。

だが、甘んじて「保護」から外される危険を覚悟しても「国策」に反対する道を歩むこともできるはずだ。「国家から保護されず」「自己責任」で生きなければならない者のことを広く難民と呼ぶとすれば、あえて自分は国内「難民」となってもいいとする道である。「拉致報道」と称する好戦的プロパガンダが吹き荒れた時期、ボクは自分がすでに「難民」となっているのではないかという恐怖感さえ持ったことがあった。在日のある友人は、自分が人質に捕らわれているような気分になったと言う。世界には文字通りの難民があふれている。旧ユーゴ、パレスチナ、クルディスタン、アフリカ各地、そして中国東北部。ある者は国家から放逐され、ある者は放置され、ある者は虐殺の危険に脅かされながら、それでも互いに助け合い、自力で生きている。それを遠く離れて眺めている限り、ボクらは彼らの痛みを理解することはできないだろう。「国策」に抵抗し、それによって自らも「難民」とされるならば、あえてその危険を引き受けようとしてはじめて、ボクらは彼らと世界を共有できるのではないか。「国策」によって犠牲を受けているイラクの人々と連帯できるのではないだろうか。事態はそこまで切羽詰まっているように思う。

イラクの人々は、いま、国を奪われている。国民全体が難民化していると言っていいだろう。ブッシュ二世とその連合軍によって簒奪《さんだつ》された国土と豊かな自然。資源に恵まれた文明発祥の地、イラク。そこに住む人々は、いま、やむをえず銃を持ち、覆面で顔を隠し、姿をくらましている。声をひそめて語っている。彼らの前途は多難かもしれない。だが、この国の将来はレッキとした「国民」として彼らが登場してくる以外に道はないのだ。彼らが覆面を外し、銃を置き、素顔の笑顔を見せてくれるその日、ボクらは正面からまっすぐに彼らの顔を見つめることができるよう、恥ずかしくない道を歩んでいかなければならないだろう。

創刊三号分のコピー

〇四・四・二一

本日、「アクト」に以下の原稿を送る。

『現代の理論』誌が新たにスタートをきるという。朝日健太郎さんからそのことを聞いて、ボクはあわてて書棚を探してみた。あった。第一期『現代の理論』誌創刊当時の第一号（一九五九年五月）から三号まで。それらは全文コピーした状態で残っていた。コピーした時からの歳月の長さを示すように、錆びついたクリップが紙束を押さえ、文字は消えかかっている箇所もある。驚いたのは、幾つかの論文——不破哲三の「日本の憲法と革命」、古在由重の「『転向』論」、トリアッティの「グラムシ論」、沖浦和光の「インテリゲンチャ論」、グラムシの「知識人論」などには、ボクの筆跡で線を引き、かなり読み込んだふしがある。ボクは何をやろうとしたのだろうか。

じつはボクは長い間そうしたコピーの存在さえ忘れていた。しかし「〇」や「×」といったボクの記入を見つめているうちに、記憶は次第に甦ってきた。ボクの六〇年代体験は、七二年の共産党による査問の体験で一応の終止符を打つ。その後、七七年頃だったと思う。査問体験を含めて、ボクはそれまでの十年余を自分なりに総括しようと考えた。その時はその作業は結局は実らなかったが、作業にあたり、闘いのスタート時点（六〇〜六一年）で自分に影響を与えた議論を、もう一度再確認することが不可欠だと考えたのだと思う。コピーはその時の痕跡だったのである。創生期のころの『現代の理論』には、ボクが六〇年代をしのいでいくうえで、結構厄介になったわけである。「現代の理論」という固有名詞は、どうもボクの人生の肝心なところでつきまとってきたようである。新しい出発を強い関心をもって見ている。がんばってほしい。

〇四・五・二四〜二五

拉致家族の一部が小泉〈純一郎元首相〉と一緒に帰ってきた。ジェンキンス一家は帰らず。
今朝の世論調査によれば、訪朝支持が六割ほどで「評価」とのこと。人道支援に反対が同じく六割。予想はしていたことだが、イラク人質事件の際の「自己責任論」の闊歩といい、今回の「人道支援反対論」といい、肌寒くなる民意よ。国民の病よ。

〇四・五・二九

五月二八日夜、パレスチナ駐日代表の講演会を聞く。伊藤成彦さんら主催。
気になった言葉。抑圧の犠牲者が抑圧者に対して抱く憎しみよりも、それよりもっと強い憎しみを抑圧の犠牲者に対して抑圧者が抱くということ。これはいったい何か。パレスチナのユダヤ人、イラクの米兵しかり。ヨリ強い者がヨリ弱い者に示す残虐性とは何かということである。

五月二九日、コレコンで大畑龍次学習会開く。

＊大畑氏の最大の問題意識は、「韓国問題」は「北」問題と一体として、朝鮮半島の問題としてとらえられるべきであって、かつ、一つの戦線の問題ではなく東アジアの根本問題として考えるべきであろう、ということ。事実、日本は「北」バッシングを通してイラク参戦に向かったわけで、朝鮮半島問題が日本と世界を動かしたともいえるのである。日本の左翼は「韓国」と「北」をそれぞれ個別の問題として「一つの戦線」「個別課題」の問題として考える向きがなかったか。

＊韓国においては「北」は現実の自分たちの差し迫った問題である。「北韓学」が一つの隆盛を示している。これは「統一を目指す、統一を視野に入れた研究」といえよう。そこでは「統一通貨」「統一安保」はいかにあるべきかなどが議論されている。東西ドイツの統一問題もいま真剣に研究されている。「異質性の克服」がテーマとされ、「統一経費」を計算している分野もある。こうした韓国の実情からすれば、「北」バッシングに熱中し、怖々と「北」に接している日本の現状は信じられないことだ。「北」の国力は日本の県程度だ。これがまともに日本を攻撃することなど考えられない。日本は異常だ、理解できない国だと思われていることだろう。

＊韓国の「北」との交流は大規模なものである。六・一五記念集会（二〇〇〇・六　南北共同声明）は象徴的になるだろう。北からは一〇〇人、その他外国からは六〇人が招待されている。また、オリンピックは共同で入場行進する。さらに〇五年は分断・米軍支配から六〇年の年である。八・一五に向

けて大規模なイベントが計画されている。ハンナラ党の朴代表さえ「北」に行ったことがある。ハンナラ党さえ今や「北」融和策をとっている。
＊新政局では最大の問題は「国家保安法」の廃止問題と「イラク派兵」問題となるだろう。前者は「改訂」は九〇％が賛成している。「廃止」まで行けるか。後者の問題では、反戦派は与野党に広がっている。単純にはいかないが。
＊民主労働党が面白い。支持率一三％をとった。「北」支持ではない。運動に基盤を置くという姿勢を矜持としている。公職者の党職兼任を禁止した。

〇四・六・一〇

釈弘元さんの原稿〔二〇〇四年八月に『わが魂を三八度線に埋めよ』（同時代社）として刊行〕、結構手間がかかる。

〔釈弘元さんの話〕韓国の政界は激動した。盧武鉉大統領の弾劾の是非を問う結果となった韓国総選挙では、与党のウリ党が過半数を制するという事態が生まれた。ハンナラ党は敗北し、民主党は壊滅的打撃をこうむった反面、左翼革新政党としてはじめて民主労働党が一〇議席を占めた。この党は投票率で一三％を獲得した。さらに、女性議員は全体の一三％を占めているという。一年前には考えられなかった事態であった。また、六三％が新人議員であり、国会議員の平均年齢はなんと五一歳であるという。〇五年は南北分断六〇周年の年である。今や韓国国会議員の大部分は祖国分断後に生まれた世代である。南北動乱時代を体験せず、実感的にはそんなことは解らないという人々がこの国を動かし始めているのだ。

ソウルの繁華街を歩いてみる。華やかな明洞の夜は、肌を露出した若い女性たちが片手に食べ物を持ち、大きな口を開いて大笑し、周囲をはばかることなく堂々と歩いている。彼らに屈託はない。明るいネオンの街は、おそらく東京の六本木や渋谷の街に比べても遜色はないことだろう。

この街を歩いていると、今から五〇年ほど前、この国の人々がこの地をめぐって血で血を洗う地獄の体験をしたことなど想像もつかない。この国の現在の繁栄は、あの過去とどのようにつながるのだろうか。歴史はまったく新しく始まったのだろうか。「もう、昔のことなんて関係ないよ」という若者の声が聞こえる。

だが、はたして歴史とは都合よく消去できるものなのだろうか。私にはそうは思えないのである。あのときの嘆き、あのときの慟哭、あの時に消えた命、それらは、今の時代に生きている人々が過去を忘却することを許さない。日本人のように、眼をつぶれば過去が見えなくなって、ついでに過去自体も消えてなくなると信じられる人々と違って、わが半島には、厳然として三八度線という過去の地獄の生き証人がいる。この証人がいるかぎり、過去から決定的に逃れることはできないのだ。突き刺さったトゲである。

〇四・六・一九

「私は、勇気というものは遺産と同じように、限定された量だけを受け取るものだと思いこんでいたようだった。無駄遣いをしないように倹約して取っておいて、その分の利息を積んでいけば、モラルの準備資産というのはどんどん増加していくし、それをある日必要になったときにさっと引き出せばいいのだと」（ティム・オブライエン「レイニー河で」）

子どもたちの残虐な犯罪は大人社会の残虐と戦争の影響がある。巨大な理不尽が世界を覆っているとき、子ども社会でだけが自由でありうるのか。カッターナイフが映画で登場したのはいつか。

山田正行、森輝子（五十嵐顕・東京大学名誉教授の次女）さんらと夕食、「おもろ」で。

『日日の想い』（五十嵐顕著、私家版の詩集）に「一九八〇年光州の学生にささげる」という詩がある。

「連中はまだ若すぎる、高校生は
家へかえさねばならぬ」
やがて三、四〇名の高校生は
「司令部」の建物から暗闇へ消えた
一九八〇年五月の光州の学生たちよ
君たちはさほど年のちがわぬ兄なのに
年若い生命をいとおしみ
高校生を父母のもとへかえした
その君たちが君たちの父を母を
おもわないことがどうしてありえようか

君たちはえらんだのか
人民の強圧者とたたかい
錦南路にたおれたのちに
父母の胸へかえっていくことを
ああ　君たちはえらんだのだ
人民のたたかいの中に立ちつくして
いつまでも生きることを
（一九八一年）

〇四・九・一一

『情況』一〇月号「『終わりなきゲーム』の時代に」を書いた。そこではボクの母の「狂気」について書いた。それは室生犀星の「野蛮」と通じてはいるが、犀星ほどに人生への謙遜を持ち得なかった。犀星の野蛮は窮乏と学校風教育の低さから来た。そうした野蛮は研鑽によって手に入れることができないものである、と中野重治はいう。この男は、娼婦たちの間を泥のように彷徨しながら、この男は考えられないほどの謙遜を女性たちに持っていた。これは人生に対する謙遜であった。「逃げるのではなくて生きてはたらいて芥をかき分けて進む道を、犀星はほとんど腕力にものをいわせる勢いでわめいて進んで行った」「挑む姿勢」「おどりかかっていく」「犬が何かをくわえて首を左右にはげしく振るときの姿勢」

「終わりなきゲームの時代」に――ある読書体験

その一　「マルクス主義以前」――ボクはどこから来たのか

一九四〇年生まれ

ボクは一九四〇（昭和一五）年生まれ、敗戦を迎えたのは五歳でした。一九四〇年はいわゆる「皇紀二六〇〇年」だったこともあり、同級生の男には紀雄とか八尋、紘一といったように「八紘一宇」「紀元」からとった名前が多いのです。加藤紘一は高校の同級生です。女なら紀子、宇子、紘子などがいました。ボクの名は徹ですが、これはべつに徹底抗戦というわけではありません。何事も徹底して意志を貫けという願いをこめてつけたと両親から聞いています。父は戦前の長野県教員赤化事件で捕まり、意に反して「転向」した。自分は闘い切れなかった、その反省を含めた、子どもへの願いだったようです。

生年が区切りのいい年だったので、一〇代が一九五〇年代、二〇代が一九六〇年代、三〇代が一九七〇年代と、過去を年表風に振り返るとき便利なのですが、六〇年安保闘争は、戦争体験を辛うじて持っていた最後の世代がそのどん尻で闘った運動だったのだと思う。ボクは戦争の末期、疎開先の奥多摩で、立川方面の空が真っ赤になったのを見ましたし、戦後の上野駅では傷痍《しょうい》軍人や浮浪児をたくさん見ました。辛うじて戦争体験が記憶としてあるんです。ところが、最近、団塊の世代より若い政治家や学者たちが、やたらに戦闘的、好戦的な言辞を吐いているのを見ると怒りを感じる。戦闘経験を持たない者の戦闘意欲ってどうしてこう歯止めがないのだろうと思うのです。

歯止めという点では、コンラート・ローレンツの『ソロモンの指輪』を読んだときの感激を思い出します。オオカミ同士が互いに争闘をした時のことが書いてあった。相手を打ちのめし組み敷いた勝者が敗者ののどぶえに「カッ」とばかりに歯を立てるのだが、その寸前で動作が止まってしまう。どうしてもガブリといけない、というわけです。オオカミの場合、種の保存という仕組みが本能として組み込まれている。それに比べて人類は組み込まれていないので、理性で辛うじて滅ぼしあわないようにしているというのです。なんと危ういことか、とローレンツは言う。種の保存を本能では担保できない人間は、互いに滅ぼしあった過去の「経験」を記憶として残すことなんだ、と。

「北」が悪い→「北」を脅せ→「北」は譲歩するだろう、といった単線思考が大流行です。安倍や石破といった「オボッチャマ」ネオコンが何の躊躇もなしに戦闘意欲だけを亢進させている。「経験」という、内部からのコントロール機能を失った人類は、どこまで暴走するのか。一九四〇年生まれとしてのボクの、最近の焦りです。

母のこと、祖父のこと

ボクの母親は世間で言う「苦労人」でした。彼女は四年前に八二歳で死にました。六年間の闘病生活をして、何回も入退院を繰り返した末のことでした。一人暮らしでがんばっていたのですが、自宅で転んで骨折したために何度目かの入院をせざるをえなくなった時のことです。ボクのクルマに乗せ病院に向かった。ボクは、運転しながらこれが最後の入院になるなと感じました。本人もうすうす感じたのでしょう。途中で「引き返してくれ」と言うのです。つらい「選択」でした。どんなに立派な看護・介護をやってくれる病院でも、入院したら間違いなくボケる。彼女はそれを恐れた。じっさいその後はその通りになりました。最後の最後、病院のベッドで、母はボクのことを識別できなかっただろうと思います。だから、あの「選択」を実行した時が、ボクと「正常な」彼女との別れの時だったと思っています。その時は「ボケてくれた方がアナタも私もずっと楽になる」、正直にいってそんな気持ちがありました。

ボクは母方の祖母という人を知りません。母は「自分が子どもの時に自分の弟と一緒に母親に捨てられたのだ」「私は父親の手で育てられた」と、ボクには説明していました。下関の彦島出身の人らしいと知ったのはずっとのちのことでした。気丈な母親は女学校に行きその後は独学検定で小学校の教師になりました。易者だった父親（ボクにとっては祖父）が、娘に対してよくぞそこまでの教育を施したものだと思います。もちろん、易者だけでは食えるはずもなく、祖父は土方のような力仕事にも精を出したということでした。戦前のことです。父と娘とその弟という小さな家族の辛酸は、ボクには想像できないほどのものだったでしょう。教師の資格をとった母は、一九三九年、長野県の獄から解放されて上京してきたボクの父親と結ばれ、その翌年、ボクが生まれることになります。

ちょっと横道にずれますが、ボクにはその祖父の懐かしい想い出がたくさんあります。小学校時代、北千住の長屋の一角に「高島易断」の看板を掲げて、ずっと一人暮らしをしていました。小学校時代、ボクは通信簿をもらうと真っ先に祖父の所に行って褒めてもらい、いくらかの小遣いをもらいました。たしかにボクは「出来る子」だったのですが、祖父はボクの手相を見、その次に神妙に顔相を見て「実るほど頭を垂れる稲穂かな」とおまじないをしながら説教をするのが常でした。ボクの頭蓋の骨格はこの祖父のそれによく似ていると、母はよく言っていました。

さらに横道にはずれます。その「高島易断」の店の構造です。奥に畳二畳ほどの空間があり、そこが祖父の「食う」「寝る」「住む」全ての空間です。ナベ、カマのたぐいは整頓して置いてあった。トイレは長屋の何軒か先に共同トイレがありましたから家にはない。あとの空間は剝き出しの土間となっていて、畳寄りの所に使えない自転車が横を向いて一台置かれ、その上に広い長方形の板が一枚、水平に上手に乗っかっているのです。手相を見て貰う客と易者は自転車の上の台を真ん中にして向かい合う、そういう構造になっていました。台の上には筮竹《ぜいちく》や巨大なレンズやカレンダーのようなものなど、祖父のいろいろな商売道具が並んでいました。子ども連れの女客などがそっと入ってくると、ボクはたちまち姿を消す、そんな段取りでした。やさしい祖父だったのですが、母は祖父が易者だということを他人には隠していたところがあり、ボクなりに気を遣ったように思います。

二つの顔

ボクの父親については『アカ』に書きましたが、ある意味では非常に分かりやすい人だった。村長さんの家の六男坊にうまれ、ボンボンで育ち、若いころにマルクス主義にかぶれ、弾圧されて転向し、戦後は再び共産党シンパとなって生涯を終わった。一般に、父親と息子の関係は、「ある時」息子が父親を乗り超えるものだと思うけれど、ボクは比較的それが早かった。高校生ぐらいのときだったと思うのです。何がきっかけだったか忘れたけど、やけに小さく見えて、これからはオレがこの人を保護しなくちゃいけないんだなと、生意気だけど一瞬そんな気になったことがあるんです。

それに比べて母親は分からない。未だに分からない部分があります。女房からは「マザコン」と言われますが、そうかもしれない。大なり小なり母親の子に対する愛は盲目的なところがあるけれど、ボクの母親の場合はとりわけ激しかったのではないかと思う。また、ボクはそれに対して応えた「いい子」でもあった。疎開先で肋膜炎で臥せっていた母を、五歳のボクはかなりよく面倒みましたから。父は戦地に行っている。当時の母は、自分に対してけっして好意的とはいえない周囲に対して懸命に肩肘を張って生きていたと思いますが、その際、彼女にとっておそらくボクだけが味方だったのでしょう。母の葬式のとき、ボクには彼女に対して「戦友」という言葉が自然に出てきたのです。これは相当の影響ですね。

母には二つの顔があったように思います。ボクの学生時代、ハラを減らした友人たちが家に来たけれど、そんなときは人当たりはまことにいい。「コルチャーギンの母」などと呼ぶヤツもいて、ボクも満更ではなかった。また、地域でのボランティア活動が認められて教育委員などの仕事をしたこともあった。母を尊敬する人もたくさんいたことは確かです。

だが、そういう人たちにはとても信じられないほど荒れることがありました。突然に理不尽な怒りを爆発させて、手がつけられなくなるのです。年末年始のときとか、みんなが久しぶりに団らんしたときとか、きまってみんながホッとしているようなときに、それが爆発する。突然、プイッと向こうを向いて、誰とも口をきかず恐ろしい形相で「完黙態勢」に入る。それが一日程度ではなく何日も続くことがあったわけです。狭い家で顔をつきあわせて暮らしている中での突然の異変は、しばしば家族全員を困惑と不安の渦中に引きずり込むものだった。理不尽な狂気としか言いようがないものでした。

また、こんなこともありました。父の死後、地元での長年の教育活動に報いるということで勲章をもらったことがあった。これは「天皇は親の仇」と言っていた父に対する裏切りとも言えるものです。ボクら子どもは冷たく無視したけど、彼女は意に介さなかった。ボクには到底理解できない「上昇志向」があったと思います。これはいったい何だろう。この辺は分からないんだけれども、彼女のこうした「志向」は、自分が「外されている」という被害者意識と表裏のものだったのかもしれない。外され意識の強い人間って、外されずに内部に居場所を占めただけでは不安なんです。ひっそりと生きていくなんてこと、プライドが許せないんです。ヨリ一層高い位置、安全で他人を見下ろせる位置を占めないとダメなんです。

それでも最晩年のころ、突然に勲章を引っ張り出してきて声を潜めて言うんです。「これは売れるからね。私が死んだらカネに替えるといい。いい値になると思うわよ」。最期の土壇場で母が示したボクへの「譲歩」だったのかなとも思うけれど、じつはそれが彼女の冷たいリアリズムだったのかもしれない。外され意識の強さが並大抵のものでない場合、再び外されて無一物になったときの覚悟、これを背中合わせで持っている。お金に換算して当座をしのいでいく、そんなしぶとさです。いささか暗い感情だけど、そういうしぶとさへの憧れのようなものが、ボクの中にもあるなあと思うときがあります。

「見返してやる」

ボクの中にもある——という点では、「見返してやる」という意地のようなもの。これはボクが母親からしっかり受け継いだものでしょう。「上昇志向」の一種かもしれないけど、今は貧乏だけどそのうち必ず世間を追い抜いてやる、バカにしているヤツに一泡吹かせてやる、驚かせてやる、そういった感情です。このようにあらためて並べてみると、自分ってなんと始末に負えないイヤ味なヤツかと思いますねえ。一時期の母にとって「見返す」ということは「生きる」ことと同じだったんだろうと思うのですが、ボクにとってこういう意地のようなものがＤＮＡ的に刻まれたのはいつだろうかと考えると、おそらく先ほど言った疎開時代だったと思う。疎開モンは本当に貧乏でしたし差別もあったし。「戦友」という言葉が生まれる原点の時代の記憶です。

母が死んだとき、女房は一句つくりました。「八月にはげしきおんな一人消ゆ」と。いい句だと思ってます。外面はいつも完璧に整えている母でしたが、その内面は非常に寂しかったのではないかと思います。おそらく彼女には出生の秘密がある。多くのことを誰にも言わずに、最愛の息子たちにも言わずに、抱えたままあの世に行きました。彼女の理不尽な狂気は、おそらくそうした「抱えたまましまい込んでいたもの」から発したものだった。それは周囲を突き刺さないではいられないほど強く激しいものだった。そうしないでは彼女自身が耐えられないほどのものだったのだと思うのです。

「左翼人生」を選ばせたもの

一昨年（二〇〇二年）、「一九六〇年、三池」写真展をやりました。その準備作業で新旧左翼一〇派ほどの人間が顔を合わせて同じ釜の飯を食った。世代的には六〇年安保世代から団塊世代までです。そしてそれが縁となって、毎年のように共同企画をやったり、年に数回の合宿をやったりしている。この集まりは「これからの社会を考える懇談会」といいますが、「コレコン」と略称・自称して、けっこう目的意識的に頑張っています。これはボクにとっては人生の転機でした。今日ここでお話しするのもそんな縁からです。いろんな「派」の人たちはその後どうやって生きてきたのだろう、という興味もあったからです。

そうした体験をへて、結局のところオレの人生は「左翼人生」だったなと思う。「左翼」とは言っても、ボクの場合はマルクス主義者とか共産主義者とかいうものではない。「抵抗派」人生ともいうべきものです。「抵抗派」の証明は普段は内ポケットあたりで眠っているんですけど、ときどき鳴り出すコールみたいなものです。「許せん」「許せん」と鳴く虫のようなもの。最近その回数が多くなった。

なんでこんなことになったのだろう。ボクはときどき振り返ることがあり、それは『査問』や『アカ』にも書きましたが、そこでは六〇年安保とか三池闘争とか時代環境との関係の中で描かれている。その中で主体的に選んだと。しかし、最近ははたしてそうなのかなと思うのです。何がボクにその道を選ばせたのか、そう考えると、自分の体内で選ばせるものがある。脳の構造はまったく知らないが、大脳前頭葉だけでなく、記憶や感情や決断や興味・関心の選択といった次元で、身体の奥底のほうにある機能に関わっているような気がするのです。

それはボクの子ども時代に培われたものだろう。大変大雑把な言い方ですが、DNAに近くなっているもので、脳味噌が形成される過程でその奥深くに根をおろし、その後ボクの体内に棲み続けているものなのではないか。コイツが人生の転機のようなときにむっくりと目を覚まして、ボクを引っぱってきたのではないか。ローレンツのオオカミほど立派なものではないが、いい意味でも悪い意味でもボクをコントロールしているもの。まるで科学的な根拠はありませんが、そんな風に思えるのです。

コイツの正体は分かりませんが、それはたぶん厄介なかたまりのようなもので、アチコチに方向性を持っているものである。場合によっては「上昇志向」に火をつけることもある。同時に落ちるところまで落ちてやる、とことん落ちても怖くはないぞという開き直りの覚悟にエネルギーを注ぎもする。なかなか悩ましいものなんです。そしてボクは年齢を重ねていき、あるときコイツを「マルクス主義」によって抑制することがいちばんいいと思ったのです。そのとき、ボクは活動家になった。どの「マルクス主義」がいいか、そんな判断はおそらく偶然に決まったことだったと思うのです。それは二の次のこと。ボクの場合はたまたま共産党だった。一九六〇年のことです。

「マルクス主義以前」のもの

以上のような文脈からすると、ボクがこれまでお話ししたことは、そのほとんどが「マルクス主義以前」にかかわることで、母親のことなどその断片をいくつか紹介したことになりました。党員として活動していたころ、あるいは七二年の査問事件以降も、ボクはあまりこうした「マルクス主義以前」のことと向き合おうと思ったことはありませんでした。ところが、ボクがマルクス主義「党」から離れたときに、じつは「マルクス主義以前」と再会することになった。それは劇的に訪れました。それはこういうことです。

『査問』にも書いたことなので詳しいことは省略しますが、藤田省三との出会いです。彼はボクをはじめ党を離脱した数人の者に「ケア」と称して読書会（藤田ゼミと呼んだ）をやってくれたのです。藤田ゼミで最初に取り上げたテキストは長谷川四郎の短編集『鶴』だった。その次が北条民雄の『いのちの初夜』、石原吉郎の『望郷と海』、さらに室生犀星の詩集だったでしょうか。藤田省三選定になる一連の文学作品から入ったわけです。『望郷……』は分かるにしても、その他はボクは相当に面食らった。恥をしのんで言えば、何でこんな本をいまさら読まされるのかと思った。小編「鶴」の場合、満州でソビエト軍と対峙して銃を構えている兵隊が一人、ポツンと出てくる。銃口の先には鶴が一羽とまっている。じっと見ていると、その鶴は螺旋を描いて飛んでいった。藤田は、この単純な光景を君はどう思うかと突いてくる。どう思うも思わないも、何にも思えないとボクが答えると大笑いされました。

あとになって考えると、藤田は、ボクの思考構造がコリコリに政治主義的に偏っていることを見抜いていたんだと思います。その点では彼の指導は大当たりだった。人間の内心にあって「始末におえないもの」「理屈に合わないもの」、一言でいえば不条理なもの、それらがときに決定的にその者を突き動かすものだということ、そんなことを気づかせてくれたように思います。このときになって、ボクの「マルクス主義以前」の体験とその沈殿物が生きてきたのです。厄介なかたまりのようなアイツのことです。自分が一挙に「広がった」という感覚になりました。

このあとでボクはハンナ・アレント『全体主義の起原』（全三巻）読書体験の断片をいくつか語るわけですが、あの難解な本をどうにか読み終えることができたのも、それと関係があります。ボクの身体の奥底にあるアイツと対話をすることによって、その難解さを溶かしていくことができた。そういう読み方でいいのだと、藤田が励ましてくれたことにも救われたのです。

その二　ハンナ・アレント『全体主義の起原』（全三巻）読書体験の周辺

アレントとの出会い

「全体主義の起原」つまりTOTALITARIANISM（全体主義）のORIGINS（諸起原）についてのハンナ・アレントの労作『全体主義の起原』（全三巻）との出合いは、ボクにとってけっして自然の成り行きといったようなものではなく、きわめて人為的でなかば強制的（自分に対して）なものだった。

一九九〇年一一月、ボクは三〇年間在籍していた共産党をやめたのだが、その後のものの考え方・見方を再建していく過程で思想家藤田省三に大変世話になった。具体的には、その年の暮れから、藤田による数人の読書会（自称「藤田ゼミ」）をやってもらったのである。それは二年間ほど続いたのだが、この本はそこで取り上げた全体の四〇〜五〇冊のうちの一点（全三冊）だった。ゼミが始まって半年ぐらい経ってからだったと思う。おそらくボクはこの時の適切な指導がなければこの本と出合うことはなかっただろうし、読み上げることもなかっただろう。二〇点近いテキストをやったあとで、後から考えれば相当の地ならしをしたあげくに、藤田が計ったように「ちょっと本格的にやってみるか」と誘ってくれ、ようやくハンナ・アレントを読み始めたのだった。

　読み始めたのはいいけれど、まず難解である。例えば第一巻「反ユダヤ主義」の第四章「ドレフュス事件」の冒頭に、こんな文章がある。「十月革命から国家社会主義の爆発にいたるまでの二十世紀の多少とも重大な事件のすべては、十九世紀のフランスにおいて……いわばリハーサルをすませていたのである」。読んでドキッとするけれども、最初はイメージが全然わかない。何がどうリハーサルなのか。また、第二巻「帝国主義」第一章はのっけから「帝国主義時代とは通常一八八四年から一九一四年に至る三十年間を指している」とある。それまでのボクにはレーニンの『帝国主義論』しかないわけで、まず「えーっ？」である。ボクの「帝国主義」理解はそんな三十年間という「期間限定」のものではありえない。また「帝国主義の経済的な誘因と原動力が（ホブソン、ヒルファーディング、レーニンらによって）早期に発見されたことは、帝国主義の本来の政治的構造、人類を支配人種と奴隷人種に、黒人と白人に……分けようとする試みを、解明するよりは隠蔽してしまった」などというくだりにぶつかると、頭はさらに混乱する。レーニンが帝国主義の「政治的構造」を隠蔽している？　帝国主義の本質は人類の「人種的二分化」にある？　ボクのそれまでの「常識」をゼロにしなければ、これは手に負えるものではない。ボクはそう覚悟したのだった。

　結局、全三巻を読み終えたのが一九九一年の暮れごろ、読み始めてから半年以上かかっただろうか。ボクは研究者としてあるいは物知りになるために読んだわけではない。そんなヒマがあるわけもなく、自分にどうしても必要なものを獲得するための読書であった。指導する藤田もそのつもりだった。自分が何者であるのか、自分の共産党体験とは何であったのか。この時代に対するボクの認識はどこかで間違ってはいなかったか。それを知りたい、納得したいという痛切な思いがあり、その必要性への自覚が半年間を支えたと思う。食うか食われるか、大袈裟に言えばそんな緊張感で読んだように思う。経営者としての仕事を続けながらの本読みであり、けっして楽ではなかった。

ボクが自分の体験を『査問』という形で世の中に出すことができたのは一九九七年の暮れのことであった。編集者との協議で表記のタイトルになったが、ボクの原案は「私の全体主義体験」というものであった。ゼミで『起原』を読んでから六年経っていた。『査問』は六年遅れの「卒論」提出の意味もあった。

『真昼の暗黒』『躓いた神』など

アレントが『起原』を書き始めたのが一九四五年、書き終えたのが一九四九年、発行が一九五一年、日本で翻訳発行されたのが一九七四年、日本共産党による私たちへの「査問」事件（一九七二年）から二年のちのことであった。言うまでもなく『起原』は、一九三〇年代のナチとスターリンという二つの全体主義権力が誕生するに至る「諸起原」（＝諸要因）を解明した、アレントの傑作であった。この本がボクのそれまでの世界観を一挙に突き崩したのだった。アレントが対象とした権力は二つともすでに歴史的に消滅していたが、そのメンタリティは、一九六〇年代以降とくに宮本体制確立後の日本共産党の中に、いやボク自身の精神構造の中に生きていた。全体主義の諸特徴といわれているもののの一つひとつが、おのれにとって実体験上思い当たるフシがあるのだった。これは深刻な発見であったし、発見が遅すぎたという自覚は悔恨とともにあった。

さきほど「地ならし」と言ったが、『起原』の前に「全体主義体験」をテーマとした何点かの本を読んだ。例えばミラン・クンデラの『冗談』。その頃は市場では品切・絶版状態で、藤田が持っていたものを借りコピーして読んだ。みすず書房から出ていた一連のもの、『三つの世代』（アントニーン・リーム）、『スターリン時代』（ウォルター・クリヴィツキー）、『絶滅された世代』（エリザベス・ポレツキー）、『アルバート街の子どもたち』（アナトーリー・ルィバコフ）は息をのんで読んだし、とくに強烈だったのは（絶版のため同じく藤田から借りて）コピーで読んだ『躓いた神』（リチャード・クロスマン）とアーサー・ケストラーの『真昼の暗黒』だった。『真昼の…』では反革命分子として処刑される運命を受け入れつつ「スターリン万歳」と叫ぶ男が描かれる。『躓いた…』では、全体主義の犠牲がけっしてソビエト・ロシアだけでなく、各国の共産党内に染みこんだものなのだとそれぞれの体験が綴られていた。その中の一人リチャード・ライトがアメリカ共産党内における黒人差別に絶望するくだりには、この党の病いの深刻さを知った。その後ライトの自伝『ブラックボーイ』を読んで、アメリカ史というもっと大きなフレームの中で理解することができたのだったが。

「スターリン万歳」のセリフは、その時はグサッときた。ボクが屈辱的な「査問」体験を経てなお党にとどまり続けて「じっと我慢の子」を演じ続けていた精神状態の背景には、「万歳」の男と同じような体質があったからこそだった。そういう意味では高杉一郎の『極光のかげに』（これも当時は絶版だった）、長谷川四郎の『シベリア物語』、石原吉郎『望郷と海』は、より根元的に、ボクに「全体主義」メンタリティーと対峙し、自分の内部にあるそれを見つめることを求めていた。「身を切る」ということだろう。なにせ骨の髄まで染みついていた「全体主義」メンタリティーを洗い流すには、

「肉を切らせて骨を切る」ぐらいの覚悟が必要だったわけである。

考えてみれば、アレントが『起原』の第三巻「全体主義」を著すにあたっては、彼女自身のユダヤ人としてのナチによる受難体験と、コミンテルンで粛清に遭った夫のボルシェビズム体験という受難が前提にあったはずだった。そうした実体験をもとにしてアレントは、一九三〇年代にヨーロッパで登場した政治支配の形態としての「全体主義」の正体を明かし『起原』を完結させたのだった。彼女の文章には切れば血が出る切実さが溢れていた。そうした意味では、ボク自身のささやかな経験を人類史的な文脈の中に位置づける、こうした「地ならし」はどうしても必要な迂回路だった。またその頃はボクはまだ離党して間もなく、昨日まで自分がいたところを「全体主義」としていきなり決めつけるにはいささか怯む面もあった。やはり「地ならし」は必要だったのである。

ボクにとってショックだったのは、「地ならし」のつもりの本に絶版が多かったということである。一点だけならそれがほとんど売れなかったことを示しているとも考えられるが、同じ系統のものが何点もあるということは、これらの本は「ひとむかし前」——一九五〇〜六〇年代におおいに売れたことを示していた。実際それらは奥付を見ると何回か版を重ねていた。コピーのため原本を貸してくれた藤田自身が、そのころ線を引きながら読破してあったという。「当時の本読みには（これらの本は）常識だったよ」。いやはや、ますます恐れ入った次第である。一九六〇年に入党したボクは、これらの本の存在さえ知らなかった。

文学作品の主人公たち

『起原』のタイトルは「全体主義の」と銘打ってはいるが、アレントがそこで明らかにしようとしたものは、じつは全体主義を生み出した二〇世紀世界そのものであり、彼女はそれを、この時代に生きた何人かの象徴的な人物像のメンタリティーを描き出すことによって本質に迫ろうとしたのであった。その際アレントは、しばしば文学作品を取り上げ、その主人公たちを登場させた。彼らにおおいに語らせたのである。これはボクにとって「救い」だった。というのは、とくに『起原』第二巻「帝国主義」で多くの作品が出てくるのだが、その主人公たちがじつに「魅力的」（それは好き嫌いとか善悪とかの倫理的な感情ではなく、その人物に引き込まれる興味・関心の強さである）であったからである。これらの人物の内心へ想像力を働かせることは、ボクにとって難解な本文の理解にどれだけ役立ったことだろう。

これらの主人公たちは、そのほとんどが一九世紀末から二〇世紀初頭にかけて、つまり三〇年代の全体主義が成立するまでの揺籃期、歴史的「予行演習」の時期に世界を遊弋《ゆうよく》した男たちであった。それは例えば『アラビアのローレンス』の主人公トーマス・E・ローレンスであり、ドレフュス事件の主人公であるユダヤ人将校アルフレド・ドレフュスその人であり、彼の冤罪を糾弾したエミール・ゾラであり、あるいは次に述べる『闇の奥』の「クルツ氏」であり、『キム』（ラドヤード・キプリング）の主人公である放浪児キムであった。

時代のメンタリティーが個別の人間像の中に見事に描き出されていたために、それらを党員時代のボク自身の中に蠢いていた心理、革命任務に駆り立てた情熱などと照らし合わせ、比較しながら理解することが容易となったのだった。ボクは彼らの内面世界に思いを馳せることができたのだった。時空を超えてそんなことが可能になるとは驚きであったが、「救い」でもあり「魅力的」でもあったという意味はそういう意味である。

ジョゼフ・コンラッドの『闇の奥』に登場する奥コンゴの象牙収集会社支社長「クルツ氏」は興味深い人物であった。アレントは、二〇世紀になって途方もない流血をもたらしたヨーロッパ人たちの人種妄想（ユダヤ人の「最終的処理」にまで行きついたそれ）の根っ子がどこにあるのか、その背景を知るには、いかなる歴史書、比較民俗学の書物よりもコンラッドのこの本に勝るものはない、とまで言い切った。アレントによれば、本書の主要登場人物である「クルツ氏」のモデルはカール・ペータースではないか、と言う。この男は、一八九七年、アフリカ原住民に対するあまりの残虐行為の廉《かど》で、ドイツ帝国議会により赴任地東南アフリカから退去させられた。帰国後の彼は、自らの「植民の意欲の動機」について「わたしは、賤民（パーリア）の一人とみなされることに《うんざり》して、支配民族の一員となろうとしたのだ」と告白した。そしてその告白は民衆から喝采をもって迎えられた。

アレントは、全体主義の成立が「モッブ（難民）と資本の同盟」にかかっていたことを明らかにしたが、「クルツ氏」はその好例として引き出されているのである。要するに社会からの「外され者」=居場所のない故郷喪失者（ディスプレイスト・マン）。その屈折した絶望的な心理がプロパガンダによって狂気と化したとき、「クルツ氏」は傲然と言い放った。「よろしく彼等（蛮人）野獣を根絶せよ」と。

ボクはかねて一九六〇年代前半までの日本の共産主義運動には、「外され者」を惹き付ける魅力を持っていたと思っている。「盗人にはまず三分の理があると思え」「その《理》を正当化してやるのが共産党だ」。そう言われて悪い気がする「外され者」はおるまい。理不尽な「外され方」を体験した者が抱く恨みや僻み。それを無条件に包んでやろうとする鷹揚さ、温かさが、あの党にはあった。そういう意味で、サイコロの表と裏の違いはあるが、ボクには「クルツ氏」の内側を（ほんの一部かもしれないが）辛うじて想像できるのである。

「クルツ氏」に戻ろう。本国では一介のモッブ（難民）だった男があっという間にアフリカで「人種王国」を築きあげ、そのサクセス・ストーリーに希望をふさがれた失業者たちが沸いた。アレントによれば、ナチの文筆家たちの多くはアフリカ出身の在外ドイツ人であったという。アフリカ帰りの白人モッブたちの心情の特徴は「骨の髄まで虚ろであり、無鉄砲だが意気地がなく、貪欲だが剛毅さはなく、残虐だが勇気はない」人間の屑のような連中だったという。その後何十年か経ってから（そして今！）、人種思想に根を持つ狂気が、「民族浄化」なるスローガンのもとに世界じゅうで、行政的、組織的に遂行されるような事態が来ようとは、当時は誰も予想しなかっただろう。

瞳が輝く魅力的な少年

もう一人は、一九世紀末のインド大陸を縦横に駆けめぐった少年キムである。『起原』第二巻の中にアレントはこんなことを書いている。「人間がもはや人生のための人生を生き、人生のための人生を愛するだけの力を奮い起こせなくなったとき、冒険とゲームのためのゲームは最後の大いなる人生のシンボルと見えてくる」。そんな時代に生きた少年の物語としてラドヤード・キプリングは『キム』

を書いたのだと。ボクはさっそく藤田から原本を借りてコピーを読んだ。冒険小説としても十分に楽しめるものだった。

キムは、駐印アイルランド軍の軍人でバンジャブ秘密結社の一員であった男の息子だったが、乳呑み子の時に親を失い、貧しいインド人乳母に育てられた。ほとんど自力で自立した少年になっていき、広い大陸を放浪児として生き抜いてきた。すばしこく、何にでも興味と好奇心を抱き、いいかげんな大人たちの偽善はあっさりと見抜き、彼らに見事一杯食わすのは朝飯前の、瞳がキラキラと輝く魅力的で賢い少年。彼にとっては、土煙が舞い水や太陽の光さえもが匂うような、そして人々の貧しさやごまかしや泥棒や殺人が混沌として渦巻いているインドの大地こそが生活の場であり、彼に生気を与えてくれる命そのものであった。「この混沌は、のんびり構えておりさえすれば、素朴な人間の必要とするすべてのものを、ちゃんと当てがってくれるようにできていた」。ボクには、敗戦直後の上野公園あたりで、こんな少年と出会ったような親しみがあった。

その後この少年は偶然にも父親がたどった道を歩むことになる。イギリス軍の諜報機関をあやつる大佐に拾われたキムは、まず本格的な諜報員教育を受けた。放浪児キムは、自分の運命を理解した。「おれという奴はまるで蹴られるボールみたいに、あちこち蹴飛ばされていく。多分これがおれの運命なんだ」と。キムは以前から変装が得意だった。町の油売りになったり、地主の息子になったり、バラモン僧の弟子になったり、短時間のうちに女装することさえ簡単なことだった。幼い頃からの「混沌」のなかでしっかりと見てきたものばかりだ。そして、それぞれの人間の話し方、歩き方、せき払いの仕方、くしゃみの仕方、つばの吐き方を覚え、特殊訓練の中で変身に磨きをかけていった。

慣習を不可能とする不断の変化への魅力。絶えざる変身への憧れ。この生き方は、ひとところにじっとしていることを許さない。キムはいつか自分の首に懸賞金がかかってお尋ね者になる日を夢見た。

秘密機関員キム

特殊訓練教育が終わったその日、白人の先輩機関員はキムに言った。「君たちが銘記すべきことは、自分たちには名前が無く、ただ数字と記号があるだけだという事実だ。これが私たちの生き方なんだよ」。自分が卒業した学校の卒業生名簿からキムの名は削除された。先輩機関員は、これからの仕事に大事なことは「距離と数字と羅針盤」だ、歩尺で地図が書けなければいけない、とも言った。キムは予感した。これでようやくオレは秘密機関の一員になれた。「おれたちの命はお互いの手のなかにしっかりと握られている」と。そこには絶えざる危険と恐怖との闘いのなかで生れた、秘密の匂いがする友情さえ感じられた。記号の友情。革命党員たちの「同志愛」と似ていないか。ボクが党員になった時、まず決めたのは自分のペンネームを作ることだった。キムにとって秘密結社の存続自体が生きる価値となった。革命党員にとって、党が破壊されることはおのれの存在が消滅すること。

キムの心理にはかつてボクが党員になりきっていく過程とどこかで通い合うものがあった。党というマシーンの一本のネジになりきること。当時のボクが自分に課した使命だった。具体的、個性的な存在としての人間が、単なる記号となり、記号と化していく過程を「成長」と感じ、そこに無上の喜びと人生の充実を見出すというメンタリティー。彼らは、ある時、自らを歴史の法則の中に生きていると信じ、歴史的「使命」が呼びかける「未来」のために「利己的」なるものの一切を打って捨てよ

う と決意した。

キムにとって機関はあたかも動力で回転しつづけるマシーンであり、マシーンはその歯車となった人間の人生観を変えた。光あるもの、光のなかで活躍するものへの軽蔑。人生は永遠に続くゲームであり、それは死ぬまで続くのである。キムは自覚する。「成すべきことは行動し死ぬこと。何故かを考えることではない」と。考えるべきは「見事な出来栄えのゲーム」をいかに成し遂げるかであって、その目的を考えることではない。目的は「上部」が考えることだ。目的が具体的な「数字」と「記号」とに変換されたもの、それが我々の存在そのものなのだから。我々は直面するゲームにおいて勝利者にならなければならない。そして直面するゲームで勝つことは、たんに生き延びただけのことであって、それは次に続くゲームの勢いづけにすぎない。ロシアの秘密諜報員との命がけの争闘のあと、キムは、しばしの安らぎのなかで、そう感じるのであった。

アレントは、植民地における豊富な体験と世界各地の見聞を基礎にして生まれたキプリングの諸作品は、膨張を重ねるイギリス帝国主義の精神の骨格を作り上げていく上で決定的な役割を果たしたという。その中でもとりわけ「秘密機関員キムの物語が帝国主義時代最大の記録文学となりえたのは、情熱的で強烈な生の充実感とさめた意識がその底に流れて」いたからであった。おそらくイギリス国内で落ちつくべき場所を失い、「生の充実」などどこにも見つけられない有能な若者たちにとって、はるか東方の地にあって「終りなきゲーム」に生き生きと飛びこんでいくキムの姿は強烈に魅力的であったに違いない。

「終わりなきゲーム」は終わらない

「終わりなきゲーム」の時代が幕開けしたころ、世界はまだ未知なるものにあふれているように見えたし、それは若者たちの好奇心と冒険心を刺激し、未来に希望さえ抱かせたのかもしれない。一九六〇年、ボクが「一切を党に預けた」と決意したとき、これで「秘密機関員」になれたという密かな喜びと同時に、永続革命の未来を希望に満ちて描いていたのと同じように。だがアレントは、若者たちのそうした希望や甘美なロマンの背後にあって、彼らを突き進ませる動力となっていくニヒリズムに注目し、それが絶対に癒されるものではないがゆえに、結局は人生は終わりのない「ゲーム」にならざるをえないという恐ろしい運命に注目したのだった。幕開けの時代だったからこそ、アレントにはそれがよく見えたのだろうか。

アラビアのローレンスほどきれいな手で「終わりなきゲーム」に加わった者はいなかった、とアレントはいった。ローレンスは「人種」とか「階級」とかのプロパガンダにはいっさい無縁ではあったが、それでも「無限の運動」という観念の魅力には抗しきれなかったのだと。そのロレンスはイギリスの田舎道を凄まじいスピードでバイクを飛ばし、自滅的な死を選んだ。そうでもしなければ自分と自分の生活に耐えられなかったのだ。ボクには、ローレンスの最期は始まったばかりの「ゲーム」の時代の悲劇的な未来を予感させるもののように思えて印象に残った。

さて二一世紀の「いま」である。ソビエト崩壊に始まり「九・一一」以降の世界の変貌を見ていると、アレントが『起原』で描いた二〇世紀前半の世界の特徴はけっして過去のものになったわけではないことが分かる。三〇年代の二つの全体主義の世界観は単純な二分法であった。敵か味方か。お前はどっちにつくのだ。そしていまブッシュが、同じ言葉で世界を恫喝している。また、全体主義の政治支配においては、難民を不断に創出し、人びとを絶えず怯えさせ、不安に置いておくことを不可欠の要素とした。強制収容所に送られる者「次は誰だ」。そしていま、アフリカで、パレスチナで、イラクで、日々、大量の難民が生まれている。彼らは創り出されているのだ。ここでも同じく不安が人びとを支配している。「次は誰だ」。シリアかイランか北朝鮮か。いまや全世界が「終わりなきゲーム」の舞台に化してしまったかのようである。

藤田省三は『全体主義の時代経験』の中で「二〇世紀の政治的全体主義」の「形骸」について書いている。「形骸は髑髏を頭部としている。そしてその頭部の独特の特質は『眼窩の果てしない暗黒』と徹底した『無表情を剥出しにした歯列』とである。前者は底知れぬ虚無的技術の行使を、後者は荒々しい攻撃的欲望の制御なき実現をあらわしている」と。形骸の凄惨さは息をのむばかりである。それはまた、今日の荒廃した世界そのものの形骸のように見える。

ボクはかつて『起原』を自分自身の「全体主義体験」(=じつは「党体験」にすぎなかったのだが)の納得のために読んだが、どうやらいま、新しい視点で読み直す必要がありそうだ。眼前に不気味に横たわる二一世紀を、ボクの背後から照らす貴重な光源として。

〇四・一〇・二二

コレコン「綱領」(私案)を作成し、山崎に渡す。一一・一八コレコン会議で合意予定。

《コレコン綱領》は以下の通り。

申し合わせ

①私たちは、一九六〇年代から七〇年代にかけてさまざまな政治・社会運動に加わり、現在もそれぞれの立場から、新自由主義イデオロギーによるグローバリゼーションの潮流に抗して、東アジアの平和と共存のために、人間社会と環境の破壊に抵抗する活動をすすめようとする個人のネットワークである。

②また、私たちはそれぞれの立場から、社会の再建を基礎とする社会主義の実現をめざし、労働者運動と協同組合、多様なＮＰＯ活動の発展のために共同して努力している。私たち相互の間にある立場や考え方の相違にもかかわらず、この間の共同・協力関係の中で築かれた信頼関係をもとにして、今後とも可能な問題では共同しつつ、引き続き「これからの社会のあり方」を探求していきたいと考える。

③お互いの相違を確認することは新しい可能性を発見することである。したがって私たちは、考え方の一致を求めつつもつねに保留的態度や異論を尊重し、それらは将来のより豊かな合意のために価値あるものの一つだと考える。そうした視点から、私たちの共同の運動と探求の活動をより実りあるものにし、より多くの人と協力するために、今後も活発に交流し、講演会〔学習会〕などの開催、冊子の発行、ホームページの開設活用などを企画していきたい。

○四・一二・二

『「彼女たち」の連合赤軍』（大塚英志）は非常にヒントとなった。

＊赤軍兵士が山岳ベースで直面したのは、「女性兵士たちが共有する時代精神だった」。

「カンパでパンタロンを買ってしまう感受性」、「『アンアン』を小脇に抱えた過激派女性」、つまり「消費社会的感受性」「消費社会化という歴史の変容」と闘ったのだ。

七〇年代初頭、「若者」という共同性が一挙に崩壊した。

山岳ベースでは「二つの時代精神が交錯していた」。『アンアン』と革命思想はサブカルチャーとしては等価のものであった」。赤軍はこうした情況と闘ったのだった。

＊八〇年代消費社会とは「消費による自己実現」に奔走した。

上野千鶴子、糸井重里らが表現。

「八〇年代消費社会の欺瞞は消費行為を自己実現だと言いくるめた」ことにある。

七二年当時、少女マンガ界では、「二四年組」と呼ばれる団塊の世代が「女性性」の表現としての少女マンガを急速に成立させつつあった。

八〇年代のサブカルを担ったのは全共闘運動からの転向者たちだった。

＊〈ぼく〉の不在。

上佑史浩のディベート的言説はそもそも「私」に収斂していく意志を持っていない。

森恒夫におけるひ弱な〈ぼく〉。〈ぼく〉が根差すべき「個人的経験」がすっぽりと抜け落ちている。

左翼運動という〈公的体験〉はマルクス・レーニン主義で空虚に取り繕うことができたとしても〈私

的経験〉の不在はいかんともしがたい。

問題は「私」という主体の不在である。

〇四・一二・四

コレコン忘年会の日。

Mはあの大菩薩がなければ自分もまたはまっていただろうという。幸いにして獄の中から見ていた。Mの指揮する部隊には、自分よりずっと若い高校生や労働者たちが入ってきた。彼らがひたすら軍事方針と計画に熱中する姿には驚いたが、もっと驚いたのは、彼らの多くがほとんど大衆運動らしき経験を持っていなかったことであった。赤軍入隊志願の若者たちの動機、彼らを突き動かしたものは一隊何だったのだろう。「カッコイイ」からだったのではないか。いま、Mはそう思っている。

一方、大塚英志は「連合赤軍」の女たちに「消費社会的感受性」を見た。そして森恒夫に〈私的経験〉の不在を見た。

ここにはなにやら共通の問題が横たわっているように、ボクには見える。

〇四・一二・二〇

「朝鮮新報」文化部＋洪南基氏と忘年会。

「北」に対する「経済制裁」の声が大きくなりつつある。横田夫妻原作になる「横田めぐみ」物語が週刊漫画誌に連載される。共産党委員長も「やむを得ない場合」には「制裁」も仕方ないと発言するようになった。「即座に発動」とゲンコツを振り回す者から「慎重に発動」と言ってアメリカや周辺大国の様子をうかがう者までの幅はあっても、大きな流れが形成されているように見える。戦前の「挙国一致」体制も、最初はこのような「ゆるやかな」潮流として形となり、次にはあらゆる異端を踏みつぶす巨大な力となったのだろう。この流れに立ち向かうにはどうしたらいいだろう。

体制の変更、打倒、変革……なんと言おうと金正日政権をつぶすしか道はない、それには武力行使ができないから経済制裁で困らせて破綻に導く、というコースだろうか。

その国の人民によってしか解決できない。民衆にとっては逃げるか捨てるかしか道はない。かつて在日朝鮮人はどれだけ共産党員たちを助けたか。世話をしたか。古在が監獄にいたとき、朝鮮人が残虐に扱われるのを見た。古在は、はるかに自分たちに対するよりも特高の扱いは酷いものだった。ボクは彼らに助けられたと。かつて日本はどれだけの朝鮮人を拉致してきたか。少なくともその自覚があるべきではないか。

朝鮮戦争の特需によってその後の繁栄が可能となった。

いま拉致問題それ自体を解決の方向へ進めるために、ボクらが動くということはどういうことだろうか。草の根でできることは何か。国家同士の関係にオレたちは口をはさむことはない。第一彼らは聞く耳を持たない。アノ国家はオレたちを絞める連中なんだぜ。解決に責任はない。この問題を通して、民衆の次元で、どういう精神の姿勢が誕生するか。それだけが問題だ。かけるべき言葉を用意しているか。一度でいいから「北」の人と話し合って欲しい。草の根の朝鮮人を納得させることが必要なのだ。どれだけの日本人がその論理と情を持っているか。それが問題だ。

まず好戦的プロパガンダに抵抗すること。それはいいとして、もっと前向きにできることは何か。それはまず、誠意のある声を「北」に届けることだ。誠意がなければならない。それには彼ら朝鮮人が何を考え、何に不満を持っているか知るべきだろう。歴史だ。

そのうえで在日朝鮮人にお願いすることだ。「北」に対して、もうちょっときちんと対応してくれよと。そうでなければ在日は殺されちゃうよと。ボクら日本人が「北」にもの申すよりは聞き入れてくれるのではないか。

多数派になろうとしたところが失敗の始まりである。

〇四・一二・三〇

謹賀新年

同時代社が設立されたのは今から二四年前の一九八〇年のことでした。この年、韓国では市民と学生による光州決起が起こり、この事件はその後の東北アジア激動の端緒となりました。私たちはそうした歴史の変動を横目で睨みながらも、この間に〇四年の二一点を含めて四〇〇点以上の出版物を発行してきました。それらの作品の多くは、賑々しくピカピカに闊歩している言論の陰にあって、高い精神性・文化性を維持しようとし、人々の明日の幸運を願うものでありました。私たちはこれまで世の「多数派」におもねらず、これに対してはつねに懐疑の念を失わないように努めてきました。かつて藤田省三氏は自分の少年時代のエピソードを綴った小さなエッセーのタイトルに「不良精神の輝き」とつけましたが、いまこそ「少数派精神」に輝きをと願わないではいられません。それはおそらく隣国の歴史が光州の無名の人々が発した勇気から開かれたように、この国でも、私たちを含む一つ一つの草の根のネットワークの中から生まれてくるものと信じています。みなさまのご多幸を!
○五・一・一

同時代社　川上　徹／社員一同

二〇〇五年

〇五・五・二

《ブント》

＊息づかいとともにブント史を理解しようとすればいい。ボクのブント・コンプレックスは消えた。それだけでも森川友義さん（『六〇年安保』（同時代社）の著者）の原稿は価値がある。ブントの立役者たちの素顔がよく出ている。これは貴重だ。トロツキーをめぐって、レーニンをめぐって、組織路線をめぐって、ハンガリー動乱をめぐって、労学提携をめぐって、ごく初期のころの、当事者たちの肌合いの違いがよく分かるのだ。

《層としての学生運動》武井昭夫理論

＊意外に思ったことは、ブントを生み出した人々は「層としての学生運動」の担い手だったのではないか、ということを発見したこと。だから、その後の彼らの一人ひとりがアッチコッチに行ってもそ

れは当然だということ。「層」の中には雑多なものがいろいろと含まれるのだから。とくに「森田派」と呼ばれるグループには、そうした傾向が強かった。

＊六〇年安保の予行練習が、じつは、五〇年代にあった、ということ。砂川闘争が彼らの青春だった。それを引き継いだグループが森田派だったのか。六〇年安保で彼らの時代は終わったのだった。ブントを作った連中は作った途端にさっさとやめてしまったのだった。ブントの全貌は「島しか知らない」というのは本当のことだったのだ。

＊新聞記者にせよ警視庁の公安にせよ、のどかだった。ルールがあった。その点はボクにも十分に想像できる。デモにせよ集会にせよ「取引」があるわけだから。革命ではないのだから。一種の合法的世界、空間を作らなければ大衆行動は成立しないのだから。

＊まじめな「学生」だったということも意外な発見であった。六〇年安保までは、砂川・警職法闘争の引き継ぎ、そっくりそのままの「形」が受け継がれていただけのことだったのだ。「授業」「単位」「バイト」「留年」「クラス討論」「就職」「卒業」など、ごく当たり前のことが生活の内容だった。

＊だから、六〇年代論を書くとしたら、前史を認識しなければならないということである。じつはボクはそのことに引っかかっていたのかもしれない。ボクは六〇年代から「その後」が始まったと思っていた。しかし、じつはそうではない。六〇年代は一つの「終わり」だったのだ。前史を知ることによりその思いが強くなった。

《六・一事件とその前後》

＊一九六〇年、ボクが東大に入学したとき、学内には二つの潮流があった。ブントと共産党。共産党はフロントを組織していた。ブントが自治会執行部を握っていたが、学内の勢力は拮抗していた。自治会委員長は西部邁だった。ボクは雲英晃顕、齋藤驍らにオルグされ、早速フロントに入った。自治委員に立候補せよと齋藤らに説得されてLⅡ三組の自治委員となった。手を上げたら二人で、一人は小野田圭介でもう一人がボクで、無投票当選だった。早速の自治委員会、代議員大会は来るべき四・二六統一行動だった。

＊四・二六では装甲車列の前でクラス討論をやった。唐牛健太郎が演説していた

＊学内に帰った翌日、北寮前で西部が包帯姿で演説していた。

＊青木〔昌彦〕という男が自治会室に座っていた。その男が姫岡玲二といってブントの大物なのだとあとで聞いた。

＊もっとも、ボクは自治会活動オンリーで熱中していたわけではない。むしろサークルとして入った川崎セツルの活動の方に魅力を感じていた。自治会の方は何か上滑りのような感じがしていた。ストライキ反対を叫んで「学生の本分に反する」と言っていた男がいた。清潔でこざっぱりした服装の、ツルンとした顔をしたいかにも坊ちゃん風のソイツが、ある日、通用門のところで絶叫しているのを見て驚いた。「こちら全学連デモ」「こちら全学連デモ」「日共のお焼香デモ反対」。冗談じゃねえ。オレは遊びでやってんじゃねえ。猛烈な嫌悪感だった。オレはホンモノの道を歩いているんだといった自意識が、ボクには底流としてずっとあったように思う。まだ『音高く流れぬ』の俊三郎〔村上信彦の長編小説『音高く流れぬ』（一九五八年）の主人公でアナキストの青年〕を意識していたのではないか。

＊五六年四月、ボクは都立日比谷高校に入学した。ある日、父が「砂川に行く」と言い、ボクがそれについていったことがあった。なぜ突然父がそんなことを言い出し、ボクがそれについていったのか、具体的な状況は思い出せない。ただ、その日、父はまっすぐには砂川に向かわず、代々木の党本部に立ち寄った。砂川にいきなり行ってもダメだから現地の事情を聞き、どこにどう行ったらいいのかを教えてもらおうと思ったのだと思う。その時の光景として鮮明に残っているのは、党本部の受付でなにやら交渉したあとで階段を上がって行ったこと、ボクもそれに付き従って行ったことだ。まだ火は入っていなかったが達磨ストーブのようなものを真ん中にして雑談していたこと、そこで立川に着いたらどう行くべきか教わっていたことなどを覚えている。

除名されたNの名が出てきた時は思わず笑ってしまった。事件は全学連内部の論争・対立に党が介入したことだった。

いつから左翼運動内部で違いを「反革命」と投げ合うようになったか。八四年事件〔原水協への党中央介入事件〕は相手が大人だったからああいう形になったが六・一のときは相手が学生だったから暴力事件に発展したのだろう。

＊「田中清玄」も興味深かった。「長州憎し」が「岸憎し」の一つの動機だったということは意外な発見であった。月刊誌に載った田中清玄の一文に「ひょっとしたら」と思ったのだろう。そこで彼らは飛び込んでいった。田中の動機は反岸であり反共であった。

反岸勢力によって全学連運動が利用されたという側面もあったということ。

＊六三年TBSラジオ「ゆがんだ青春」を放送した。敵の中に味方をつくる。おそらく今のボクは誘いに乗ったかもしれない。無条件に飛び込んでいく。その過程でしか視野は拡大しないだろう。少なくとも小島弘さんとボクの現在のつき合いは、小島さんはともかく、ボクの好奇心が大きい。怖いのは「我」を失うことだろう。問題は「我」を拡大することである。

《時代の中の青春》

＊一九三二～三三年生まれの世代の少年時代を改めて見た気がする。田舎の景色、故郷の風景から話が始まる。とくに小島弘の亀有の風景がいい。石炭問屋から豆腐屋に親父が仕事を変える。「地べた」があった。

＊同時に、強制疎開にせよ縁故疎開にせよ、はたまた引き上げにせよ、少年時代に「地べた」が動いたという体験を持つ。いくつかの故郷を持つ。

＊その背景として戦争体験があった。一九四五年を、この人たちは一二～一三歳で体験した。ボクは一九四五年を五歳で体験した。年長世代とのこの差は大きい。だが、団塊世代のように、四五年には存在していなかった世代との差はずっとずっと大きい。

《マルクス主義という問題》

思想としてのマルクス主義、という発想はなかった。「階級闘争史観＋政治力学」以上のものではなかったのではないか。

○五・五・一四

＊「よど号」と「大菩薩」は第二次ブントの表裏の戦略だった。いま、続々とよど号メンバーの家族たちが帰ってきている。第一次ブントとは違った結末を迎えつつある。

松平直彦君は義理があるのだという。彼らはあの時たてた戦略に基づいて行動した。現在はその結果なのである。引き受けるべきではないか。塩見さんは救援運動から身を引くのだという。それは話が違う、と松平君は言う。左翼には出処進退というものが欠けている。結末は負うべきである。ボクはかれらの行動には賛成しかねるが、松平君のこの姿勢自体には賛成する意味でカンパした。

この話を朝日健太郎さんにしたら、朝日さんは困惑の表情を浮かべた。「政治的勝利」を常に念頭におこうとする朝日さんにとってはそうだろう。だから政治は大変なのである。一個の人間の否応もない分裂を招来するからだ。

『音高く流れぬ』第一巻「わかき獣たち」読了。しばし我が青春時代に戻る。ボクが高校二年の時に熱中した本である。

「獣たち」の時代は一九二三年関東大震災の年、彼らが中学四年生のときであった。

村上信彦（一九〇九〜一九八三、早稲田第一高等学院中退、商業組合中央会の新聞・雑誌編集長を経て三五年興風館企画部長、四三年退社、四〇年に興風館で『音高く……』を出している。村上三一歳の作品。

＊なぜいつまでも記憶に残ったのだろう。それは主人公・清水誠三郎の狂気が限りなくボク自身のもののように思えたことだった。

＊ボクはもともとドストエフスキーもトルストイもニーチェも、少年時代に読んだことはない。ボクは文学というものをバカにしていた。絵空事として。何よりも興味があるのは現実ではないか。現実と格闘することの方がずっと関心が持てた。所詮小説や文学とかは誰かの脳髄を経て創出されたものではないか。考えれば、驚くほどボクは文学に対して傲慢であった。軟弱者が取り組むべきもの。勿体ないことだが、おのれに対する過信のまま齢を重ねて来てしまった。時間は取り戻すことはできない。痛恨の極みである。

＊そのボクがどうしてだろうか。ボクの久保田邦彦に対する感情は大島に対する誠三郎の感情と似たところがあったのか。

ボクは久保田〈高校時代の友人〉の家を訪ねたことがあった。冬の日、久保田と母親のいるその部屋は太陽の光いっぱいに包まれた広い空間だった。道路から少し高い所に玄関があり、庭はきれいに手入れされていた。

田辺忠顕の家と対照的だった。それは銀座の何丁目だったか、隅田川の土手に張り付いたような建物だった。それはビルの一階。面白い構造で入口は道路に面しているが、奥に入ると階段があり、それを何段か下ると幾部屋かの空間が開け、中央の居間の向こうは明るく、その先は隅田川だった。居間の中央には田辺の親父がでんと座り、にこやかに我々を迎えてくれた。ほっそりと小さい母親と姉がいた。田辺の家に行ったとき、ボクは不思議に気持ちが落ち着いたことを覚えている。

安井三吉の家に行った時もそうだった。

今田好彦の家に行った時もそうだった。

久保田は父親を早くなくし兄弟二人だったが、兄は防衛大学に行っているといっていた。当時のボクは、クラスの中でさかんに自衛隊反対の論陣を張っていた。気まずくなったかといえば、そういうことは全くなかったように思う。父親は早くなくしたことを聞き、小さな不幸を知って、乱れていた心の動揺がかすかにバランスを保てた。

はるかに現実の方が面白かった。

ボクらは快活だった。クラス分け。

しかし、ボクの内部には活火山を抱えていたように思う。

〇五・六・八
「キューバ円卓会議」とアソシエ・大窪一志勉強会はダブルだったが、ガラ〈大窪一志〉の「アナ・ボル論争」まことに面白い。

〇五・八・二六〜二七
コレコン合宿でレポートした。

戦後六〇年とコレコン

＊コレコンは発足して三年になる。当初は茫漠としたネットワークのように見えたが、その中で次第に「特徴」とも言える内容のものが見えてきたように思う。それはアジア的視点・視野を持とう、持ちたいという欲求・姿勢である。戦後六〇年という時代の節目に、台頭しつつある偏狭なナショナリズムに抗する上で、コレコン自体の存在意義が高まっていると思う。

＊「戦後社会」を六〇年安保から八〇年代までとすれば、その過程で、「戦前」と「八・一五」の経験は社会的に切れた。切れた最大のものは、《歴史意識》と《他国（＝とくにアジア）との関係意識》ではなかろうか。それまでは「戦争（もしくは貧困）の記憶」が、社会に生きて残っていた。それは反動に対する抵抗の動力となっていた。六〇年安保はその表出であった。記憶は人々の「身体」に染みついたものであった。これが希薄になり、社会的にほぼ切れかかったところに、現在のナショナリズムと靖国問題の深刻さがあるように思う。

＊歴史的には、こうした「身体」を社会的に失ったころ（団塊の世代の反乱のころ＝全共闘運動）、見事に関係性の意識は消滅していった。（「〇〇解体」「戦後民主主義批判」に見るように、当時の関心は「いま」と「国内」に限られた。《関係意識》は薄かったのではないか）。全共闘世代は高度成長とバブル社会に飲み込まれ順応していった。あっという間にタガは外れた。これは共産党でいえば、七〇年代前後に始まる「先進国革命」論の謳歌と重なる。それは大衆運動への嫌悪と議会主義の理論を緻密化する一方で、結果的に「遅れたアジア」との違いを強調していった。ここでも《関係意識》は薄まっていった。

＊にも関わらず、「身体」を失いきれず、関係意識を失わず、失わないように努力している抵抗者た

ちの流れの中に、コレコンはあるように思う。それはイデオロギーの作用であるにせよ、不器用にかたくなであっていいだろう。なぜなら、ボクらの存在は、歴史の中で、アジアの関係性の中でのみ、真に意味あるものと思うからである。理論ではない。人間の姿勢である。『国家の罠』で佐藤優は、ゴルバチョフら「改革派」の連中と比較してロシア共産党保守派の者たちに強い人間的親近感を持ったと書いている。相手の側もそうだった、とも。それが「正しい」か「正しくない」かではない。ある種の人間的矜持の姿勢をそこに見たのではなかろうか。ふにゃふにゃにはなりたくない、という意味で。矜持を外した先には私欲の世界が待っている。

＊「八・一五」から六〇年経った。そしていま、「歴史」からも「関係意識」からも自由になった「浮遊の民」の間を不安が覆っている。これこそ格好のマスメディアの餌食である。「北」への制裁、反中・韓キャンペインの洪水は計画的である。この数年間の間に幾度か体験した「大衆気分のなだれ現象」ともいうべきもの（様々な「九〇％現象」）は、いわばそうした「切れた」状況の「結果」だったのではないか。総選挙直前の小泉人気の中に、強い「意思」ある者への大衆のあこがれを見る。「九条運動」のアキレス腱があるとすればこの辺にあるのかもしれない。

＊もっとも、大衆の「浮遊」状態は体制の側にとっても危機である。いつ、何かの拍子で逆転するかもしれないからである。日の丸・君が代の強制や「歴史（道徳）教育」などは、体制による新たな《規範意識》構築への決意であろう。それは単なる「復古」「戦前回帰」ではない。アメリカ的ネオコンへの共感を背景にした、暴力的な強者信仰、勝ち組信仰を特徴とする新しい《規範意識》ではないかと思う。「ニートは戦場に行け」という本が売れている。戦後六〇年にあたり、オピニオン・リー

ダーとしてのコレコンの意味はきわめて大きいと言わざるをえない。

〇五・一〇・二

『失われた記憶を求めて―狂気の時代を生きる』（文富軾）を読んで。

・幾つかの警句。

「ドイツの狂気をつくったものはヒトラーであると同時に、ドイツの狂気がヒトラーをつくったということができる」（アメリカの精神分析家）

「偉大なる雄弁家は、聴衆の大多数が隠密に考えているが口には出せないことを言う人間である」（ヒトラー）

「悪の凡庸さ」（アレント）つまり「思惟しない」こと。

・民衆の欲望。

一九八〇年五月の光州からどうしてあんなにも短期間のうちに全斗煥は国民の支持を得たのだろうか。

＊盲目的な速度の近代化とこれへの崇拝が、韓国の国民の「人間らしさのための自己反省の時間と可能性を剥奪」したのだ。

＊ファシズムは政治体制としてのみ命があるのではない。それは「人間中心主義」と「経済的価値優位主義」による「欲望の構造」にその根を降ろしている。

＊帝国主義の「支配の欲望」とともに植民地住民の「模倣の欲望」があった。権力の抑圧だけで説明

するには多数の人々が見せた沈黙はあまりに堅固すぎた。
＊光州はもはや「精神」しか残っていないのか。「身体の記憶」、恐怖や葛藤、傷跡は全て捨象されてしまったのか。歴史的な「記憶喪失」、記憶の不具化。
　釜山米国文化院砲火事件（一九八二年）は、光州の記憶から米国が完全に分離された事態に対する抵抗だった。
＊わずか二年のうちにその記憶を喪失し、急ぐように忘却してしまった時代状況に対する抵抗だった。この間に「体育館選挙」と「国民投票」が圧倒的支持のもとに行われたのだった。
＊記憶の権力化。二〇〇〇年のいま、権力は断絶している。しかし、目前の利害に関連した権力の直接性に「熱狂する」民衆は連続している。米国的価値を内面化した「欲望する民衆」である。
・一九九九・九・九主思派間諜（人民革命党）事件。
「人は一度は負ける。ただどれだけ卑しく負けるか、どれだけ立派に負けるかが分岐点だ」と言った人がいた。

「金永煥」とは何者か。
・池明観先生——冷戦の原因者がコストを払ってきた。犠牲を強いられてきた。しかし、日本だけが受益者だった。冷戦の実態をほとんど理解できない。受益者として過ごしてきた者には変化が怖い。他人の混乱、他人の不幸によって利益を得てきた。
　未来志向と歴史認識。過去をどう承継していくかが未来への出発点だ。

「経済的に豊かになり、民主化された瞬間から、ほとんど瞬間的に、政治的な批判精神が失われた」

（池明観）。

「エミール・ゾラが一八六〇年代のフランスを描きえたのは、彼がこの一八六〇年代のフランスを拒否していたからだった」。

「（一九三〇年代に）フランスの小説家たちがフランスを描くことに成功しないのは、彼らがこの国の全てを受け入れようとしているからである」。

バランスをとるということは強者に対して弱者に肩入れをすることである。

〇五・一〇・二三

「希望」の希は細かく交差させて織った布に関わる。微少な隙間を通して何かを求めるとの趣旨。望は遠くの月を待ちのぞむさま。

昨晩はガラ（大窪一志）と後楽寿司で。

「アナ・ボル」原稿ついにまとまる。気持ちのよい一杯を傾けた。

スターリンをむやみと批判していいのか。ポル・ポトもそうである。すべてを人工的にデザインしようとしたとき、スターリン的・ポル・ポト的政治は必然であった。

ブレジネフの時代はよかった。労働者の平均労働時間は一日三時間だった。生活は保障されていたから金への欲求はなかった。停滞はしていた。しかし平和だった。ブレジネフが終わったときから危機は始まった。

国家・国益を重視する佐藤優とは注目すべき現象については一致するが、結論においてことごとく不一致なのである。

ボルは高速近代化に照応しようとした。アレを推し進めればスターリンになっただろう。ポストモダンは「遅速」「参加型」の思想でなければならない。それは優雅でもあったろう。これは現在のコレコンである。

〇五・一〇・二三
以下の手紙をDMとして送る予定。

新刊『アナ・ボル論争』ご案内

「なんで今さらアナ・ボルなの？」

たしかにそうです。今から八〇年余前に行われた大杉栄と山川均の論争をどうして取り上げたのか。ボクとしては、かなり入れ込んでの企画でした。

それは、昨今の時代状況を見たときに感じる問題意識から生まれたものでした。なぜこんなことになってしまったのか――という意識です。その謎を解くカギがあの論争にあったということを言いたいわけではありません。そうではなくて「終わってしまった」ということの意味と、ではそのあとでボクは何から始めるべきなのかということについて、もう一度考え直したいと思ったからでした。できれば読者のみなさまと一緒に。

本書の編者・解説者の大窪一志君は一九六〇年代以来のボクの若い友人で、彼からはこれまでも多くのことを教えてもらってきました。彼は本書の中で「日本の左翼運動は一九九〇年代前半にほぼ壊滅した」といいます。そしてつづけます。「それは、一八九〇年代末以来一〇〇年余を貫いて運動してきた一塊の思想群が、その展開をし終えたということである。そして、そのものが展開しきったときこそが、そのものの本質を明確に把握しうるようになったときなのである。ミネルヴァの梟は黄昏に飛び立つのである」と。

終局の中に始原があり、始原の中に終局があるとするならば、じつはいろいろなものが見えて来るのではないか。じっさい、日本左翼の出発点であったアナ・ボル論争の中には、ほぼ一〇〇年を経たのちにその終焉をもたらすさまざまな要因が浮上しているように思われます。

ボクもこれを機会にアナ・ボル論争の全論文に目を通すことになりました。自然成長か目的意識か、外側からか内側からか、人間の解放か国家の革命か、指導性か自発性か、かつてボクらが馴染んだ、そしてとっくに「卒業した」と思っていたテーゼが、いま、全く新しい視点で眺められることを発見しました。これは意外な驚きでした。

〇五・一二・一〇

四茂野修著『甦れ！　労働組合』（社会評論社）合評会での発言。

なぜ私はここにいるのか

①国鉄労働組合という存在への私の思い入れです。

国鉄労働組合は、私にとって一つの象徴であり夢でした。良きにつけ悪しきにつけ、私の人生に影響を与えた存在でした。

他人の、とりわけ悔しい思いをしてきた者の運命は自分の運命である——国鉄労働組合はまだ二〇歳にもならないボクに、そう訴えているように聞こえました。そういう人たちがこの世にいるのだという自覚が呼び覚ます感動の深さは、現代に生きる若い人たちには分かってもらえないかもしれません。

もちろんボクはそのとき青二才でした。ですから、労働者の実際の苦労も、迷いや悔しさも、出処進退を問われたときの厳しさも、付け加えるならば「しぶとさ」や「粘り腰」や狡知に長けた「駆け引き」も、あまり深くは理解していませんでした。一九六〇年、安保闘争の最中のことでした。その感覚は三池に行ったときも同じようにありました。他者の運命を自分の運命の中に抱え込もうという精神。それは現在に至るまで、私の生き方のテーマとして、人生の主題として引っぱってきたものです。ボクには国労の中の革同派と呼ばれている人たちには物心両面でお世話になった恩義もあります。細井宗一さんには、人生のある時期、いろいろなことを教わったことがあります。これらの恩義を忘れるわけにはいきません。

ですから、国労にかかわる諸問題には、どのような問題であっても、ボクの気をひくわけです。一〇四七人問題〔国鉄分割民営化にともないJRへの不採用・解雇された一〇四七人の採用要求をめぐる問題〕がどうしても頭から離れないのもそうした事情がありました。

四茂野さんは、いわば「その後の国労」について、自分たちの労働組合がどのような経過で誕生したかについて、本書で詳細に述べられました。そして、分割民営化にあたって国労執行部がとった方針について批判をされております。私自身は部外者ですので、理解しかねる部分もありますが、ありうることだと納得する部分もあります。

ただ問題は、民営化の過程で蹴散らされた人々は、国労の「誤った方針」の結果として悲劇を受けることになったのかといえば、一〇〇%そうだとは言い切れないでしょう。四茂野さんにはそこまで言及してほしかった。今回の本への不満はそこにあります。

悔しい思いをしてきた者の運命は自分の運命である。他者の運命を自分の運命の中に抱え込もうという精神。四茂野さんが若いリーダーシップを発揮して、JR総連の中に、これらのものを引き継いで行ってほしいと願う次第です。

②ボクがコレコン（これからの社会を考える懇談会）に加わっているという意味を、本日の主催者である松田健二さんが非常に広く拡大解釈をして「お前、出ろ」と言い、ボクがそれを断れなかったということです。

コレコンは新旧左翼と社会運動に関わっている幾つかのグループの個人が横断的に席につき、「これからの社会」のあり方について「懇談」しようというものです。始まってからすでに三年になります。つい最近は韓国ツアーを実現し、幅広く交流をして来ました。ボクはコレコンでの出会いが非常に勉強になっています。

最近、ぼくの出版社では『アナ・ボル論争』という本を発行しました。この論争は直接的には勃興しつつあった当時の労働運動のあり方、進め方、政治との距離の置き方などをめぐっての論争でした。そういう意味では、本日のシンポジウムのテーマと偶然にも一致するわけです。

今月末に私は、第四インター系の人たちによる『戦後左翼はなぜ解体したのか』を発刊しようと思っております。執筆者たち自身の総括史になっています。その立論と結論にはさまざまな異論がありえましょう。私自身もあります。しかし、過去を振り返り、「いま」を新たなはじまりとして捉えようという一つの試みであることはたしかです。新たな始原への模索です。

四茂野さんの本も、ボクはこうした文脈の中に位置づけて読んだわけです。本書の論点には私が同感するところもかなりあります。とくに政党と大衆団体としての労働組合との関係についての立論は全く賛成です。私自身が体験した共産党査問事件＝新日和見主義事件でも直接的なきっかけはその問題でした。共産党から離れた多くの人たちがこの問題で党と衝突したという事実は、日本左翼運動の中でいかに根深いテーマであるかということを示しているように思われます。

いずれにしても、日本左翼の混迷状態を、短いタイムスパンで考えてはいけないと思います。ハッタリではありませんが、一〇〇年の日本左翼史の中で考えないといけない、という問題意識だけは大切にしたい。ですから、本日も、私よりはるかに人生の先輩ともいえる方々のお話をうかがいたいと思っています。

私がこのシンポジウムに参加するにあたっては、私の友人たちの中には躊躇《とまど》いがありました。その躊躇い、というよりもむしろ「参加しない」という意思表明には、彼ら自身の体験から、それ相当の根拠があるようにも思われます。ですが、結局のところ、私は自分自身の理由によって参加させていただきました。

私はあせらないことにしています。スローリーでいいと考えています。アナ・ボル論争のとき、大杉は「美は乱調にあり」といい、個性を維持した「自由連合」を唱えました。高速度で進む近代化に対抗して対抗軸を打ち立てるのを急ぐ人に向かって「ゆっくり」行こうよと呼びかけているように聞こえます。インテリはすぐつま先立つからダメだとも。いま、激変する社会状況の中で、これにならい、「とてもついていけない」自由連合でもあったらなあと夢見ているわけなのです。

松田さん、ゆっくり行きましょう。

③ボクと四茂野さん及び四茂野さんのお仲間との縁です。

中西五洲さんの『理想社会への道』を出版しました。この仕事は出来上がった原稿を受け取ったときから始まったのですが、視力が多少不自由となっていた五洲さんが原稿を完成させるに至る過程、及びその後においては、おそらくJR総連の方々の協力なしには順調にいかなかったと思われます。

私は五洲さんにも恩義があります。五洲さんは、哲学者古在由重先生の晩年に開いていた喫茶店での読書会がまねいた最後のゲストでした。多くのことを教わりました。歴史はどれだけ次の世代に引き継がれていくものか。おそらくそれは受領印を押して受け取る荷物のようなものではなく、私たちが何か新しいものを創造していくことなしには不可能なことと思います。

○五・一二・一三

イタチごっこ

「濡れた子を傘にさそって落ち着かず」

一二月のある日の「朝日」に載った、読者からの投稿川柳である。思わず吹き出した。ちょうどボクも同じことを考えていた時だったからだ。

やたらに子どもを標的にした犯罪が起きる。「子どもたちを守れ」とばかりに親たちが「防犯体制」をつくることに熱中する。たしかに親の立場に立てば無理からぬことと思う。子どもには防犯ベルを持たせ、「不審な人」から声をかけられてもついていってはいけません、と教える。

ボクが子どもに声をかけようと思ったとする。だが、もし子どもに「不審な人」と思われたらどうしよう。その可能性はないわけではない。ベルでも鳴らされたらカッコ悪いじゃないか。そんな気分を笑ったのが冒頭の川柳子の皮肉だったわけである。

子どもたちの遊び場である公園が改造されている状況がテレビで出ていた。トンネル状の施設を改造して暗がりをなくすのだという。公園を囲む周囲の樹木を大人の腰ぐらいまでちょん切っていた。これでは「隠れん坊」ができないじゃないか。ボクらの子ども時代、暗がりの探検ごっこが面白かったのに。文部科学省は「地域の教育力」という。どうやって育てるというのか。

要するにイタチごっこなのだ。都市社会の孤独・孤立化が犯罪を呼ぶ。それを防止しようとするシステムが他人への警戒心と不信を呼ぶ。そのことがまた孤独と孤立をいっそう進めさせる。どうしようもなく社会が壊れてしまったのか。どこかでボクらはこの悪循環を断ち切らなければならない。人間の関係を社会の中に復活させなければならない。全社会の監視システム化をねらう権力者たちは、この悪循環をほくそ笑んでいることだろう。術中にはまるのはなんとも悔しいハナシではないか。

二〇〇六年

〇六・一・一三

先に逝った友よ、ごめん。

今日、小島弘さん、篠原浩一郎さんたちと一・一七のブントのパーティーの打合せ。明日、樋口パーティーでボクが喋る。君たちが生きていた時だったら、考えられないような状況の中でオレは生きている。これは一体何なんだ。君たちと語り合いたいよ。

これは年齢を重ねたからだ、とボクは今日答えた。それだけか？　そうではないと言いたいのだが。それだけのことかもしれない。そうだとすれば、先に逝ったキミたちよ、ごめん。君たちもまた生きていれば、こんな楽しみもあったのだ。

楽しみ？　それは何だ。見えてくることなんだ。ボクはある時点でそれぞれ割り切って決めてきた。その決めてきたことを疑うことなんだ。疑ってみると、意外に、決めたことはバカなことだったのだと気づくんだ。

この楽しみの世界に水をかけるのは誰だ？　それは朝鮮人なのだ――、という点について、オレたちはどれだけ考えただろうか。いま、君たちが思いもつかなかったような世界になっている。国際主義……そう、インターナショナルのことよ。これが抜け落ちるのよ、オレたちは。抜け落ちると、楽しみだけでも生きていけるのよ。（それだけでも立派、とひとは言うけど。バカバカしい）だけど、それじゃ、ダメなのよ。日本人だけの世界なのよ。人間じゃないんだよ。早乙女裕、松尾徹、分かるか。となりの人のことが分からないでどうして社会主義なんだ。そんな社会主義はバカヤローだぜ。

〇六・五・二九

森輝子さんは五月一一日に亡くなっていた。蓉子が『時代を刻む児童文学』を贈った（五月二二日）ことからそれが分かった。折り返しご主人の安文氏から「ご連絡ができなくて……」という恐縮した電話があり、そこで知ったのだった。昨日の日曜日、蓉子と二人で浦和のお宅を訪ねた。連太郎君（二四歳）と舞ちゃん（二六歳）が迎えてくれた。

五月一二日通夜。五月三日輝子さんの五九歳の誕生日を家族で祝えてよかったと二人は言った。二年ほど前、乳ガンが発見されたが、すで転移しており、手術不可能とされた。抗ガン剤治療をしたが、その後、脳への転移が発見され、それは手術によって除去され、いったん健康が回復されたかに見えた。ピアノを弾くこともできたという。だが、今年の三月、骨への転移となり、下半身が動けなくなった。自宅での静養が続いたが、五月、ついに力尽きたのだと。ただ、せめて痛みとの闘いは少なかったのがよかった。

ピアノの上に遺影とスナップ写真が一枚。一年前、フランスに住む彼女の友人の結婚式でのパフォーマンス。華やかな輝子さんの面影が生きているいい写真だ。故五十嵐顕夫人の描いた紫陽花の花の絵が壁に。この部屋は昔の和室だという。そう言えばと見回す。二つばかりの部屋をぶち抜いて居間に改造されていた。壁はレンガ風につくりなおした趣のある部屋に。

舞ちゃんは父親似だろうか。いまは市ヶ谷の法律事務所ではたらいているという。

連太郎君はお祖母さん似なのだろうか。明日から二〇日間、輝子さんの出身の浦和南校で教習実習だという。社会科の教員になるつもりです。おじいちゃんからもらった手紙ですか？　はい、いままでも大切にとってあります。アレ、ホントに面白かったです。おじいちゃんが亡くなったのはボクが中学生の時だった。もう少し大人になっておじいちゃんと話したかった——といまは思ってます。

連太郎は児童文学に関心があるんです、と舞ちゃんが横から口を出した。そう言われた弟は『時代を刻む…』を手にとり「まだ読んでないんですが」と言いながら「ちゃんと読みます」と言ってくれた。

かろうじて繋がったね——。帰り道、我ら夫婦はちょっと救われた気がして和んだ気分になった。別所沼のほとりはすっかり整備されていた。昔、五十嵐先生がご馳走してくれたうなぎ屋があった。あのころはうなぎ屋の座敷は沼の方にずっと張り出していたような記憶があったが、今は建物と沼の間に遊歩道が整備され、周囲はこぎれいになっていた。

二〇〇七年

〇七・一・三

正月の読書体験。

ここ数年、年末年始は本を読むことにしている。テレビは駅伝のほかは見ない。本はとくに何か目標をもって読むわけではない。乱読だ。今年は、おおよそ六〇年代以降に生まれ、その作品が〇五年、〇六年に注目された作家たちのものを読んだ。

①『サウスバウンド』（奥田英朗、角川、〇五・六発行）奥田は一九五九生まれ。

②『花まんま』（朱川湊人、文春、〇五・四発行）朱川は一九六三生まれ。

③『となり町戦争』（三崎亜記、集英社、〇五・一発行）三崎は一九七〇生まれ。

④『風に舞いあがるビニールシート』（森絵都、文春、〇六・五発行）森は一九六八生まれ。

以上四冊。それぞれがボクの感性にひびいてくるところがあった。

①はかつての「過激派」の父と母をもつ男の子の視点で綴られたはなし。ストーリーの展開につれて父母の実像が次第に明かされていく。父親はある新左翼セクトの武闘派の責任者だったが、セクトの分裂と抗争に嫌気がさし、これからは「たった一人」で、国家から完全に自由に生きることに決めた。他人は「アナーキスト」と呼んでいる。小学校六年生の「僕」はそんな父親が迷惑この上ない。役人とみればケンカするし、学校の先生にはことごとく文句をつける。家ではまったく働かず、母親の稼ぎに依存している。「僕」だって子どもの世界で、不良やいじめや女の子のことや、いろいろなことで苦労が多いというのに、なんてこった。そんなある日、まだ「現役」で過激派の活動をやっている、かつての父の「部下」が、狭い我が家に転がり込んでくる——そんな事件から始まるおはなし。ボクらのアノ時代、六〇年代後半のアノ時代を子どもの視点から、つまり作者の視点から、やさしく、やわらかく描いている作品である。

②は「オール讀物」に連載された短編六編を収めたもの。いずれの短編も、①と同様に六〇年代後半に一〇歳前後だった「私」が、当時の出来事を回想するファンタジーである。その中の一つ「トカピの夜」という短編は、大阪・下町での出来事だ。そのころ路地裏は子どもの天下だった。そして誰の家だろうと長屋の子どもたちは上がり込み、そこでウルトラマンや怪獣のオモチャで遊んだ。「私」はそうした子どもたちの一人だったのだが、忘れられない記憶があった。長屋の大人たちが「アノ家の子とは遊んじゃダメ」という朝鮮人の子がいた。「私」だけはその子とこっそりと遊んでやっていたのに、ある日、つい周囲の雰囲気に合わせてしまい、その子を「ハズレ」にしてしまった。病弱だったその子は間もなく死んでしまう。その日から長屋には不思議な現象が起こるようになった。長屋

の大人たちは震え上がったけれど、「私」にだけはその意味が分かった。トカピの妖怪がする悪戯はアノ死んだ子がやっているんだ――と。つい「ハズレ」に荷担してしまった少年の「悔い」と、ある夜、トカピと心を通わせることができた少年の安堵が温かく描かれている。

③、④は①、②よりさらに一〇年遅れた世代、つまり七〇年代に子ども時代を送った世代の作家が描いた作品である。『となり町戦争』は不思議な世界だ。ある町の広報誌を読んでいるとき、「僕」は小さな囲み記事があることに気づいた。そこには「となり町との戦争のお知らせ」とある。それによれば町内各所で「拠点防衛、夜間攻撃、敵地偵察、白兵戦」が展開されているという。「僕」は「えっ」と思って見回すのだが、町の風景には何一つ変わったところは見られない。「僕」は毎日となり町を通って会社に出勤している。ところが次の号の広報誌は戦争により戦死者が出たことを伝える。何ひとつ変わらぬ日常。しかし、戦死者は確実に増えていく。いったいどうなっているんだ。「僕」はなんとか戦争を「実感」したいと思って、いろいろと試みてみるのだが――。

正直にいうと、ボクはこれまでこうした若い作家たちの作品などほとんど読んだことはなかった。最近の芥川賞作品などを読んでも「ワケ分からん」と思ってきた。次第に「食わず嫌い」になっていた。〇四年一月の芥川賞作品、一九歳の金原ひとみ『蛇にピアス』などを読んだときは、世代による「文化の断絶」を絶望的に考えたものだった。

しかし、〇七年正月に読んだこれらの作品は、ボクに「待てよ」と思わせるに十分なものだった。④の『……ビニールシート』は何一つ不自由のない生活を送っていたOLが、ある時、国連難民救済機構の職員になってからの話である。彼女は「難民救済」の理念には共感しつつも、けっして危険な

「フィールド（現場）」には行こうとしなかった。そうした彼女の〈エゴ〉が、恋人の死を契機に急速に崩壊をはじめる——という話だ。ボクには、甘いな、という思いは残ったものの、この作家の視線には、とりあえず共感することができた。正月に読んだこれらの作品の全体に共通する感慨であった。彼らが伝えようとしているものを、ボクらの世代も真正面から受けとめるべきだろう。

肉声で伝えられる文化の継承はおそらく三世代が限度だろう。六〇年代から七〇年代にかけて青春時代をくぐった我々の世代は、いまや頂点の世代になりつつある。ボクらは、父母の時代、祖父母の時代の文化を吸ってここまで生きてきた。このまま滅ぶのも悪くはないが、背後にある二つの世代との接点を探すことも、人類史の中ではボクらの義務かもしれない。

〇七・一・七

上原真さんへの手紙。

お便りありがとうございました。

しかも、賀状の一文にご注目くださり、そのうえボクにとってじつに示唆的な内容のご教示をいただき、感謝いたします。意を強くしました。

じつは、ボクは『アナ・ボル論争』をまとめた大窪一志君との共同作業として「六〇年代論」をまとめたいと思っています。それは、大袈裟にいえば、何よりも「いま」という時代が何なのか、歴史としての「現代の問題性」を明かしたい、という欲求からです。

七二年五月の例の「シンヒヨ」事件。ボクらはあのとき負けたわけです。それにしても、「ちゃんと」負けたのか、という意識はずっとありました。「ちゃんと負ける」ということは、誰に、何に、ボクらは負けたのか、それをちゃんと分かっているということです。そういう意味でボクらは「ちゃんと負けたのか」。分かってなかったのではないか。あのときボクらを負かしたものは何だったのか、という問いにボクがこだわるのは、おそらくそれが「いま」という時代の解明につながると思うからです。それはボクらの「六〇年代」を負かしたやつです。党とか宮顕とか言っているのではありません。そいつは農村を食い尽くし、人間の魂まで、人間の尊厳や連帯ややさしさをぼろぼろにしてしまったやつです。七〇年代初頭、ボクらにはそれがはっきりとは見えなかった。だが、そいつはその後、妖怪のように増長していき、小泉や安倍の時代を築き上げ、「いま」、ボクらの前に立ちはだかっている。

妖怪が誕生したのはいつのことだったのか。いろいろな考え方がありえますが、ボクは七〇年代だったと考えています。ものごとの本質を理解するには、それが誕生した過程を知ることがいちばんだと言われています。その意味では、現代という妖怪の正体を知るためには、妖怪が卵の殻を破ったとき、そのときの状況を知ることではないだろうか、と考えたしだいです。

偶然にも、ちょうどそのころ、「六〇年代」をくぐり抜けた「シンヒヨ」の諸君は同じ釜のメシを食い、それなりに時代と格闘しようとしていました。そしてその過程で、嗅覚だけは敏感だったボクらは、共産党の体質の中に妖怪の体臭のようなものを嗅ぎ取った。そしてアノ叛乱となった――それがあの事件だった、と思うのです。

「コレコン」は上原さんにご期待いただけるにはまだまだ非力と思います。むしろ現状は「政治的偏向」の方が強い。課題は大きいと思っています。今後とも力をお貸しくださいますよう、よろしくお願いいたします。

〇七・一〇・三〇

〔以下は日本経済評論社「評論」一六三号に掲載されたエッセイ〕

「星座」の中の古在由重

古在由重（一九〇一～九〇年）は二〇世紀とともに生きた思想的巨人であった。

一般的には肩書きなどで「哲学者」と記されることが多い。だが、自分が「哲学者」と呼ばれることに違和感があったようだ。

——哲学っていう言葉は、日本では名前ぐらいにしか使われないんじゃないの。〈哲夫〉や〈哲治〉とかたんに〈哲〉とかさ。あまり日常語としては使われない。「きみの哲学は何ですか」なんて、普通は言わないでしょ。急にあらたまっちゃう。けれど、きみ、イギリスなんかではフィロソフィーという言葉は日常語なんだ。「この家の家主のフィロソフィーはどんなものか」といった会話は自然なんだ。いわば〈考え方〉〈生き方〉みたいな感じなんですよ。ボク？〈生き方学者〉かな。ワッハッハッ。

六〇年安保世代の私にとっては、八〇年代に至るまで、古在はまさに人生の師ともいうべき存在であった。平和運動にとどまらず広く学生運動や社会運動の場面で、時にはオピニオンリーダーとして、あるいは直接運動の現場に姿を現し、ぼくら若者を激励し、時には一緒になって行動することもあった。

古在は〈あの時代〉の一つの星だった。それは宙天にひときわ輝く星というより、それぞれの星が距離をたもちながら形成された星座の中の一つの星のようなものであった。七〇年代から八四年に至るまで、古在と中野好夫（一九〇三〜八五年）は、外部から持ち込まれる分裂の危機から平和運動の統一を守るために、協力して骨を折ることを惜しまなかった。古在はまた、身を挺して教科書裁判をつづける家永三郎（一九一三〜二〇〇二年）を右翼の暴漢から守るのだと言って、ボディーガードを自ら買って出たこともあった。長年日本原水協理事長を務めた草野信男（一九一〇〜二〇〇二年）は、医学者として被爆直後の広島を訪れ、人体への放射能障害に関する人類初めての調査記録を残した。その草野を古在は、平和運動における盟友として「ジェネラール（将軍）」と呼んだことがあった。いまどき珍しい〈総合的知識人〉の意として。古在のあとを追うようにして亡くなった丸岡秀子（一九〇三〜九〇年）。その丸岡を古在は「彼女はボクのペイン・フレンドなんだよ」と言ったことがあった。晩年の二人は互いに長時間電話をかけあった。寝転がったまま延々と一時間に及ぶこともあったという。そんな時、互いに病気による痛み（＝ペイン）から気を紛らわしたのだろうと思う。古在は全ての人を「さん」づけで呼んだ。その例外として敬称抜きだったのが吉野源三郎（一八九九〜一九八一年）と戸坂潤（一九〇〇〜一九四五年）の二人だった。「ヨシノ」と「トサカ」を語るときの言いしれぬ〈気安さ〉からは、それぞれの間の友情と信頼の関係の深さが想像された。

ここ十数年のあいだに、星座の星々は全てこの宙天から姿を消した。若い人たちの間では、もはやこれら知的群像の存在自体を知らぬ者も多いだろう。まるでこの時を見透かしたかのように、一国の首相がはばかることなく「戦後レジーム」の清算などと叫びだしたのは故ないことではないのだ。思うにこれらの先達が形成した星座は、戦後民主主義の思想的内実を一貫してリードしてきた群像であったといえるだろう。

＊

古在は、ある特定の歴史的な事象や人物について語るとき、いつも同時代に起きた他の事象や人間群像との関連で説明してくれた。歴史を〈横軸〉との関係で理解すること、そのことの大切さを私たちに教えてくれたのだった。古在が最晩年に至るまでつづけてくれた読書会の一つに「版の会」というのがある。高校生から会社員、主婦など一般の人たちを対象とした喫茶店での読書会である。たとえばそこではこんな風に話をした。三浦梅園（一七二三〜八九年）の『三浦梅園集』（一九五三年、岩波文庫）をテキストにしたときのことだ。

――三浦梅園の同時代の人といえば、たとえば杉田玄白、本居宣長、賀茂真淵もやはり一八世紀に属しています。儒学者としては梅園が生まれた二年後に新井白石が、五年後に荻生徂徠が亡くなり、そして三浦梅園が生まれた一二年後には室鳩巣が死亡しています。梅園というのはそういう時代に生きたひとりの独創的な思想家でした……。

さらに古在の話はつづけられていく。梅園が亡くなった一七八九年の四月、アメリカではジョージ・ワシントンが初代アメリカ合衆国大統領に就任し、七月には、パリの民衆がバスチーユ監獄を襲撃する事件が発生し、フランス革命の火の手があがった。梅園が四歳の年、ニュートンが死去している――といった具合に。

こんな話を聞きながら、ぼくらの想像力は一気に刺激された。平面的で静的な世界であった一八世紀の世界が、いくつもの星座の輝きによって、にわかに凹凸の陰影をもった動的な世界として照らし出されてくるように思えたのだ。九州・国東半島の一隅でその生涯を終えた三浦梅園の〈独創的〉な思想が、その周囲の世界の中に置かれることによって、こうも違って見えるのか、生き生きと甦ることになるのか、と。

梅園と同時代に生きた安藤昌益（一七〇三～六二年）が「革新の思想家」であったのに対して、梅園は「思想の革新」を行った思想家であった、といわれる。そうだとすれば、ぼくらにとって、古在もまた自らの思想と行動を通して〈あの時代〉に生きたぼくらの「思想の革新」を行った思想家であったといえるだろう。

なお、古在由重が残した膨大な蔵書・資料は、現在、神奈川県藤沢市の総合図書館特別コレクションに収められている。

二〇〇九年

〇九・一二・二六

朝一〇時過ぎ、樋口さん死去。その知らせを、接骨院から帰ってきて一一時半ごろに知る。小谷野毅さんからのケイタイで。

一二時、長男宅での恒例クリスマス会へ。久しぶりに孫たち五人といい気分。だが、樋口さんのことと気になっていたところ、三時過ぎ、小谷野よりの連絡で急きょ池袋へ。五時半、四茂野さん、小谷野さんと、フラミンゴでもろもろの打ち合わせ。二八日家族葬。二月初めに偲ぶ会、三〇〇人規模で、など決める。その後、おもろへ。泡盛三杯。「革命家列伝」は一冊分になるね、とか、「樋口篤三烈伝」は誰か書く必要あるね、とか、「労働運動史」改訂版への樋口の意欲はどうしたらいいか、とか、「オルグ」論はどうするか、とか……。結局「偲ぶ会」までに「樋口篤三―その思想と行動」（仮）または「私の見た樋口篤三」というテーマで〈各界の人々〉が原稿を寄せる、それを印刷物として参加者に配布することにした。

そこには、〈その思想〉〈その行動・実践・足跡〉〈その人となり〉〈その夢・希望〉〈その生涯〉〈年譜〉〈著作・論文等〉などが必要だろう。いろいろな議論をしながら、ボクは古在由重追悼集会とその後の追悼本の経験を思い出していた。

樋口さん最後の言葉――。二四日のことだった。酸素マスクをつけて苦しそうだった。だが、我々の来訪を知るや、もごもごと話し始める。何を言っているのかほとんど意味不明。口中が乾ききっているることが原因らしいとのことで、少しベッドを起こしてうがいをする。話し始める。だが、依然として意味不明。ただ、よく聞いてみると、いきなり「小便」の話だった。

「小便は計れる……キリがつけられる」「大便、そう、うんこは始末が悪い……」「……糞尿まみれ……」「大井のすずしろ病院……見学……ヘルパー……」「参考になった」「よくやっている……」「差別がある……」「格差社会……」「……ひでえもんだ」「ヘルパーさんが……」「市民革命だ」「差別」「革命の概念を変えなくてはいけない……概念そのものだ」「左翼はそれが分かっちゃいねえ……ぜーんぜんだ」「……」「鳩山はよくやっている……」「だが××（個人名）は何にも分かっちゃいねえ」「……アイツらは本だけで見ている……そんなんじゃだめだ」「市民革命なんだ」「……」。

ぼくと同伴者（小谷野、今井、拓）たちは（アトになって互いに納得したのは）、最初の話は意識が混濁していたのだろう、「市民革命」のあたりからはっきりしてきたのだろう、その辺からは我々と会話が通じるようになった――ということだった。

ところが、である。樋口さんが息を引き取ったあとで、枕の下からメモが出てきた、というのである。そこには、①、②、③と記され、①尿、②大便、③市民革命などと書かれてあった、というではないか。樋口さんの話は確かにメモの順序通りだったのだ。

ぼくは愕然とする。彼は何を言いたかったのか。ぼくらの来訪を知って、メモを用意していたのだった。そうとは知らず、ぼくは「意識混濁」などと勝手に判断した。実際、ぼくは最初、排泄の苦情を言っているのだと思いこんで聞いていた、おむつが苦しいのかなどと気を回したのだ――注意深くハナシの脈絡をとるようにして聞いていなかった。

恥じ入るばかりである。「メモが出てきた」という話を小谷野から聞いたとき、ぼくは「遺言」かと、とっさに思った。妻にか、子どもにか、周囲の者たちにか？　たしかにそれは「遺言」といえなくもない。だが、凡人が想像する「遺言」にはほど遠いものだった。樋口さんは、いのちの最後の火を燃やして何を訴えたかったのか。

これまで、「糞尿」と「革命」をワンセットでイメージした革命家がいただろうか。熟慮の言葉として吐き出した人がいただろうか。しかも死の間際に。もしかしたら、あのとき、樋口さんの頭脳は冴え渡っていたのではないか、とも思う。何かを発見したのではないか、見えていたのではないか、急いでそのイメージをメモしたのではないか。

〇九・一二・二九

昨日の家族葬による通夜はなかなかいいものだった。数少ない親族外の参加者の一人として感想を記しておきたい。

親族のそれぞれがいい話をした。樋口篤三がこれほどの家族思いだとは。親族の絆がつよくつながっていること、樋口篤三のまるごとが愛されていること、受け入れられていること、これは驚きだった。ぼくもこれまで少なからず、「傑出した存在」とも言うべき人々に会ってきた。そして彼らが亡くなったあとの葬儀にも関わってきた。古在由重しかり藤田省三しかり丸岡秀子しかり。あるいは草野信男とか久保文とか五十嵐顕とか。だが、彼らが亡き後の「身内」の様子をかいま見たとき、彼らが身内の者たちの中に「溶け込む」ような存在であったかといえば、必ずしもそうとはいえぬこともしばしばだった。もちろん彼らの家族は故人を愛していた。その愛が尋常でないほどのものも見てきた。だが樋口家の場合、それらとはちょっと趣を異にした、もっと自然のものだった。通夜の席があれほどの賑わいになるとは誰も想像しなかっただろう。失った存在の大きさに戸惑っていることはうかがえた。それは外の者にとっても身内の者にとっても同じことだったはずだ。だからもちろん涙もあった。だが、笑い声と共感の拍手がしばしば起こった。おそらく樋口篤三の期待した通りのものだったろう。樋口のことを「革命家ではあったが生活者としてはどうだったか」といった発言が、ごく身近な身内のなかからあった。だが、それはほほえましい、愛情のこもった表現としてぼくには聞こえた。ハタから見ていて、なんのなんの、樋口は家族・親族べったりの「生活者」だったのではないか。ぼくは樋口篤三が亡くなってはじめて「生活者」としての樋口篤三を発見した思いだった。さまざまなエピソードが語られた。

〇九・一二・三〇

「八九年」とは何であったのか。

二〇〇九年一二月、樋口篤三が死去した。その直後から「偲ぶ会」をめぐって「松崎明と同席できない人々」による別途「偲ぶ会」をやりたいとの声が上がっている。「偲ぶ会」をめぐる〈いざこざ〉は、ぼくの人生にとってこれで二度目だ。今回も前回と同様、ぼくの考え方、生き方にとって決定的な転機となるような気がする。

前回、つまり古在由重追悼のつどいの場合はどうだったか。

一九九〇年三月、古在由重が亡くなった。同年五月、丸岡秀子が亡くなった。ぼくにとっての人生の師の死が相次いだ。

古在は、一九八四年、日本原水協への共産党の乱暴な介入に異を唱えて、その結果除籍されていた。その直後の「版の会」で古在は、「これからここに来なくなる人がいるよ」とぼくにささやいたことがあった。たしかに何人かの党員とおぼしき者は去っていった。古在は、党を除名された草野信男、久保文、吉田嘉清らが作った「平和事務所」に肩入れした。まだ党員であったぼくだが、そうした活動の手伝いを積極的行った。八〇年代後半の時期、ぼくにとって、運動・組織と個人の問題は密やかな内心の問題だった。穏やかに隠蔽されていた。党もぼくに対して何のアクションも起こさなかった。

矛盾が一挙に顕在化したのは古在が亡くなったときだった。

一九八九年一二月、ぼくは古在を中野協立病院に見舞った。古在から要望があったからかどうか記憶は定かではないが、当日、ぼくは発売中の「サンデー毎日」を持って行った。ルーマニアのチャウシェスク政権が打倒される経過を報じたものだった。古在は「読んでほしい」という。数頁にわたるもので比較的長いルポを読んで聞かせた。読み終わると、他の報道では、どんなことが起きているのか、しきりに質問した。知っている限りのことを話した。ぼくは感想をせがんだが、そのときはそれらしきものは聞けなかったように思う。かつて、ルーマニア政府の招きで静養した体験を持つ古在にとって思いは深かったのだろう。

最晩年の古在の学習意欲は衰えることがなかった。「コンピューターについて知りたい」「構造じゃない、その意味だ」「〇〇時代のアメリカの農業について」など、どんなことだったかすべて忘れたが、ぼくはせっせと手伝った。仰臥《ぎょうが》しながら読める装置、視力が不自由になった古在のために拡大鏡など買った記憶がある。これらの断片を思い起こすと、晩年の樋口の姿が重なる。死の寸前に書き記したメモを見るとき、その感は強い。

二ヵ月あまりのち、古在は亡くなった。古在が亡くなったことを「赤旗」は一切報じなかった。戦前・戦後にわたって党と古在の関係を知る者にとってこれは異常なことだった。党内外から「なぜ無視するのか」との声があったらしい。遅れて「赤旗」は、古在の死去を報ずる。しかし、その記事は「古在」の名を呼び捨てにしたもので、しかも古在が反党分子に肩入れし、その誤りを認めよとの党の説得に応じなかったとのことを記したものだった。これは党内外の人々による一層の反発を招くことになった。その中でとくに強かったのは、党の態度は「死者にむち打つもの」ではないか、というものだった。党はその後、このこと(「死者に……」)については自己批判した。相当こたえたのだろう。

古在追悼集会の準備が始まった。それは大衆的な規模と内容を前提とするものだった。古在の生涯にふさわしく——。中心は藤田省三と今井文孝、及川孝とぼくだった。他方で東大の小川晴久君や法政の吉田傑俊ら若手学者たちが「古在論シンポ」をやりたいと言い出した。新宿ルノアールで合同の会議が行われた。激論となった。何が論点だったか忘れたが、吉田らが「この際」自分の古在論を発表したい、というのがミエミエだった。それは勝手にやったら？　というのがぼくの意見だった。それに党員学者たちの動機には、古在の理論の客観的評価ならば党の介入はないだろうというヨミもあったろう。藤田にはそれが手に取るように分かったから、相手のホンネにキリを刺すような一方的な激論で学者たちを叩きのめした。

「九段会館を一杯にする」これがぼくらの目標だった。一九九〇年九月、古在追悼集会（偲ぶつどい）は圧倒的に成功した。ぼくは事務局長の肩書きで開会の挨拶をした。「ウィー・シャル・オーバーカム」を全員合唱したとき会場からはすすり泣きの声が聞こえた。ロビーで出版物の販売が行われた。完売だった。チラシの類まですべて参加者の手に。熱気がいかばかりのものであったか——。

直後、ぼくは共産党を離党した。党もまたぼくを除籍処分にした。結果は同じだから、別れは平和的なものだった。離党の直後から藤田省三勉強会が始まった。それは集中的に行われ、九三年ごろまで続いただろうか。ワンクール終わったあとで、ぼくはシンヒヨ事件を総括する意味で『査問』の執筆に没頭する。九七年一一月、『査問』「あとがき」を記す。藤田勉強会の卒論の意味もあった。運動・組織の病理からの「離脱」に七年間を要したことになる。

藤田省三（一九二七年〜二〇〇三年）。

ここでぼくが学んだことは多い。人生の転機となった。

――二〇世紀は一九世紀の繰り返し、リフレインなんだよ。要するに世紀末。人類は滅んでいく。キミのやることは世紀末のルポルタージュ、それを書くことだ。書くための眼を養え。時間はないんだ。明るい未来を信じるなんて、もうキミは言わないよな。孤立すること。たった一人で考えること。ぼくの藤田ゼミでキミはよく勉強した。免許皆伝とは言わないが、一応のことは教えた。相当の馬鹿だったということも身に染みて分かったはずだ。すべてから離脱しなさい。もちろん関わることもあるだろう。義を見て飛び込むこともあるだろう。だが、離脱の自由を確保しておけ――。

最初に読んだ、いや、読まされたのは北条民雄の『いのちの初夜』だった。最後はハンナ・アレントの『全体主義の起原』だった。

ぼくは藤田の教えを指針にしようと考えた。読むべきものは無限にあるように思えた。ただ、その前にやるべき事がある。ぼくは三年ほどの時間をかけて『査問』を書いた。さて、これからと思っていた。

ぼくはもうつきあわないと決めた。

だが、その時である。

一九九八年から九九年にかけて樋口篤三のオルグを受けることになった。

逃げ回っていたのだが、ぼくの側から樋口に頼まなければならない事情が生じた。

宗邦洋が「三池写真展」の企画を持ち出したからである。

樋口は渡りに舟とばかりに「山崎君に会ったらどうか」と言った。「三池は、日共よりあっちが何てったって上だよ」というわけである。山崎に会うのはたやすい。同級生だ。

二〇〇一年、三池写真展を契機に樋口篤三との深い「つきあい」が始まる。

そしてさらに「コレコン」が始まる。

他方で、二〇〇五年ごろからＪＲ総連、松崎・四茂野たちとのつきあいが始まる。

それと同時に「コレコン」内部の軋轢が起き始める。

これは二回目の〈いざこざ〉であった。

以下、樋口篤三追悼集投稿原稿を収録しておく。

樋口さんとの自由の精神

私と樋口さんとのつきあいはそう長くはない。きっかけは樋口さんの私に対するオルグである。二〇〇〇年前後のことだった。

一九九〇年秋、私は日本共産党を離脱した。その経緯を記したのは一九九八年のことだ（『査問』筑摩書房）。そのあと、私にはある予感があった。世には、共産党から追い出された人、反感を持っている人、「反党分子」と糾弾されている人、あるいは糾弾された体験を持つ人がたくさんいる。おそらくそうした人々から「仲間に入れ」的な誘いがあるだろう。そのときこそ私はきっぱりと断らなければならない、そういう誘いにはゼッタイに乗らないぞ――。

私には共産党体験しか党派体験はなかったが、苦い経験として、そうした「党派」組織人の傾向として、個人的にはどんなに魅力的であっても、ぎりぎりのところでは党派や身内のグループの利害からは抜けられない、あるいは過去の怨みから抜けられない、自由なる精神とは縁遠い人が多いことを知っているからだ。だから、樋口さんから「会って話したい」という連絡があったとき、当初、私は逃げ回った。これはやばいぞ――。

ところがじっさいに生身の樋口さんとおつきあいしてみると、私の偏見は大きく修正せざるをえなくなったのだ。

樋口さんが古くからの共産党員で、その後除名体験を二度までもつオールド・ボルシェヴィキだということは知っていた。さらにかつてはさまざまな革命党派や運動の結成や分裂などに骨がらみの当事者にもなった過去がある、との話も聞いていた。革命家を自認する樋口さんにとって、そうしたことは避けて通れないものだったのだろう。だが、私とのおつきあいが始まったころ、樋口さんはどうやらそれまでの「流れ」を一旦「卒業」し、「ひとり」でいろいろと発想し、行動していたのではなかろうか。それが私にとっては幸いした。

樋口さんは、自分（たち）の思考と現実との間に矛盾ありとしたとき、まず、足で歩き、情報を収集し、ちょくせつ視認し、つきつめて考え、肌で確かめる。そののちの行動は大胆だ。迷うことなく自分のカンと決断を優先させ、素早く物事に対処しようとする。樋口さんとはそういう人ではないか。三流の「学者」が自己の過去の言説に足を取られるのと対照的である。おのれの「過去」から離脱することを恐れない。熟慮の結果、自己批判することも恐れない。自由の精神の持ち主である。これを「変節」とする見方もあるだろう。だが、すべての事象が想像を超えている変化の時代、過去のカテゴリーだけでは説明不能の時代、こうした自由の精神にこそ光があてられなければならない、と私は思う。

　息を引き取ったあとの枕の下から一枚のメモが見つかったという。そのコピーを見ると、不自由な姿勢で書き記した箇条書きと思われた。タイトルがついていて「新しい市民革命の時代が始まった」とある。思えば一二月二四日のお見舞いのとき、不明瞭な言葉ながら、樋口さんはそのメモに沿って、私たちに話していたのだった。「革命の概念を変えなければいけない」。最後の言葉だった。

　樋口さん、安らかに眠ることはありません。たまには私の記憶の中に登場し、メシを食ったあとで、アレコレ意見や文句を言ってください。

二〇一〇年

一〇・二・六

本日は樋口篤三を偲ぶ会――「樋口篤三さんの見果てぬ夢を語り継ぐつどい」。ぼくが一生懸命やる葬式の類は、おそらくこれが最後となるだろう。

――一〇・二・七記

昨日の出席二五九人。関西から多数出席した。四谷主婦会館ホール。『樋口篤三さんの見果てぬ夢を語り継ぐ』一〇〇〇冊印刷。オレはちゃんと書いた。自信あり。分からんヤツは捨てとけ。コレコン解散もよし。

あらためて思う。齢七〇、わが残された人生、運動家として終わるべきか、はた、不完全なる記録者として全うすべきか。はたまた推理「作家」か。フィクションという回り道を通って言うべきなのか。そのような回り道をすることが必要なのか。単なる遊びか。迷いである。同時代社承継問題がこれに重なる。わが息子たちへのメッセージがさらにこれに重なる。途中で終わるもよし。考えてもみよ。キミに小細工をする時間があるのか。……いや、細工をしなければ伝わらないのでは?

二月七日、気づくことあり。これから書くことは記録者としての遺言とすべきではないのか。もし残すべきことありとすれば、書き捨てたこと全てがオレの手によってあらためて甦る。書くしかない、ありのままを。超現実を。現実そのままは退屈だから。フィクションの形も「ありのまま」の方法なのだ。その方法で縦横無尽に語る以外ない。

一〇・二・一三

昨日、中国研究会。ほぼコレコンメンバー。於・山崎事務所。のち飲み会。だが、問題はある——。「樋口篤三」に関して全く会話無し。「つどい」についても誰からも発言なし。話題にならず。話題にしたくないということだろう。そう言えば、追悼集に原稿を書いたのは、山崎のほか、常岡と松平、朝日〈健太郎〉のみ、だった。ぼくには彼らの冷たさが分からない。意外にぼくにとっては、「樋口篤三問題」は尾を引いている。彼らが「別の追悼会」と言い出したときはそれほどにも考えなかった。だが、無視という対応に接して、これはもっと大きなことかもしれないと考えるようになった。思う以上に大きな問題ではないか。ここを突破口にして考えを深めたい。入り口を広げたい。

二〇世紀左翼は——日共も新左翼もおしなべて、二一世紀において滅びたというより、むしろ歴史の阻害者として現れた、というべきだろう。なぜこんなことになったのか。

さて、問題はどのようにたてられるべきか。

その際、日共の「生活保守主義」は避けて通れない。日共指導部が問題なのではない。党員及び支持者たち――「九条の会」で人生後半をアリバイする彼ら。彼らはヒマをもてあましているのだ――彼らの生活保守の思想が問題なのだ。

一〇・一二・一三

世紀末を記録せよ――。

省三先生の遺言としてぼくはこだわっている。

――納得する。

今晩は「萱」〈神保町の飲み屋〉。

保守派のおじさん――。

神田の御輿も詳しい。与謝野薫の支持者。まあいいだろう。少なくとも彼は地上に足がついているのだから。

ところが、深夜の地下鉄では足が地についていない客だらけ。

老いも若きも携帯で宇宙と「交信」していた。

世紀末か。いや、いまは新世紀と世紀末の交差点。

団塊の次の世代のおばさんもおじさんも。

記録する価値があるだろう。そう思う。

一〇・三・一二

世紀末の記録――。いくつか、これからのテーマ、タイトルとしよう。

その一つ。

左翼滅亡の世紀末について。

なぜセクト張っているわけ？

現在、それぞれが完結している。

それが何らかの社会的意味を持っているのかといえば、おそらく皆無に近いのではないか。

相互扶助組織としての機能だけ。

その中身は？

経済的にはおそらく無い。

あるのは夢か。いや、それも、じつは、無い。

一〇・三・一三

チェンジの時代に〈驚く〉こと。

鳩山内閣半年――風通しがよくなったと思っている人は多いだろう。

外務省秘密文書の公開をはじめとして、政権交代によって国民の前にはじめて明らかになったことは多い。自公政権に守られた官僚たちが、「国益」だとか「守秘義務」だとか言って国民にウソをつき、じつは自分たちだけの甘い汁を吸ってきた実態と構造が日々明らかになってきた。公開された

「仕分け」など、天下り法人の実態が明かされていく様子など痛快だった。その方向、手法、徹底度などについて、異論や批判はあるだろう。しかし、やらないよりははるかによかった。少なくとも政官界が「あわてふためき」、動き、混乱したのだから。それを民衆は見た。「乱」こそ新しいものを生み出す「母」なのだ。それはむかしもいまも変わらない。これはまぎれもなく、昨年夏の「一票一揆」が拓いた結果なのだ。

前年のアメリカ大統領選挙におけるオバマの勝利につづいて、息苦しいようなブッシュ・小泉の時代がチェンジした、その解放感は大きかった。それは多くの人と共有できたのではなかろうか。新自由主義が世界を席巻していたあの時代、このまま日米のネオコンたちにかき回されたら世界はどうなるのか、そんな焦燥感にとらわれ、まあ、どうせオレたちは先に行くんだからいいけど、などといささか投げやりな気分にもなったのだが。もっとも、普天間問題一つとっても、こうしたチェンジがそう一本道でもないこと、逆流もあるだろうことは当然のことで、それはぼくらが目撃している最中ではあるが。

ところで、ぼくはこうした大きな変化、変革について、ぼくの関わっている業界、広い意味で零細出版から大マスコミ、テレビまで含むメディアとの関連で、ぼくの見聞も含めていうならば——。

超零細企業の一つ二つの生死などを超えたレベルの話になるが、この業界の落ち込みはつるべ落としの状況にある。出版業界全体の売上げは〇九年で二兆円を割り、二〇一〇年中で一・五兆円になるとの説もある。リーマンショックが後押しをした。大手新聞、テレビ業界の広告収入は激減した。若者はほとんど新聞をとっていない。テレビさえ見ない者も増えているという。ほとんどの情報をケイタイとネットで得ている。いや、若者だけではない。ぼくの住むマンションは一〇八世帯だが、「朝日」をとっているのは数軒ではないか。いまメディアは、取材力、編集力、販売力を含めて体力を衰退させている。

知られているように、ブッシュ・小泉はメディアを有効に使った政権だった。彼らは、抽象的で意味不明のワンフレーズをメディアを通じて大量に放出する手法を使った。「テロとの戦争」「悪の枢軸」「国際貢献」「構造改革」「美しい国」「自民党をぶっこわす!」。しかもこれをテレビメディアでのパフォーマンスによって世論と社会的雰囲気を誘導していく。ブッシュは戦争を茶の間に持ち込んだ。「北」バッシング映像などもその一環だったろう。映像による刺激は考えることを停止させた。安倍は「若さ」と「テレビ写り」のよさ(!)で選ばれたのだという。希少資源を消費する電波は時間を買うのであり、フラッシュ風の映像や短い言葉は経済性でも適合的だったともいえる。

一方、オバマの勝利にあたっては草の根支持者たちによるネット網は、世論形成においても資金力においても大きな役割を果たしたといわれる。鳩山と民主党の勝利にネットが果たした役割についてふれたものを寡聞にして知らないが、ぼくは案外関係があるのではないかと思っている。検察のリークとメディアの合作による「小沢騒動」にも関わらず、民主党への期待をそう落ち込ませていないのは、ネットをはじめとするメディアとは異なるチャンネルでの情報発信力によるところが大きいのではないか。ここでは言葉の短さや映像などは二次的要因となっている。〇九年春、鳩山が「Ｖｏｉｃｅ」誌上で発表した論文「私の政治哲学」は同時にネットでも公開され反響を呼んだ。ぼくもそこで読み、鳩山哲学の「本気度」を信じたのだが。

参考までに、ぼくがしばしば読んでいるブログ、HPを紹介すれば、高野孟君のやっている〈ザ・ジャーナル〉をはじめ〈きっこのブログ〉〈神保町フォーラム〉〈魚の目〉〈文藝評論家・山崎行太郎の政治ブログ〉〈反戦な家づくり〉〈ラ・ターシュに魅せられて〉〈植草一秀の『知られざる真実』〉などだ。追加するとすれば〈コレコン〉のHPも。これはぼくも参画している六〇年代新旧左翼の残党たちのグループで、週一回交代で「読売」社説批判をつづけている。

日米で相次いだ政治のチェンジは、以上のような文脈でみるとき、メディアの衰亡とネットの興隆時期と重なっているように思える。もともと軍事技術として発達したネット技術は、一九九〇年代の冷戦の崩壊とともに行き場を失い一挙に民間に流出し、磨きがかかったその結果であった。一九九五年に発売された「ウィンドウズ95」はネット元年を画するものであった。二一世紀はネットが情報の発信と交流の担い手として、大きな位置を占めるのではなかろうか。もちろん、価値評価はべつであり、今後、メディアが「一路衰退」の道を歩むとは考えにくいし、ネットとその技術の功罪は、むしろ今後ますます問われるべき課題となるだろう。だが、ぼくらがネットとメディアの上昇・下降グラフの交差点に立っていることはまちがいない。アナログ世代にとってはつらいことも多いわけだ。

「〈驚く〉ことは哲学することの始まり」である、とはアリストテレスの言葉だそうだが、政治や社会ばかりでなく激変する人類史的事象を目の当たりにするとき、毎日が驚きの連続だともいえる。何よりも六〇年代に体得したカテゴリーや概念が、目の前の事象を説明するのにほとんど役立たない場合が多いことに〈驚く〉。

——さてその先である。哲学しようと思うとき、突然、睡魔が訪れる。今年でいよいよぼくも七〇歳になる。六〇歳になったとき、家族や他人が「還暦」だなどと言うのを「ヘンなことで騒がないでくれよ」と押しとどめた。年寄り扱いされたくなかったし、じっさい何の感慨もなかった。仕事も活動もたんなる通過点にすぎなかった。全てが進行形だった。だが、こんどはちょっと違う気がする。いや、脳力、体力の衰えは一〇年前とは比べものにならない。オワリがあることを自覚せざるをえない。世紀初頭の一〇年が経過しようとしているいま、「世紀末現象」とも呼べる現実を、何らかのカタチに記録しておくことに、もしかしたら意味があるかもしれない。

一〇・四・一四

天安門事件のとき、自分はそこにいた（「ふじ」〈池袋の料理屋〉で）。張さん。死んだ子どもを抱えた女。その女を兵士が銃で追いやろうとした。オレは「やめろよ」といって兵を押した。兵士の銃がこぼれてオレの手に落ちた。群衆が兵隊を追い詰めた。司令官に銃を捨てろと迫った。司令官は最後になって兵隊に「捨てろ」と命令した。司令官のその後をオレは知らない。

中国では伝統的に兵隊は尊敬されない。唯一、解放時の人民解放軍だけ。「武」は尊敬されない。食い詰めた乞食がなるもの、それが兵隊だ。

一〇・五・三

以下、大窪との会話からのヒント。

エントロピーの法則。熱力学第二法則。エントロピー増大の原理とも言う。みんなが同じになる。だが生命はならないようにしたいという法則が働くのではないか。同感。社会もそうだ。社会有機体説。賛成。

ガガーリン（一九六一年宇宙飛行）で吹っ飛んでしまったのだ、ハンガリーは。それほどガガーリンは左翼にとって強烈だった。おそらくブントの崩壊にも、いや、崩壊の加速にあたって、ガガーリンは意味があったのではないか。意味がそれほど無かったとすれば、それはそれで別の意味を持つ、と思う。

ガガーリンは一九八六年航空機事故で死ぬ（一九三四年生）。原因は不明。六一年自傷事件を起こす。ニーチェ。マルクスと同じ中世の否定者。だが、ニーチェは中世の前＝古代に希望を見たのではないか。古代である。情動が生きていた古代。中世は情動を否定した。堅い建築物を見よ。文学も音楽もみんな近代の所産ではないか。だが、ニーチェはそこに危険なものを見た。

一〇・五・五

塩見孝也さんへの「弔辞」

ぼくは塩見さんとそう深いつきあいがあるわけではありません。ここ数年、九条改憲阻止などの会合で顔をあわせることがある程度です。最初に会ったときは「これがアノ赤軍派議長か」と、複雑な思いでした。よど号事件のとき、ぼくは民青本部にいましたから、「なんとバカなことをするんだ」

「革命は〈ゴッコ〉じぇねえんだよ」と切り捨ててもいたからです。

そんなぼくが、このつどいの仕掛け人の一人下山保さんから「仕掛けられた」からとはいえ、「弔辞」を書こうという気持ちになったのは、某紙で紹介された塩見さんの近況や塩見さんの最近の感慨を知るにつけ、何ともいえぬ共感を覚えたからです。

いまから四〇年近くまえ、ぼくは共産党系大組織の頂上近くをうろうろしていて、そこから追放された経験をもっています。そのときぼくは不遜にも、「地上にたたき落とされた」と感じていました。「上から目線」に慣れていましたから、地上での生活に不慣れでした。まず、どうやってメシを食っていったらいいか分からない。最初は夜警の仕事を探したことを覚えています。そんな記憶が蘇ってきて、塩見さんの再スタートはとても他人事とは思えなかったわけです。一九四〇年生まれのぼくは、今年七〇歳。お互いの健闘を誓わずにはいられません。

——さて、です。

沖縄闘争支援を名目にした今回の生前葬は、天上から舞い降りてきた塩見さんを、地上の我々が歓迎する、という構図のようです。でも、よく考えてみると、はたして、コレ、ホントかな？　とも思う。ぼくらはいま、地に足をつけて歩いているって、ホントに言えるのかな？　もっと厳しく言えば、戦後左翼は一度たりとも地上目線で物事を考えたことがあるのか——そんな声も聞こえてきそうなのです。そうした苦い思いを一方で持ちつつ「弔辞」に代えさせていただきます。

一〇・五・七

ＩＴ時代は六八世代がつくった、という話。ガラが言っていた。それが証明されれば、その因果関係が判明すれば、六八年問題は新しい光をあてられるだろう。
・年鑑が消えた日。三大紙が年鑑の発行を止めたのはいつか。
朝日年鑑は一九八五年まで。

その後、少年朝日年鑑として続き、さらにジュニア朝日年鑑として形を変え、一九九九年まで発行し続けて終わった。
・しっかりとした年表・事典が消えた。その時から歴史が消えた。
・岩波『近代日本総合年表』はこれまで改訂版は一〇年未満内に発行されてきたが、二〇〇一年に第四版が発行されて以来出ていない。
・ＩＴの時代だという。しかし、ウィキの年表は不正確かつ不完全もいいところ。コピ・ペでは分からないのだ。
もっとも、彼らも工夫することだろう。しかし、しかし、である。
・奥付は歴史を語る。

一〇・五・三一

「葦牙ジャーナル」巻頭言を書いた。

安保五〇年の年に

「朝日」の「声」欄に面白い投書が載っていた（五月二〇日）。普天間の問題を通して、鳩山首相は「大貢献」したのでは、というのである。「迷走」を毎日のように見せられた国民は、そのことでかえって初めて多くのことを知ることになったのではないか、と。国土のわずか〇・六％の沖縄に米軍施設の七五％があること、マスコミの識者が基地の軽減よりも米国の利益を「思いやる」立場だということ、そして国内のどこも自分の所に基地が来るのは反対だということ、等々。同感だ。どうせなら早い時期に全国知事会を開いて「手を挙げてもらう」ぐらいのことをやったらどうだったか。今となっては遅いが、誰も手を挙げないという実績をもって対米交渉に臨んだらどうだったか。

五〇年前の安保改訂によって、この列島には戦争の導火線となる地雷が埋められた。六〇年安保の闘いは、地雷がこの国の将来にもたらす危機・危険を予感・予測した人々たちによる抗議のうねりだった。その後、日米の権力者たちは数々の「密約」を巧妙に重ねて、地雷の存在を隠そうとしてきた。そして、七二年の沖縄返還などを通して、本土の米軍基地は少しずつ沖縄に移転されてきた。

だが、政権交代という政治舞台の転機を迎えて、大根役者を交えたドタバタ劇を見ながら、いまようやく国民は、どこに地雷が埋められていたのか、どのように隠されてきたのか、気づくところとなった。基地の沖縄移転と引き替えに繰り返されてきた「経済振興策」にもかかわらず、どうして失業率がこんなに高いのか、沖縄の人々もまた気づくことになった。名護市長選はその象徴だった。五〇年という歳月はけっして無駄ではなかった。

一〇・六・五

鳩山内閣が吹っ飛んだ。

思うに、日本には三つのマイノリティーがある。在日と部落と沖縄だ。その沖縄が内閣を吹っ飛ばした。こんなことは初めてではないか。

一〇・六・一〇

菅内閣誕生。官僚によるクーデター説（佐藤優）。

たしかに出来上がった顔ぶれをみると、学級会のようだ。鳩山は官僚のサボによって普天間を失敗した。今度の内閣はおそらく官僚にとってもっと扱いやすいものとなるだろう。閣僚や幹事長人事の決まり方を見ていると、マスコミがいつも一歩先をリードしている。そして、その通りに菅はやっている。マスコミと官僚の合作といえる。扱いやすい政治家たちなのだ。官僚の匿名性。

小沢一郎の退場——。民主は今度の選挙で勝つだろう。民意の豹変は小泉のころからの延長である。漂流する民意。ヴァーチャル世界に踊る民意。その始まりは小泉。あのときに爆発した。だが、揺り戻しはたちまちやってきた。安倍の時代の参院選における自民の敗北、続く〇九年の衆院選におけるおなじく自民大敗となった。ただ、それはリアル世界における「痛み」を掘り起こした小沢の「政治力」によるものだった。リアルな力（金も）が働いていたからこそそのものであった。ヴァーチャルに対するリアルの反逆。

しかし、「小沢退場」を叫ぶメディアによりヴァーチャル世界は再び九〇%世論を作り上げられた。官僚とメディアの合作により、民意はヴァーチャル世界に流れた。今度の選挙はその延長のまま行われる。しかし、リアル政治に力を持つ政治家の退場により、民主政権の将来はきわめて危ういものとなるだろう。

一〇・六・二

オレはね、左翼の墓碑銘を残さないといけないと思っているわけ。どうして？　まあいいじゃないか。オレはね、ムカシの共産党には理不尽なところが一杯あった、と思う。村井〔長野県松本市村井〕でね、戦後さ、金貸しを殺したの、党員がさ。おじさんよ。その人、必ず、オレんちに来るときは、土産を持ってきたの。何だったか忘れたけど。その人に息子がいてさ。オレと同級だったわけ。そいつが結局消えちゃうわけだけど。消えちゃうまで、何日あったかな。街道に沿ったウチだった。その父親の対策をめぐって細胞会議をさ、オレのウチでやってた。親父もいてさ。なんとも沈鬱なあの雰囲気、オレ、覚えているのさ。金貸しのおばさんも、大人たちの知り合いだった感じなのよ。もちろん、新聞記事さ。あの時代、左翼ってさ、真剣に考えていたの。

だから、この本はオレの遺言なの。「弁明できない人間」っているじゃない。左翼はさ、そういう人の味方だった気がするの。それが、どうしてこんななっちゃったわけ？

シンヒヨ事件のとき、そういう意識は全くなかったけど、いま思うに、共産党は、おそらくあの沈鬱な気分を捨てたんだと思う。消えたおじさんのために、大人たちが何をやったのか、みんな死んでしまったから今更分かんないけど、いろいろ考えたと思う。その過程さ、結局何もできなかったと思うけど、何を相談してたのかな。

何でヤクザが相撲見ちゃいけないわけ？　じゃ、野球は？　サッカーは？　樋口さんとオレ、相撲に行ったけど、樋口さんは革命家だぜ。さいごは平和革命ってすごいって言っていたけど、暴力革命の人だぜ。何で革命家が許されてヤクザはダメなの？　ねえ、どうして？

新左翼はその理不尽を衝いていると思った。けど、違った。がっかりよ。

一〇・六・二三

風の中の政治家たち

どうしてこうも軽いのだろう。政治家だけではない。メディアも世論も、すべてである。重いことがいいのではない。すべてが風のようだ。煽り煽られ、互いが風となって舞い上がる——。

鈴木宗男が聴衆の笑いをとるために言っていたが、まさに鳩山内閣の寿命は「胎内でヒトが人になる期間よりも短かった」。鳩山が内閣を投げ出したとたん、民主党政権の支持率は統計をとるたびに上昇していった。「辞めた」ことだけが変化で、あとは何も変わっていないにもかかわらず、だ。

そして今、政治の世界は参院選へとなだれを打っている。あれほど鳩山政権のケチづけに熱中していたメディアは、打って変わって菅新政権の「現実路線」を「評価」しているようだ。読売社説「参院選公約　民主党の現実路線は本物か」（六月一八日）、「消費税公約　引き上げを国民に堂々訴えよ」（六月二〇日）など、「現実」への舵の切り方は「本当か」「本当か」と念を押し、見ようによっては叱咤しているようにさえみえる。民主党政権は、「民意」を背にしたメディアと呼応しながら選挙戦に突入しようとしている。まさに煽り煽られ、である。

調子に乗った（ぼくにはそう見える）菅首相は、かねての財務官僚との昵懇の関係から（そう見える）、「消費税一〇％」と打ち上げた。たちまち支持率は下がる。結果、民主党内からは異論が続出する。すると首相は「いますぐ、じゃない」「逆進性を緩和する」と発言を補足する。こんどは鳩山のときと違い、メディアのほうは菅を後押しするだろうが、何やら雲行きは怪しくなりそうだ。

ぼくは昨年夏の政権交代にかすかな希望を持った一人だ。政治主導により、官僚の政治に一太刀浴びせられるかと期待した。だが、あまりに軽い政治家たち（そう見える）は、一太刀浴びせるどころか、逆に一太刀も二太刀も浴びせられ翻弄された。普天間を見よ。ショー化した「仕分け」で「整理」されたのは弱小・末端の官僚組織だけに終わった。検察を含む法務、外務、財務といった官僚界の中枢・骨格はおそらくびくともしていないだろう。外界の風向きに惑わされることなく、彼らは匿名性の闇の中に息を潜めている。けっしていい兆候ではない。

一〇・七・二三

「ハンシャ」？

信用金庫の営業マンが書類を一枚差し出し、署名してくれ、と。

「ハンシャ（＝反社会的勢力」の概念が大相撲と野球賭博事件とともに広がってきた。おそらく戦前の「アカ」より広い概念、網だろう。まず朝鮮人が入る。融通無碍なる概念で網を打つ。「ハンシャ」と、普通の人が、お兄ちゃんが、隣の人が思っている光景。アノ人、ハンシャよ。そんなことつゆ知らず、たとえ聞こえていても意味も知らず……。

美空ひばりの歌を聴く。ひばりは田岡親分に育てられたんじゃなかったっけ。ハンシャの娘なんだよ、ひばりは。大衆はいいんだよ。そんな区別は適当に生きている、生きていくんだよ。これこそホラーではないか。ハンシャの人は外見では分からない。フツーの人のように見える。オレ、ハンシャだよ。

問題は民主党政権のもとで、つまり、一進一退の平和革命の下でこうした事態が進行しているということ。

寿司屋のMが言うワケ――。寿司屋の板前もほとんどコレ（キズ者）なんですよ。この業界の人って、行き場が無い人多いですよ。だから、刃物持たすの、ホントは怖い。けど、親方に鍛えられるわけ。

大工もそうでしょ。Tさん、そうなの。息子が板警に捕まったとき。さっさと親父が先に殴りかかっちゃうんだもん。息子の出番が無いじゃん。たしかに親父は練鑑上がりヨ。だから一層悔しいじゃん。息子としてサ。Tさんの奥さん、その辺分かってんのよ。だけどサ。娘のCとしてはサ、そんな親父に抵抗したいって気持ち、オレ、分かるよ。けど、親父はCのことものすごく可愛いんじゃない？

いったい、どこでハンシャとフツーと分けんの？　オレの周り、結構、ハンシャの人多いんだけどサ。

プロ野球のネット裏はハンシャに売っちゃあいけないんだって。元ハンシャはいいらしいけど。ハンシャに入れられそうな人——ホームレス、浮浪者、博打打ち、暴走族、宮崎学、過激派、……。ところで、ハンシャ概念はいつから使用されるようになったか。
・平成一九年六月一九日
企業が反社会的勢力による被害を防止するための指針について
犯罪対策閣僚会議幹事会申合 による。法務省ＨＰに載っている。
・ＣＦＪ（貸金業界団体）によれば、
反社会的勢力（ＡＳＦ）の定義
反社会的勢力（ＡＳＦ）とは、暴力、威力と詐欺的手法を駆使して経済的利益を追求する集団又は個人とし、以下に掲げる属性要件に該当するもの並びに、暴力的な要求行為又は法的な責任を超えた不当な要求などの行為要件に該当するものも含むものとする。
①暴力団及びその構成員、準構成員
②暴力団関係企業及びその役員、従業員
③企業から株主配当以外の不当な利益を要求する団体及び個人（総会屋等）
④社会運動を標榜して不当な利益・行為を要求する団体及びその構成員

・ナチ時代――ダッハウには「反社会的分子」をまとめて収容する収容所があった。ベルリンオリンピックのときだった。そこには、同性愛者、ロマ、売春婦、浮浪者、失業者、アル中らがみんなまとめて入れられた。おかげで、全ドイツが「清潔」になった。

一〇・七・二九

団塊の世代の犯罪性。

戦後民主主義は死んだ――彼らは当時そう言った。そうではない。彼らが殺したのだ。足を引っ張ったのは彼らなのだ。

社会評論社の松田さんと。彼は、安保五〇年の歴史にこだわり、従来型の組織論、統一戦線論の復活（戦後民主主義）を夢見ている。イイ男ではある。だが、消えてしまった時代に夢を求めても仕方あるまい。社民党から辻元が去り、共産党は一〇〇万票減らした。かつての社共は風前の灯である。

一〇・八・一四

「真の革命家であるかの基準は、体制に打撃を与えるだけでなく、正しい時期に打撃を与えるということである。用意がすべてである。牢獄に入る、禁止される、殴り倒される、こんな程度の事は誰でもできる。火山のような情熱を持って、怒りを爆発させ、大衆を行進させ、憎悪と絶望を組織化し、さらにそれを冷静に計算しながら、いわば合法的な手段をもって遂行することができるかどうかこそが、真の革命家かエセ革命家かの違いである」（ヨーゼフ・ゲッペルス『闘争時代の論文集』）。

一〇・八・一九

官僚階級温存のために。

メディアによれば、現在、財務省主導で「公務員改革」が進められている。「天下り根絶」に対する官僚の側の巻き返しである。「人事が滞留」して困っている官僚たち。菅政権はほとんど財務省の言いなり。

一〇・八・二四

近藤典彦＋布施茂芳夫妻＋石島紀之＋根本萠騰子（八・二三〜二四　湯河原・敷島館）

誰そ我にピストルにても打てよかし伊藤のごとく死にて見せなむ

地図の上朝鮮国に黒々と墨を塗りつつ秋風を聞く

一九〇九・一〇・二六　伊藤博文暗殺さる。

一九一〇・八　朝鮮併合　啄木、併合批判歌五首→「時代閉塞」論を書く。

一九一二　啄木死ぬ

根本：併合批判をちゃんと歌ったのは啄木一人だったって近藤さん言うけど、時代閉塞は日本だけじゃなかった。ヨーロッパもそうよ。第一次大戦の前って、若者の閉塞感はすごかった。戦争が始まったとき、みんな熱狂して志願したのよ。閉塞感から開放されたんだと思うよ。どこでも熱狂した若者であふれた。たった一人だけよ。批判したのは。ヘルマン・ヘッセだけ。『デミアン』（一九一九）がそれよ。

→第一インターと第二インターとの関係と重ねろよ。カフカとの関係。

蓉子：啄木の「卑しき顔」って自分のことじゃない？「秋風」は何にもできない自分に対する寂寥感じゃないかしら。

オレ：「伊藤」は啄木なんだよ。手も足も出ない自分は、「伊藤」のように殺されてもいいんじゃないか。啄木の絶望的な心情を表している、と思う。

＊《六〇年代のツリー》を創設する計画を考えること。仮に「六〇年代の樹」。

＊江戸時代の「平和」

『死の泉』（皆川博子）を読みつつ、江戸時代二六〇年間の平和を考える。かつ「浪人史」を考える。現在の日本文化の骨格は平和の時代の失業者たちが築いた。しかも外来文化の取り入れは、過剰にならず閉鎖でもなく。朝鮮半島からは通信使を通し、ヨーロッパからは長崎に絞って。巧みだった。カントがそれを記している。

一〇・九・一

民主党代表選——続「風の中の政治家たち」

暑い。ともかく暑い！

「炎帝が日本列島わしづかみ」（「歳時記」）

これにならってぼくも一句。

「炎帝よ地軸の傾きざまあみろ」

本当はもう少し涼しくなってからの句かもしれないが、あまりの暑さに先走った次第。

さて本論。本欄のぼくの担当は、締切がとうに過ぎているのだが、ここ数日の民主党内のアタフタの先がもう少し見えてから、と思ってぐずぐずしてしまった。八月三一日午後になって、どうやら「小沢——菅」決戦が実現しそうになったので、とりあえずキーをたたくことにした。

小沢出馬——当然だろう。

鳩山から菅に代わった直後、本欄の担当がぼくに回ってきた。そのときぼくは「風の中の政治家たち」として責めを果たした。マスコミと「世論」なるものに、煽り・煽られながら舞い上がる、カルーイ政治家たちの姿に、一種の不快感を持ったからだ。そんな思いを引きずってきたところに、今回の代表戦のゴタゴタが起こった。その経緯を見ながら、ますますその思いは強くなった。

おそらく菅の側は、当初、「政治とカネ」で「世論」に圧倒的に包囲されている小沢に勝ち目はないと、タカをくくっていたのだろう。まさか小沢が本気で出るなどと、思ってはいなかったと思われる。（政治判断が）甘い！（人間理解度が）浅い！

ところが一転、小沢が出ることになった。それでもまだ「世論」は自分たちの味方だと思っていたことだろう。じじつ、各調査はいずれも菅人気の圧勝を報じていた。じつはぼくはこの辺りから、小沢へのある意味「同情」さえ抱くようになった。仔細は略すが、「政治とカネ」による「小沢悪人説」は、メディアによって形成された虚偽意識そのものだと考えるからだ。それを知りながらその「虚構」に乗るのは卑怯だと思う。さらに考え方として、「世論」の多数派についたらろくなことはないという、ぼくのかねての「ひねくれ哲学」が背景にある。ゴタゴタの最終版になって、「トロイカ」でなんとか、と泣きついたようだが、いずれにしても決戦となった。

おそらくこれからは「朝日」を先頭にマスコミによる小沢たたきは激しさを増すだろう。一時期の〈検察＝マスコミ〉連合による包囲網は、さらに〈マスコミ＝菅〉連合の包囲網によって二重に強化されることだろう。風に煽られることなく、政権交代の内実こそが、いま、問われていることを忘れないようにしたい。

前回のときも書いたが、ぼくは政権交代そのものに期待を寄せた一人だ。少なくとも自民党よりはいいんじゃないか、と。だが、そんな思いも次第に重たーいものになりつつある。本稿では「政治家の軽さ」だけに絞って書かせてもらった。悪しからず。

一〇・九・六

ルネッサンス研究所設立趣意書について（九・六　ルネ会合に提出）

「趣意書」に挑発されて

「趣意書」は社会運動の危機意識から出発している。

ぼくは、「趣意書」が持っている、多少挑発的で、かつ、怒りが込められた論調に共感する。何に対して、誰に対して、挑発し、怒っているのだろうか。「私たち」以外の誰か、他者に向かっているのだろうか。いや、おそらくそうではないだろう。「趣意書」の筆者を含む「私たち」自身の過去(それが「今」から遠かろうと近かろうと)、過去への省察、それらに対する知的怠慢に向けられたものではあるまいか。もし、そうであるとすれば、ぼくもその挑発に乗ってみようか、と考えたわけである。

ぼくはかねて現代の危機は「社会」の危機にあると考えてきた。その場合の「社会」とは、一般に「世間」とか「世の中」とかいわれる、抽象的で曖昧模糊としているもの(全体社会)ではなく、個人を単位とする相互主体的で有機的な関係を持った、人間的実態のあるもの(部分社会)を意味している。その「社会」が存亡の危機にある。

人はみな、日々、それぞれに意欲し、考え、引き受け、情熱をもって物事にあたり、それらの経験を重ねることによって、生きている価値を実感したいと強く望んでいるが、その価値は、自分を包み込んでいる人々のつながり、互いに主体的で自発的な人間の関係の中でのみ発見し、確認し、認めあえるものである。その関係を失ったとき、人は人たりうるのだろうか。関係から切り離されたまま、否応なくさまざまな「制度」や「システム」に組み込まれていく若者たちの、戸惑いのつぶやき、絶望的な悲鳴が、ぼくには聞こえるような気がする。おそらく独り合点ではないだろう。

なぜこんなことになったのか、だれが、何が、こうした結果に因果の責任があるのか。責任とまでは言わずとも、何らかの関係があるのか。人生の大半を、主観的には「左翼」として、しかもかなり周囲に対して騒がしく対してきた者として、おのれとの関わりにおいて考えておきたいと思うのである。

「趣意書」はぼくの文脈よりずっと先のこと、社会「運動」の危機を言っている。「共産主義」についてまで言及している。それらについては、いくつかの疑念がないわけではない。おそらくこの「趣意書」の意図を認めて集う人々も一様ではないと思われる。ぼくはむしろそこに期待したい。「社会」とは、他者の視線を感受し、想像し、そのことによって自らの判断力、構想力を養ってくれる、自分の「居場所」となりうるところである。研究所がそのような一つの「社会」であることを望む。

ついでに考える――他者の視線を感受、感応する(九・六)

この対極にあるのは「絶滅」「排除」の論理なのだ。

小泉がそうだった。自民党をぶっこわす。これは口先だけだと誰もが思っていたからまだいい。

そして今は菅直人「小沢さん、しばらく静かにしていてください」。これは本気だ。排除の論理だ。

左翼のすべてがそうだった。内ゲバと絶滅の思想。

これらのもののすべてが「社会」をつぶす。「社会」的発想をつぶすものである。

＊「社会」的発想のポイント

二〇一〇年

・クラス会　・同窓会　・町内会　・サークル　・できればインターカレッジの繋がり

等々の、要するに利害関係から離れた人のつながり。

左翼はそれらを全体として軽視してきたし、関心を持つ場合も「色分け」の対象として見ることが多かった。党派的関心。それは「社会」にとって迷惑な話だった。

ついでに考える——社会の崩壊（一〇・一）

人類生存の危機と言われる。核の危機。環境の危機。いずれも根源的危機である。

だが、いま、ボクらにとって最も身近な危機は社会が崩壊してしまった危機です。

人間は社会という羽毛に包まれていなければ生きていけないのです。とくに若者たちは。なぜなら面の皮も細菌から身を守る皮膚も、まだ薄いからです。

システムの中だけでは人間は生きていけないのです。制度とシステムだけの世の中。これは地獄なのです。

ぼくの家の近くに居酒屋があります。店長が地元の人間で人柄がいいせいか、若者のたまり場になっている。いい風景です。ここで若者たちは癒されているように見えます。これも社会です。下町の板橋だからなのかもしれません。

ボクらが生きている時代はなんとかいいとして、ボクらが死んだあとはどうなるのか。ボクらの孫たちの時代はどうなるのか。

ハイソの人たちはそれはそれでハイソ社会をつくっているという。アメリカなんかは数年前からアメリカの富を独り占めした連中が高い塀の中で社会をつくっているという。それはそれで、まあ、いい。問題は外にいる連中が塀の中の連中がつくったシステムに振り回されるだけじゃあ、悲しすぎるよ。

人間は羽毛の中でしか生きられないのです。

もう絶望です。絶望に対する覚悟が必要なのです。絶望を教えなければいけない。

さらについでに考える（一二・二）

社会の崩壊と左翼の責任について。

どうしてこんなになってしまったのか。

まず若者に未来が無い。無いといえば語弊があるが、まず就職氷河期とかいわれています。一〇代の失業率が一〇％もあるという。働こうと思っても働けないわけですから、将来図を描くのが非常に困難になっている。

政治に見通しが無くなってから久しい。ぼくは最近の新聞は読むのが苦痛です。何と幼いことか。まともな政治家、右であれ左であれ、職業としての政治家、プロとしての政治家がほとんどいない。これは民主党に限ったことではない。もちろん自民党もそうだし、共産党も社民党も例外ではない。

今年、共産党は党大会を開きました。そこで党員の年齢構成が問題となったそうです。それによれば、六五歳以上が四割を占めているという。これはいささかマジック的な数字で、団塊の世代を含める形で六〇歳以上まで含めて統計をとったら、おそらく七割以上を占めるのではないかと思います。

ぼくの世代で現在も党に残って仕事を続けている友人たちは、もっと多いだろうと、悲痛な声を上げています。未来が無いとは言いませんが、活気のある党として生き続けることは困難だろうと思います。社民党の友人に聞くとこの党も同様の悩みを抱えているようです。

現在ぼくは「コレコン」という集まりを通じて、新左翼諸党派の友人たちともつきあいがあります。この友人たちの悩みは、なにせ所帯が小さいところから、もっと深刻だといえるかもしれません。団塊以上の人たちが多いのですが「俺たちが終わったら党派もオワリかな」。そんな呟きが案外リアリティがあるように思います。

こうして戦後左翼は総体として衰退の一途を辿っているように見えます。

一〇・九・七

宮崎学、大窪一志と相談。

・「青年期」って、いまの若者いないんじゃないですか。子どもと大人、子どものような大人、大人のような子ども。それしかいない。三五歳の子ども、いくらでもいる。（大窪）

・××とかけてなんと解く？
○○と解く。そのココロは？
××と○○はかけているけど、ココロがない、そんな感じがある。（宮崎）
さて、どうする。

一〇・九・一一

ラブリオーラ記念シンポにて。

田畑稔「全学連再建大会でボクは大阪経済大学の民青で、大会に入れろと迫った方だった。田宮高麿もボクの親友だった。あいつは地域でやるやつで、あのとき党が割れなかったら田宮はいい活動家になったと思いますよ。あのとき、なんで我々を追い出したのか。ぼくらの中でも、あのあと、いろいろ意見が分かれたんですよ。どうだったんですか」

山根献「思想は空から降ってはこない、このタイトルはトロツキーの言葉から採ったとの説明だったけれど、確かにトロツキーは使っているけど、その元はハイネじゃないか。レーニンもトロツキーも、みんな、あのころはハイネの詩集を持って流刑地に行った時代です」

一〇・一〇・一

強い意志。

特捜検事たちの犯罪が暴かれつつある。暴くという言葉は暴く主体と一体で意味がある。暴かれる対象に対する強い意志が前提である。それが有るのか無いのか。有る。だがそれは、やむを得ざる強い意志である。追い詰められた強い意志。

これを生んだのは女の力である。村木〔厚子〕さんが屈しなかったことである。さらに同僚の女検事の力である。おそらく村木局長〔厚生労働省〕の位置に男がいたらどうだっただろう。男だったら割られたのではないか。同僚検事が男だつたらどうだったろう。内部告発しなかったのではないか。

庇い合ったのではなかろうか。同僚の女検事は村木の姿を見ていてある種の感動があったのではないか。

一〇・一〇・九

「おもろ」＋「萱」＋「ふじ」雑談（一〇・六　一〇・八）

＊敗戦直後の池袋西口近辺、活気があった。飲み屋がひしめいていた。焼け野原に建ったのだ。みんな木造かバラックだった。能登屋は二階建ての木造だった。子どもらは「能登まん」と呼んだ。

「なんで能登屋なのに能登まんって言うの？」

「まんじゅう売ってたの。一個五円。オレ、桜台に住んでいた」

＊Aのいやなところは媚びなんです。時代に対する媚び、これが大っ嫌い。

そして、いつも逃げ道を用意すること。その間合いの取り方がじつにうまい。卑怯なんです。それを知っているやつは徹底的にAを嫌う。

香水を自分にかける。そのかけ方がまた上手い。ただ、香水はほとんどが密輸品なんです。正式に手に入れたもんじゃない。

＊演歌ですよ、時代が分かるのは。九〇年代、バブルはじける前までは、演歌にも希望があった。それでなくとも、世の中に希望があったんです。あの人と会える、とか。いつかいいことがある、とか。バブル時代には希望があったんです。ところが、一九九〇年代、とくに九五年ごろからおかしくなった。

＊飲み屋と本屋は切っても切れない関係なんですよ。飲み屋と編集者です。だから両方とも文化産業なんですよ。むかし、ふじでは、××先生がラルフ・ワルド・エマーソンの詩を朗読したんですよ。朗々とした声でよかった。出版社の人間が身内で相談する場所じゃない。

一〇・一〇・一二

脳幹と前頭葉（一〇・一二「おもろ」Kさんと）。

Kさん「未来に希望がなければ生きられないじゃないですか」

「本気で思ってる？　希望があるって、本気で思ってる？　ホント？」

「そう思わなきゃやってられないじゃないですか」

「それは大脳前頭葉の指令なんだよ。脳幹はみんな感じているのよ。無理だってこと。それを前頭葉がなんとかしたいのよ、前頭葉ってやつは。でもね、脳幹の感性って鋭いと思うのよ。脳幹の覚悟、そんなタイトルがほしいよね。宮崎の本、そんな風にしたいね。脳幹の覚悟を前頭葉の言葉で説明する必要があるのかな……いや、前頭葉に遠慮する必要はない。分からなくてもいい。偏差値優等生にはわからなくてもいい、あいつらには分からなくてもいいから、脳幹の出している危機信号に応える、俺たちの応答をしたいと思うんだ」

一〇・一二・一二

現代の浪士はいずこに（二〇一一年『人民の力』新年号寄稿）

今年（二〇一〇年）、ぼくは面白い本と出会った。『日本浪人史』（西田書店）という。一九八〇年に発刊されたものだが、石川恒太郎という人の原著で、昭和八（一九三三）年に初版が出たものを、ほぼ半世紀ぶりに復刻したのである。

ぼくは石川が「緒言」で書いていることに注目した。本書は石川が「大阪毎日新聞」の記者時代に書いたものだが、彼は就職までの三年間、失業時代を体験していた。その時代の「痛苦の念」が執筆の直接の動機であったという。

この本が発刊されたころ、社会には失業者たちがあふれていた。石川もその一人だったのだろう。昭和八年はぼくにとっても身近な年であった。学校に弁当を持って来られない子どもたちの悲惨な現実を前に、小学校の教師たちが横の連帯を求めて活動を始め、たちまち権力の弾圧を蒙《こうむ》った「教員赤化事件」の年である。ぼくの父親も治安維持法違反ということで獄に入り、そこから出てきたときは失業者だった。前年は満州事変が起こった年で、以降、中国大陸での戦火はたちまち拡大していくこととなった。

そんな時代の中にあって、なぜ「浪人史」なのか。それを「痛苦」の念で書かれなければならなかったとはどういうことか。ぼくはそこに興味を持ったのだ。

石川の展開する本論は期待に違わぬものだった。絶版となっていて入手不便だろうからかいつまんで紹介すると――。

石川の浪人研究とは、広く失業者の研究であり、「生活を否定された者」が「一般的生活ことに社会の生産方法」と「如何なる関係」をもって「生きてきたか」、ということである。だから、石川にとって浪人の発生は、遠く奈良・平安時代にさかのぼる。生活の根拠たる土地を奪われた浮浪は、奪われたものを別の形で取り戻すほかなかった。彼らは盗賊となった。一部は権力者たちにその闘争力を活用され、防人《さきもり》となり雑役（失業プロレタリア）として生きた。

石川の論述は、その後の武士の時代へと引き継がれ、ぼくらにとって馴染みの、帯刀した浪人（例の「武士は食わねど」のローニンである）が発生していく事情を語る。石川によれば、彼らが誕生したのは、秀吉の刀狩り以来だという。それ以前は武士と百姓のあいだを自由に行き来することができた。秀吉自身が水飲み百姓だった。加藤清正、浅野長政、前田利家らすべて百姓からの成り上がりの武士だった。しかし、刀狩り以降、百姓からの上昇は完全に閉ざされ、他方において武士から百姓への移動も禁止された。結果、武士は永久に武士でなくてはならなくなり、浪人階級が発生することになった。そして、徳川幕府は対外的には浪人の存在を否定したから、各藩はそれぞれの領内に膨大な数の失業武士を抱えることになった。

失業しても彼らは生きていかなければならない。教育を受け武芸には自信のある失業武士は、寺子屋から芸能に至るまであらゆることをやった。最初は家財を売って食いつないだが、武芸指南で生計を立てる者もいた。力士、辻斬り強盗、無頼、身分売り、学者、手習師匠、文人、俳人、書家、画工、医師、占い師、芸人、虚無僧、宗教家……。石川は、失業武士がどのように転身・転進していったか、その涙ぐましくもあり力強くもある生活ぶりを見事に活写している。要するに、「生存を否定された者」が日本の文化の骨格をつくった。そういう歴史的事情を書き記したのである。

そして幕末である。

「徳川幕府が浪人の取締りにその神経を過敏にしたのは……彼らのみが唯一の流動分子であり……彼らのみが唯一の現状破壊主義者であり、しかも久しき泰平の享楽にあらゆる権勢者ないし統治者階級がその実力を失った時代において、彼らのみが常に磨かれた闘志と実力とを持っていたからであった」

NHK大河ドラマ「龍馬伝」に登場する脱藩浪士ばかりではない。その後歴史の舞台に登場する伊藤博文は、父親の養親が足軽になったおかげで父子とも足軽になることができた。一二歳で奉公に出た貧乏人だった。山縣有朋は長州藩領内の蔵元仲間の子だった。こうして、倒幕と維新の偉勲者のほとんどが浪人というインテリ失業者だったというわけである。

倒幕・維新が可能になったのは、こうした浪士たちが脱藩したからであった。藩こそ徳川幕府を支えた統治システムの根幹だった。長いあいだそのシステムは完璧だった。アリ一匹「横行」することを許さなかった。ところがシステムのほころびに乗じて、浪士たちが自由に横行するようになった。「横議・横行・横結」が彼らの合い言葉となった。隔てるカベが消えたとき、新しい地平が切り開かれたのだった。主（あるじ）を持たぬ、持てぬ失業者だったからこそ、それが可能となった。

さて現代である。

果たして現代日本に「浪人」は登場するのだろうか。

現代の「現状破壊主義者」はどこから、どのように生まれるのか。それとも、もうそんなことを期待するのはどだい無理な話のか。

人類生存の危機、政治の危機などとともに、社会の危機が指摘されるようになって久しい。ちなみにぼくがここで言う社会とは、全体社会に対する部分社会のことだ。つまり、ぼくたちが日常に生きていく上でさまざまに参加しているもの、地域社会でのお祭りとか、労働者だったら労働組合とか生活扶助組織とか、あるいは生活協同組合とか、それぞれの個人が自立的、相互扶助的に有機的につながっているものすべて。人間はこうした「社会」という羽毛に包まれていなければ生きていくことはできない。因幡の白ウサギではないが、赤むくれのまま風の中にさらされていることは地獄なのだ。いま、こうした小さな社会が壊れてきている。

一方で全体社会の方は、効率性の原理でますます制度とシステムを完備しつつある。制度とシステムが部分社会を解体しながらこれを飲み込み、部分社会崩壊の跡地をブルドーザーで地ならししているように見える。問題は、どんなにシステムが効率的に完備しても、人間は生きていけない、ということだ。人間は悲鳴を上げる。悪魔の挽き臼とはこういうことかと、ぼくなどは実感している。ぼくの盟友・宮崎学の近著『続・突破者』で、彼は自身を育んでくれた部落解放運動が、こうした近代化の波に飲み込まれていく事情を痛苦の念で記している。昨日まで生き生きと闘っていた労働組合が、あっという間に官僚化し、組織の形骸化が進み、いうなればシステム化し、労働者にとって部分社会たりえなくなっていく事情も同じだと思う。

おそらく現代の脱藩とは、こうした制度、システムから、何よりも精神の世界で自由になり、呪縛から解放され、血の通った人間の関係、有機的で相互扶助的な社会を再建し、あるいは新しく創造していくこと、これらすべての作業ではなかろうか。政治の世界も同様である。小異はそのままに残してよい。大同につくのを急がなくてもいい。ともかく、すでに作られているあらゆる現代社会の「垣根」(すでにそれらはシステム化している)を越えて横議・横行・横結することだろう。だってぼくらはもともと失業者かそれに近い部類の人間ではないか。

一〇・一二・一二

社会の危機と左翼の責任(一二・一二 ルネ研第一回シンポでの報告)

*私の略歴

私は一九四〇年生まれ。六〇年安保は二〇歳、七〇年安保は三〇歳。六〇年安保の年に日本共産党に入党し、六四年民青主導による再建全学連の委員長となり、七二年、いわゆる党中央による「査問」事件で、党と民青の機関を罷免されるまでのおよそ一二年間、共産党系青年学生運動に責任ある立場にありました。

若き時代、職業として革命を目指す専従たらんと欲し、そのために生涯を捧げようと思っていたわけですから、現在の私があれこれ考えていること、ここに至った心境と対比したとき、あまりの落差の大きさに自分ながら驚いている次第です。その意味で現在の私は、何らかの意味で共産党「系」と括られたり、呼ばれたりする立場にはありません。党内に友人はいますし、共産党「系」といわれる知人も多い。しかし、その立場から、いわばムカシのよしみで、何らかのことを訴えたり、ましてや呼びかけたりすることはできません。ですから、私は全く個人の立場で、今回のシンポジウムに参加させてもらっているわけです。あらかじめご了解をお願いしたいと思っています。

もっとも、私が過去において関わったさまざまな党派的な実践、事実は消し去ることはできませんし、勝手に書き換えることもできません。私はむしろもう一度それらを掘り起こし、現代の危機――私はそれを「社会の危機」という側面で本日は発言しようと思っているのですが――との関連で、いったいそれらがどういう因果の関係にあるのか、無いのか、あるとしたらどの程度あるのか、それを考えてみたいと思っています。有り体にいえば、いささかの溜息を込めて「あれはいったい何だったのか」と、思考は行きつ戻りつしているわけです。

ちなみに私は、一九八〇年、数人の友人とともに同時代社という出版社をはじめ、生活の糧として現在までつづいております（糧のつもりで、というべきかも）。はじめた当時はまだ党籍があり、それは九〇年までつづきました。じつに私は三〇年間の長きにわたって共産党員でありつづけたことになります。それには、私の優柔不断、決断のなさなどが主な要因ですが、詳しいことは省略します。ただ、党から離れるにあたって、私の尊敬する哲学者古在由重先生、農村婦人運動の先覚者丸岡秀子先生など――この人たちは明治の時代精神ともいうべき骨太のそれを体現していたところの「時代への抵抗者」でした――への敬愛の念が強かったことは述べておきたいと思います。実際、古在氏が亡くなったとき、私は追悼の集いの事務局をやったのですが、そのときの「死者に鞭打つ」党の振る舞いに、私の堪忍袋の緒が切れたのが、党と決別するきっかけとなりました。そしてその後、かなり強引に私を党から引き離してくれたのは、今はなき政治哲学者藤田省三先生でした。藤田氏はハンナ・アレント『全体主義の起原』（全三巻）を手取り足取り私に教示してくださり、それは私の人生再出発の書となりました。私はもちろん研究者でも学者でもありませんから、その後の『人間の条件』などともに、私の体験的想像力に頼って読み終えることができたと、いまでは思っております。そうした想像力の糧を、三〇年間の党員体験は残してくれたという意味で、決して無駄ではなかったと納得しているのですが。

さて、本論に入ります。

＊社会の危機

人類生存の危機と言われます。戦争の危機、核の危機、環境の危機など、指摘されている危機は、いずれも人間が生存していく上で根源的危機であることは間違いありません。これらの危機の中で私が言いたいのは、社会存続の危機ということです。いま、ボクらにとって最も身近な危機は社会が崩壊してしまった――いや、過去形で言うのは早いかもしれない、崩壊してしまいそうな危機というべきかもしれない。

私がここで言う社会とは全体社会に対して部分社会についてです。つまり、私たちが日常に生きていく上でさまざまに参加しているもの、学生だったらクラスとか部活とか、地域社会でのお祭りとか、労働者だったら労働組合とか生活扶助組織とか、あるいは生活協同組合とか、それぞれの個人が自立的、相互扶助的に有機的につながっているもの、すべてをさしています。

私自身がこれまで生きてきた過程を見ても、子どもたちや孫たちの生育過程を見ても、人間は社会という羽毛に包まれていなければ生きていくことはできない、ということです。育つことはできない、ということです。因幡の白ウサギではありませんが、赤むくれのまま風の中にさらされていることは地獄なのです。とくに子どもたちはそうです。なぜなら、彼らはまだ面の皮も薄いし、外界のばい菌から身を守る皮膚も、まだまだ十分ではないからです。年長の子どもたち、つまりいまの若者たちにも、こうしたことはかなり当てはまるようにみえます。

一方で全体社会の方は、効率性の原理でますます制度とシステムを完備しつつある。制度とシステムが部分社会を解体しながらこれを飲み込み、部分社会崩壊の跡地をブルドーザーで地ならししているように見えます。この辺の事情は多くの社会学者が指摘しているところでしょうから省略します。問題は、どんなにシステムが効率的に完備しても、人間は生きていけない、ということです。人間は悲鳴を上げます。悪魔の挽き臼とはこういうことかと、私などは実感します。私の盟友・宮崎学の近著『続・突破者』で、彼は自身を育んでくれた部落解放運動が、こうした近代化の波に飲み込まれていく事情を痛苦の念で記しています。昨日まで生き生きと闘っていた労働組合が、あっという間に官僚化し、組織の形骸化が進み、いうなればシステム化し、労働者にとって部分社会たりえなくなっていく事情も同じだと思います。

私の家の近くに居酒屋があります。店長が地元の人間で、地元の中学・高校卒で人柄がいいせいか、そして安いせいか、近隣の若者のたまり場になっている。いい風景です。私などは時々ここに寄って、顔見知りになった連中と雑談することもあるのですが、他愛ない彼らの会話を聞いていて、ここで若者たちは癒やされているのだな、と感じます。小さな部分社会です。下町の板橋だからなのかもしれませんが、都内の片隅にまだこうした空間がどの程度残っているのでしょうか。

六〇年代前半、私の学生時代、運動が停滞したらまずクラス討論、サークル討論、寮での討論を組織せよ、マイクのアジ演説に頼るな、ということを先輩からきつく言われました。駒場の自治会常任委員会での議論は、いくつのクラス・サークル・寮部屋でそれができたか、どんな議論だったか、連日のようにまじめに検討された。論議が興ったときの翌日は大きなデモが実現した。これと対比して、六〇年代末のバリケードは、日共系、反日共系おしなべて、バリケードの内部の結合は強くなったかもしれないが、そこから外れた、外された多くの学生の部分社会を崩壊させた、崩壊に寄与した、と今では思っています。

おそらくこれからの時代の課題として、大・中・小の、生活上においては重なり合う、幾重もの人間の有機的つながりを、どう再建していくか、創造していくかが問題となるでしょう。社会の再建です。その際、さきほど述べた、核の問題、環境の問題、貧困の問題など、人間生存の根源的危機のさまざまな局面が登場してくるにちがいありません。階級の問題も出てくる。社会主義の問題も出てくる。共産主義を語ることになるかもしれない。ただ、私が言いたいのは、社会を忘れた階級ではだめだということ、社会を崩壊させ、社会を踏みつぶした社会主義ではだめだということ、です。

＊社会の危機と左翼の責任

社会崩壊の危機――どうしてこんなになってしまったのか。

一つの見方として、左翼が衰退したからこうなった、という見方がありえます。危機の時代にあたり、その打開のために先頭に立って闘うべき左翼が衰えたからだというものです。たしかにその衰退は著しい。今年、共産党は党大会を開きました。そこで党員の年齢構成が問題となったそうです。それによれば、六五歳以上が四割を占めているという。これはいささかマジック的な数字で、団塊の世代を含める形で六〇歳まで仕切りを下げて統計をとったら、その割合はおそらく七割以上を占めるのではないかと思います。ぼくの世代で現在も党に残って仕事を続けている友人たちは、もっと割合は多いだろうと、悲痛な声を上げています。この党に未来が無いとは言いませんが、活気のある党として生き続けることは困難だろうと思います。おそらく数年の単位ではないか。社民党の友人に聞くとこの党も同様の悩みを抱えているようです。

現在私は「コレコン」という集まりを通じて、新左翼諸党派の友人たちともつきあいがあります。この友人たちの悩みは、なにせ所帯が小さいところから、もっと深刻だといえるかもしれません。団塊以上の人たちが多いのですが「俺たちが終わったら党派もオワリかな」。そんな呟きが案外リアリティがあるように思います。こうして戦後左翼は総体として衰退の一途を辿っているように見えます。

左翼が衰退したから社会と社会運動が危機にあるというのは、これは逆だろうと思います。もちろんそこに主因があるとは言いませんが、むしろこの危機を生み出すに至っては、左翼にも責任がある、と私は思います。

私自身の経験に即していえば、党は一貫して社会を軽視し、本気で民衆自身の自治への要求、欲求を取り上げることはなかったと思います。もちろん、個々の党員はべつにして、です。党が大事にしたのは党自身です。民衆自治のさまざまな組織やつながりを大事にしたのは、極端にいえば、党の指導を動力として伝達する、いわばベルトとして活用・利用の対象にしただけです。ボルシェヴィキ支配下のソ連圏では、張り巡らされた密偵によって民衆の相互不信が振りまかれ、自治の力は消去されていったと言われています。おそらくそうなのでしょう。

私の「査問」事件にいたる過程では、宮本指導部が「人民的議会主義」をいい、私たちが、民衆自身の自治組織をもとにした幅広い統一戦線の実力を育てることなしに、議会での多数派を勝ち取ることも維持することもできないと主張したのは、今では相対的に正しかったと思ってはいます。しかし、そういう私自身も、統一戦線を横につなげ、括り付けるには横に貫く赤いベルトがしっかりと形成されていかなければならないと考えていた点で、主客逆転した党至上主義の尻尾をつけていたと思っています。

昨年亡くなった労働運動家の樋口篤三さんの晩年の著書に『めしと魂と相互扶助』『社会運動の仁義・道徳』というのがあります。お読みになっていない方は、タイトルから中身を想像してみてください。私はいま樋口さんの遺稿を整理する作業に関わっているのですが、樋口さんは戦争中の予科練時代の同期会に一度も欠席したことはなかった、ということを知り、私は大いに驚きました。七〇年代から八〇年代にかけて、新左翼労働運動の闘士として、さっそうとして闘っていたころもです。同期会では仲間とともに軍歌も歌っていたそうです。樋口さんはそこで癒されるという面もたしかにあったのだと思う。私は、彼の晩年、予科練の同窓会に行ったよ、という話は聞いていたのですが、ずっとそれ以前のことは知らなかったし、そのころは誰にも言ってはいなかったようです。樋口さんといえども言えない雰囲気だったのでしょう。「冠婚葬祭をだいじにしろよ」は、彼の口癖でした。「左翼はこれがだめなんだよな」とも付け加えました。皮肉にも樋口さんが亡くなって、路線の違いをもとに、偲ぶ会に出られないという方々もいました。事情は理解しますが、私は象徴的な意味で、これで左翼は完全に終わったな、と確信しました。二〇年前の私自身の体験に重なりました。

＊展望はあるか

これからの時代、どんな面でもよい、どんな場でもよい、人々の自治と相互扶助のつながりを大事にしていきたい、と思います。体力も衰えた高齢者になってしまいましたが、可能な限り努力はしていきたい。だが、この先、展望はあるのかといえば、私は非常に暗い、と思います。

まず若者の未来が非常に暗い。就職氷河期とか言われています。内定が五七％だという。二〇代の失業率が一〇％もあるという。働こうと思っても働けないわけですから、将来図を描くのが非常に困難になっている。政治に見通しが無くなってから久しい。ぼくは最近の新聞は読むのが苦痛です。何と幼いことか。まともな政治家、右であれ左であれ、職業としての政治家、プロとしての政治家がほとんどいない。これは民主党に限ったことではない。もちろん自民党もそうだし、共産党も社民党も例外ではないことは先に述べました。メディアの「世論調査」であっという間に政治が変わる。風の政治です。言うまでもなくこれは社会の劣化、崩壊の結果にほかならない。友人・宮崎学は『続・突破者』で、もう手遅れだといってます。結論としての絶望論にふれています。絶望に対する覚悟が必要だ、とも言っている。さまざまな時代の兆候から、私もこれにかなり共鳴する部分があるのもたしかです。

しかし、明日をも生きていけるか彷徨っている人々にとって、アジア・アフリカの飢えた民衆にとっては「絶望する暇もない」というのも事実です。ただ、さらにもう一回転して、絶望しているのに、あるかのように論理を組み立てる、左翼の陋習《ろうしゅう》の愚を重ねることはもうやらないようにしたい。

一〇・一二・一七

「全体」を書ける人がいなくなった。

大下敦氏〈『情況』編集長〉来る。そして雑談。

「雑誌の編集者がこぼしてましたよ。最近、全体について書ける人がいなくなったって。個々の専門を書ける人はいますよ、若手の中に。でも、全体の中に個別を位置づけることができない。第一、全体の問題情況というのが皆目分からないわけ。もっとも、『全体』では飯が食えないってことありますけどね。

ぼくらは『全体』しかわからないってこと、ありますけどね。ハッハッハッ。編集者は言うわけです。これからは党派の人にも書いてもらおうってね。党派の人は個別はだめだけど、全体はいつも頭の中にある」

一〇・一二・二六

「孤族」ということ。

今朝の「朝日」は孤族をテーマに連載を始めた。家族が崩壊して孤族なのだと。東京二三区では毎日一〇人が孤独死している計算なのだ、とも。

「社会が壊れるスピードの方が速く、何をしても追いつかないとすら感じる」

とは、孤独死などの問題に取り組む僧侶の話。

元厚生事務次官が、団塊が後期高齢者になる時期、団塊ジュニアが高齢者になる時期を一つの象徴的時期としている。社会崩壊のテーマのつづきである。

二〇二〇年、団塊が高齢化し、多死社会が到来する。推定によれば、死亡者一五〇万人に比べて出生はその半分になる。高齢者は人口の三〇％。二〇三〇年には全世帯の四〇％が単身世帯となる。

「朝日」のお利口さんたちがチームで始めた取材。それはいいだろう。こういう事実に注目したのは。しかし、その結論が、さすがアタマだけの優等生たち。

〈誰もが孤族になりうることを前提にして、新しい生き方、新しい政策を生み出すしか道はない〉

これが間違いなのだ。記者たちは孤族社会を前提にして物事を考えている。ところが、この前提を壊さなければ人間は生きていけないのだ。

新しい生き方が求められるのではない。古い時代、六〇年代、五〇年代にはざらにあった社会とそこでの生き方を拾い上げなければいけない。その再注目、再発見でなければならない。

新しい政策ではない。政策に頼ったら、おそらく孤族はもっと完備してしまうだろう。孤族でも生きられる算段など、どだい無理な話なのだ。孤族のカベを突き崩す算段が必要なのだ。それこそぼくらのテーマ、社会の再建なのだ。お利口さんがつくる新しい政策など、期待するほうが無理なことなのだ。

〈一二・三一　追記〉

その後、数回の連載を読んだ。たしかに孤族社会の風景を切り取っている。
・若者の餓死―「助けて」が言えなかった―も友人の母親に弁当を作ってもらった―叔父に出そうと思って出せなかった、遺された封筒。
・右翼の街宣を撮り続ける若者―ネット社会の有名人―親の遺産を食いつぶしながら―間もなくそれもオワルだろう。
・六〇代の孤族男―人知れずの餓死―胃の内容はカラ。
読みながら、そりゃ有るだろう、と思う。だが、読んでいて衝撃というものがなかった。新しい発見というものがなかった。

どうしてなのだろう。おそらく記者たちはこの社会を肯定はしていない。だが、怒りを感じない。「有るもの」として受け入れている。ムカシの「朝日」にはタマにはあったのだが。

「有るもの」として受け入れている。現実を認識することと、現実を受け入れることとは違うのである。意地悪くいえば、彼らは、受け入れることによって、自分の場を確保しているのではあるまいか。

「どーだ、オレって、朝日の社会部記者として、立派だろう」

そんな風に思うのは、彼らに「問題意識」が感じられないからかもしれない。そう言えば、初回に書いていたナ。孤族の結果を生み出したのは、「個」を追求した私たち自身ではないか、と。だが、その程度の問題意識では、君たちが切り取った孤族の深層は見えて来ないよ。とりわけ今の若者孤族たちの絶望は――。数人の共同取材のようだが、もっと掘り下げた議論をすべきではなかったか。しても無理かもしれないが。

二〇一一年

一一・一・一〇

恐ろしき結論。

ボクはね、樋口さんが「自己批判」を出したあとのゴタゴタと、樋口さんが亡くなったあとの状況を見ながら、左翼は本当に終わったと思った。もう左翼運動の再生とかいっても無理だろう。では新しい何らかの運動が興りうるか、それを考えた。興るとすれば、戦後左翼の文脈の中からは生まれることは無理だろう。ではどこかにあるか。樋口さんはかろうじてその文脈以外からも何事かくみ取ろうとした数少ない運動家だったが。

ともかくボクは盟友宮崎とともに考えた。その結論は、もう無理だろう、というものだった。いや、無理というのは言い過ぎだ。手遅れではないか、ということだ。手遅れというと左翼は躓く。展望がないのか、と。左翼はいつも展望を求めてやってきたから、展望がないという落ち着きの悪い結論は認めがたいのだ。

問題は、展望のない、手遅れの時代に、ぼくらはどう生きるのかということが問われる。展望のない時代の生き方が問われる。

ルネ研は「共産主義再生」という。いいだろう。ボク流の解釈で「共産主義」を理解したとして。ただし、そこには下敷きとして「哲学＝覚悟」の思想がなければならない。

一一・一・一六

人民党から共産党への移行と逆行（一・一六　宮崎学と）。
＊それがヤマトにつながる道と思い、共産党員となったが、入ってみてから、こんなはずじゃなかった、そう思っている人間はいないか。回帰するのである。田中森一的人間がいないか。共産党から落ちた人。
＊「近代的自我」は「社会」あって初めて自我たりうるのではないか。「個」たりうるのではないか。その辺は左翼はぜんぜんダメである。「近代的自我」に最も遠いのが沖縄人なのだろう。
〈追記　一・三〇〜三一　沖縄訪問〉
沖縄人民党から共産党への移行を拒否した人で三人生き残りがいる。
その一人と会ってきた。福村圭民さんという。七七歳。

一一・二・七

樋口篤三さんと松崎明さん（三・三　追悼会用冊子原稿　二・七送付）

私はいま、一昨年（二〇〇九年）暮れに亡くなった樋口篤三さんの遺稿を整理し、出版する作業に関わっている。

知られているように、晩年の樋口さんと松崎さんとの間には深い交流があった。そして、その過程におけるいくつかの場面に、私も同席する機会があった。もっとも、私と樋口さんとのお付き合いは二〇〇〇年前後から、松崎さんにお付き合いいただいたのはその五年ほどあとからのことだった。だから、お付き合いといっても、それぞれ人生の大先輩の、晩年のほんの短い期間だけのことだったことが悔やまれる。

遺稿を整理しながら分かったことは、樋口さんはかつて、国鉄分割・民営化の際、動労の松崎さんたちの運動を舌鋒鋭く批判していた時期があったこと、そして晩年には、自分の見方が誤っていたことを認め自己批判したことなど、その振幅のさまである。労働運動研究者の戸塚秀夫先生の言によれば、樋口さんは〈変化〉の人であり、そうした〈変化〉がなぜ起こり、どのように〈変化〉したのか、それを探る中で樋口さんの「凄さ」が分かる――私も同感である。

晩年における松崎さんと樋口さんの親しげな交流を端で見ながら、二人の間にはそうした〈変化〉を共感・共鳴しあうようなものが流れていたのではないか、と思う。松崎さんもまた長い人生においては、さまざまの〈変化〉の体験を重ねてきたのではないかと推測する。そしてその振幅は、周囲にはすんなりとは理解できないものも多々あったのではないか、とも思う。

ある雑談の中での松崎さんの言葉を覚えている。

「朝令暮改？　あたりまえだろ。状況が変わったら朝令昼改でもいいんだ」

それが熟慮の結果だったのか、それとも一種のカンのようなものが働いた結果だったのか、あるいはその両方なのか、私は身近にいた人間ではないのでよく分からない。

ただそうした〈変化〉の根底にあっただろう〈松崎哲学〉の内容について、できればもっと確かめたかった。松崎さんをささえ、ともに闘った方々による探求の作業が期待される。今後の運動のために。いずれにしても早すぎる逝去が悔やまれるのである。

一一・三・一一

東北関東大震災三・一一午後二時過ぎ発生。
＊画面の迫力に活字を追う気力が失われる。思考の無力を感じる。
土日とつづいたからＴＶを見ているだけで時間が過ぎる。そして疲れる。

「家も何もみんな流れた。いなくなった。私だけが残った。良かったのか悪かったのか」中年の女性が呆然とＴＶに向かって言っていた。
＊福島原発一号機、三号機事故。
「復旧するでしょう。なんとかするでしょう」

「もう、ブルドーザーが出て片付けをはじめている。やはり日本はすごい」

ノーテンキに信じようとする人たち。

経済の規模は明らかにこれから縮小する。縮小へ舵を切れるかどうか。おそらく切れないだろうが。
＊常岡雅雄さん来る。前立腺癌とのこと。骨、リンパへの転移可能性を検査中との由。常岡は自分一人だけではない。彼は組織の一部でもある。自分一人の判断でやめることができない。ねぇ、常さん、あなたは仲間がいて助けられるだろうけど、仲間の存在は重荷でもあるよね。そして翻って、仲間の一人ひとりには常さん、あんたがでんと座を占めている。罪な男だよ、あんたは。「川上さん、どうしてあんたはそのように自由でいられるのか。文学的に考える、感じるものを、何かを持っているの？」
そりゃね、ぼくには、もう一人のぼくがいたんだよ。それをあるとき発見したっていうわけ。常さん、常さんにももう一人の常さんがいるんだと思うよ。でもね、それじゃ、あんたの仲間には通用しない。仲間は信じたくないわけよ。隠しておかなきゃいけない。常さんには悲劇だよ。
以上、忘れぬためのメモ。

一一・三・一四
原発が炉心溶融している。放射能が漏れている。しかし、広報はなし。
半径二〇キロ以内の危険地帯を住民が歩いている。

一一・三・一五
＊帰宅の途次　水道橋駅アナウンスは総武線が一時間に一本か二本走るだけと放送している。六時ご

ろなのに乗客の流れ少ない。後楽園遊園地は休み。閑散としている。後楽園駅ビル内の店、開いてはいるが、客は閑散としている。丸ノ内線は間引き運転しているから、車内はぎゅう詰め。
＊半径二〇キロから三〇キロの範囲の住民は屋内待避とのこと。メルトダウンになった時の対応を尋ねられた陸自幹部は「我々にはノウハウはない」。いよいよノウハウのない時代に入った。そりゃそうだろう。一〇〇〇年に一度の事態は、すべてが想定外なのだから、いまどき「予測」などできるわけがない。すべてが想定外、予測可能性の範囲外の時代に入ったのだ。
＊東電の無策と隠蔽は、前・福島県知事佐藤栄佐久の「汚職」でっち上げ事件と関連あり。佐藤は東電に厳しい態度をとってきた。東電がプルサーマルをやることに反対してきた。だから煙たい存在だった。そこで排除したのがあの事件だった。そこまで暴露しているのがジャーナリズムにいないのはどうしたことか。
＊危機管理のときに権力の構造と個人の資質の関係が見えてくるね。菅と蓮舫のヒステリーが事態を一層混乱に拍車をかけている。菅は小沢を使えばいいんだ。小沢さん、岩手、なんとか頑張ってやってくれないか、と。
※高圧放水車で冷却するのだという。かねて機動隊がデモ隊を鎮圧するために用意していたものを、いま、崩壊した原子炉に向かって放水する。それは警察庁に一台のみあり、自衛隊では一一台が用意されている。
今朝（三・一七）は自衛隊ヘリが空中から放水する光景を見る。北沢は「今日が限度」ということだ。「もう、やるっきゃない」と、菅と北沢は決断したのだろう。

ということは、これに失敗すれば放射線が拡散するということ。

「米大使館は米国民に八〇キロ圏内立ち入り禁止」

「国防総省は九〇キロ」とのこと。オバマと菅が電話会談。

「保安院は、福島第一原発に通常七人いる、安全を監督する立場の保安検査官が一七日までに、福島県庁に避難して一人もいないことを明らかにした」→いちばん危険を分かっているから避難したということだ。

さて、思考の糸を手繰るのが苦労だ。

あまりの地獄を見、想像の限度を超える光景を見ていると、思考の糸が途切れてしまうのだ。光景が刺激的であると、その継続を望む衝動に勝てなくなる。別のことを考えようとするが長続きしなくなるのだ。
＊死者・行方不明者一万三四〇〇人とのこと（三・一七）。優に三万人は超えるだろう。一〇万人にいくかもしれない。
＊社会が崩壊している、とぼくは言ってきた。しかし、TVを見ていて、人びとの助け合いの光景を見る。幼児が無邪気に遊ぶ姿を見る。素朴な漁村の人たちの素顔を見る。刻まれた皺の深さを見る。相互扶助社会が姿を現しているように見える。まだ、社会が生きていた（！）とは言えないだろうが、どっこい、とは思うのである。
「日本人はなんでも並ぶ。行列をつくる」と切り捨ててはいけないだろう。

日本はいま世界から絶賛の嵐を受けている。

一方、病院で高齢者たちを置き去りにして医者、看護士たちがみんな逃げてしまったという例もあり。

むしろ問題は、危機を前にして二つの思潮の存在である。

一方において、民衆の間でのさまざまな葛藤と文化の変容の存在。

他方における日米マフィアとメディア、東電とそれらに頼る連中の思惑。つまり支配者。

一一・三・一九

一変するという予感。

これが終わったあとは、まったく新しい時代がやってくるだろう。一変するだろうな。人びとの意識が、多少の時間をかけてだろうが、これまでと大きく変わる。その変わる様を、いま、想像することはできない。できないが、一変する予感はある。つまり、これまでの時代が終わるわけよ。いま現在は、人びとは思考を停止しているが、いずれそれぞれの落ち着きを取り戻す。取り戻したとき、どんなことを考えているだろうか。

〈9・11〉のあと、世界は一変した。小泉時代と一体化したその変わり様は凄まじいものだった。だが、その変わりようというのは、人びとの意識のレベルで考えると、過去への省察を伴わないものだった。というより、そんな暇のない、そんな余裕を許さない忙しさを伴ったものだった。それが特徴でもあった。だから、ヨコとマエだけを見ていた。でも、そんなものは、熱狂が冷めたとたん、人びとは冷静になって考える。軌道修正もする。昨年の政権交代は一つの表現だったろう。

　だが、こんどは違う。一九四五年も、六〇年安保も、七〇年安保も、何もかもが虚しく思えるような、これからの時代はこれまでの時代の延長ではけっしてありえない、といった思いや憂鬱を伴った過去への省察を、すべての人びとに強いるような、そういった変わりようなのではあるまいか。

「一つの時代にピリオドが打たれたんだよ」

「ようやく来たか。おれたちの前にあった〈過去の時代〉が消えてくれたか。それが消えてくれれば、おれたちの気持ちはすっとするぜ。やぶせったい時代だったんだよ、迷惑な時代だったんだよ。あんたたちの過去の時代ってやつは。それが消えてくれるわけね」

「まあ、そりゃそうだ。でもね、時代の変貌はみんなに平等に押し寄せるもんだぜ。ただ、君たちは〈過去〉から説教されることは、まあ、無くなるかな。津波の跡の更地みたいなもんだからな、過去ってやつは。そう、更地さ。生活の匂いや楽しかった思い出や嬉しかったメモリーや、悲しい記憶もぜんぶ流されちゃった。その地にきみたちは何か建てるんだぜ。おれたちもそうだけど。

　でもな、計画停電で分かったけど、電車の本数減らしても、何とかやっていけるじゃん。いろんなもののスケールはだいぶ小さくなったけど、何とか回っているではないか。だから、いい機会かもね。いろんなもののスケールを小さくしても大丈夫なんだ。スピードもそうだよ。そんなに速く行かなくてもいいじゃないか。歩いて家に帰る、なんて単純なこと、ずいぶん久しくやってなかったよな」

一一・三・二〇

基盤の喪失。

「それとね、現地の人たちにとっては、すべてを喪失したということ。その喪失感は大きいと思う。阪神淡路大震災は一六年前のことだった。それと比較して話していた人がいたけど、あのときは〈この地で再建するぞ〉という基盤があった。人工の構築物は喪失したが、基盤までは失われなかった。こんどはそれまでも失った。地面がなくなった。景色がなくなった。阪神のときはもう一度あの景色はつくれる、というのがあった。今度は、もう一度あの景色はつくれないだろう、という予感がある。それはつらいことだろう。ふだん明るい人の喪失感が大きい、とも言っていた。そうなんだと思う」

「地面や景色だけじゃない。人と人の連鎖、織りなす連鎖が消えた。港があり、船があり、繋留する埠頭があり、工場があり、人びとが行き来し……といったすべての関係。思い出すんだけれど、一九三七年に出た吉野源三郎の『君たちはどう生きるか』のコペル君が見て納得した、そう、あの景色が消えたんだよ。一瞬にして。これをコペル君が見たらどう思うだろう。どう感じるだろうか」

「これが子どもたちに何を残したんだろう、と思う。子どもたちの躰にしみついたもの。いろんなものがしみついたと思うけど。親たちがやってきたこと、ぜーんぶ、無駄だったのか。そうした喪失感を刻したんじゃないか」

「現地ではない人たち。たとえば東京のおれたち。想像力を働かせて考えてみる。スケールを大きくとれば、やはり、おれたちの一部が失われたんだよ。〈松島〉が消えた、ということ」

一一・三・一三

基盤の喪失。

NHKニュース報道を見つつ。

南三陸町の映像。町役場はがれきの山。その隣の防災倉庫は三階建鉄骨のみ残る。町長は生き残った。五五〇〇世帯のうち三九〇〇世帯が壊滅。八〇〇〇人が行方不明。町職員二四〇人中四〇人不明。住民台帳は流失した。火葬ができず土葬。つまりここでは人間生存の基盤が基本的に壊滅したのである。

〈生きた証〉を探し求めて歩く町民の姿。アルバム、トロフィー、人形、賞状……。自衛隊員が捜索の過程で発見したそれらのものを段ボール箱にまとめていく。たちまち一杯になる。それを母親に、少年に、老人に手渡す。泥を拭いながらじっと見つめる。静かに流れる涙。たしかに自分はここで生きていたのだということを照明してくれるもの。かろうじて残った品々。これらのものは、まさに生きた証なのだ。

まず、臨時の町役場が真新しいプレハブとして作られた。人びとの絆の要になるのだろうか。髭を伸ばしたままの町長がマイクの前で語る。

〈その後　追加　三・三〇〉

基盤の喪失から経済・生活の縮小へ
東海道新幹線乗客数は三・一一〜三・二八期間中三割減少とのこと。

政治と社会の乖離
政治家たちがはしゃいでいる。

「復興のための財源を確保しなければならない。増税を検討すべき」（谷垣）

「救国内閣のために連立を。谷垣総裁には副総理・災害担当相に」（菅）

とりわけ菅のはしゃぎぶりが目立つ。千載一遇のチャンスと考えたとしても不思議ではない。権力欲で動いているのは、誰の目にも明らかだった。津波の直後。「これで菅は救われた」と、どこに行っても話題は共通した。

「想定外」を隠れ蓑にして、後手後手を隠しながら、彼らは自身の力の保存と拡大に熱中している。社会との乖離がいまほどさらけ出されたときはないのではないか。

一一・三・二七

安斉育郎『家族で語る食卓の放射能汚染』、増補改訂版を出す。

一九八八年版はアマゾンで一万円になっている。高柳新さんからの電話で知る。

「チェルノヴイリの時に書いたのが未だ役に立つというのは悲しいけど、増補版、三日でやりましょう」（安斉）

「ぼくは今年で七〇歳になる。定年で、そのあとは〈安斉平和研究所〉を立ち上げるつもりだ」

「CMはみすずオシムにガンばかり」（三・二七「朝日」川柳）。

「一変」その後

二〇〇一・九・一一と三・一一を対比する。数日前までは、ぼくはこの対比でずいぶん整理された、と思ってきた。

だが、「一変」させたという意味では、一九八九年との対比も必要だろう。つまり「一変」の意味をどうつかむか、である。

一九八九年は、社会主義の「停滞」を打破した。突き破った。成長へ、拡大へと世界史が梶を切った。その凶暴な表現が二〇〇一・九・一一とそれにつづく戦争の時代だった。それが帰結だった。その意味で世界を一変させた。今回の三・一一による一変の内容は、おそらくベクトルの方向は逆だろう。もう一回りも二回りも縮小の方向へ、「停滞」の方向へ梶を切る、その方向へ行くのではないか。そんな予感がする。

一一・四・四

総漂流状態の「政」「官」「メディア」（コレコン・メディア批評四・四）

「後手の危機対応　官邸の司令塔機能を回復せよ」と題した四月二日付「読売」社説は、そこで述べられている限りにおいて、べつに間違ったことを言っているものでもない。珍しいことである。社説が言いたいことは、菅がパフォーマンスの「政治主導」で事態を乗り切ろうとしているものの、じつは指示がバラバラで、統一性・整合性をもたないためにますます混乱を招いている、もっと官僚を使いこなしたらどうか、ということにつきるようである。おそらくいまの政権では（菅と周囲の者たちの狭量から考えて）そんなことはできないだろうし、たとえできたとしても事態は何も変わらないだろう。そこが問題なのだ。「政」「官」総ぐるみで「非常事態」の意味を分からないまま漂流状態に陥っているからだ。

おそらくメディアも同様であろう。民放テレビのほぼすべての広告をAC広告機構が独占した時期がしばらくあった。朝日の川柳で「CMはみすずオシムにガンばかり」と皮肉られていた。さらに四月二日付「日刊ゲンダイ」ではこんなパロディ詩が紹介されていた。

〈「大丈夫?」っていうと「大丈夫」っていう。「漏れてない?」っていうと「漏れてない」っていう。「安全?」っていうと「安全」って答える。そうしてあとで怖くなって「でも本当はちょっと漏れてる?」っていうと「ちょっと漏れてる」っていう。木霊《こだま》でしょうか?　いいえ、枝野です〉〈「こころ」は見えないけれど、震災利用の「下心」は透けて見える。「思い」は見えないけれど「思い上がり」は誰にも分かる〉

筆者はあとになってから知ったのだが、AC広告機構なるもの、そのメインのスポンサーは東電を筆頭にした電力九社だという。彼らは巨額の広告費を払っている。この間の民放報道や「解説」も東電のお抱えだった可能性がつよい。当初、企業から広告を自粛され民放も大変だなあ、などと思っていた筆者も愚かであった。東電垂れ流し情報をそのままオウム返しに流してきた枝野も、なにやら「安全・保安院」も、各種「専門家」も、東電が誂えた舞台の上で踊っただけのことだった。電力エネルギーなしに存立できないNHKも、電力コングロマリットの広告収入なしにはやっていけない新聞業界も、その構造は共通しているだろう。

恐ろしいのは、「政」「官」「メディア」を総漂流状態にしている発信元の東電首脳陣には、原子力の専門家が、この間のさまざまな原発事故の責任をとらされて、じつは一人も残っていないというのだ。
かく言う筆者にも、「ちょっと漏れてる」どこではなくなった「非常事態」の真相、ましてや近未来が見えているわけではない。どうしたらいいか。おそらく、さまざまな草の根ネット情報、アメリカ、フランスなど原発「先進国」からの情報、地味に反原発運動を担ってきたネットワークなどの情報を、今こそ主体的に検証することが必要と思われる。

一一・四・一一

震災一ヵ月。原発未だ先見えず。石原大勝。昨日、サクラ満開。散りかけるときの方がいいのだが。
海（四・九）
避難途中のおばさん、カメラに向かって「海には裏切られたけどよ、また、海に戻ってくると思うよ」
あの日に戻りたい（四・一二）
避難地域で。牛に餌をやり乳を搾る。そして捨てる。それを見ている息子。息子は郡山へ。
がれきは消えていくのに消えた人は戻らない。

一一・四・二〇

人災（ヒューマン・エラー）。
次第に分かってくるだろう。

なぜ、海水注入が遅れたか。おそらく廃炉を怖れた現場責任者。結局菅までたどり着く。ベント弁開放がなぜ遅れたか。これも結局菅にまでたどり着く。すべて後手後手の対策が悲劇的な結末を招いた。決断を上へ、上へと投げていくシステム。官僚機構の特徴といえる。

時代を一変させるような悲劇も、その始まりは、一人の人間の臆病、不決断がある。

まだフランスの原発会社の社長は日本にいる。ずいぶん長い滞日だ。事故が起こって、サルコジが飛んでくる。クリントンが飛んでくる。コトの重大性を分かっていないのは、メディアに洗脳された日本人だけなのだ。

一一・四・二五

立命館のSさんから自伝的立命学生運動史草稿など送られる。

それなりの人物と思う。少年時代、不良、ヤクザ、部落などとの絡みにも触れられている。心根はやさしい男だと思う。

今後は党に近づき、その道を走っていく過程が書かれるのだろう。変化し成長していく過程が描かれるのだろう。十分に予感させる。やっぱりSさんは共産党なのだ。

Sさん、そうだとするとオレみたいなヤツはどうなるわけ？　人間は成長しせいぜい年輪を重ねるにつれて人格の拡がりと底の深さを追加していくだけなのかい？　そして、それができないヤツは挫折者なのかい？　オレはそういう発想をやめたんだよ。

ひょいと乗り換えるっていう人生もあるんじゃないか。プルーラル。もう一本ぐらいあってもいい。

これまでの線はそこで終わり。別の線がそこから始まる。それが途中で頓挫してもう一本違う線をはじめる。あるいは、ね。元に戻る、という生き方。共産党にいたときのオレはちょっと無理してた、という考え。入る前に戻る。もちろん、党体験がぜんぶ無駄だったなんていうのではない。むしろ大切なものをいっぱいもらった。だが、無駄な害毒も身に付けたような気がするわけだ。だから、モトに戻る。

まあ、人生については、いろいろな模型図が描けると思うわけだ。

一一・四・三〇

ルネ研における近代化議論（四・二九〜三〇）。

やはりブント系諸君は基本的に対抗近代化路線なのだ。

せいぜい「低成長」というところ。菅孝行問題提起とその後の議論。

だから「近代化」はいつ終わったのか、との問いに対して首を傾げるだけだった。

「ぼくの友人の大窪君は一九九五年に近代は終わったって言っているよ」

「ではそこから先は現代なの？」

「いや、なんともいえない時代が始まったんだ」

「なんともいえない時代？」

「そう、この時代にどういう名をつけるか。どういう言葉を当てはめるか、まだ模索中なんだ。でね、人類が経験したことのない現象に、どんな名をつけるか。いろいろな新しい言葉が生まれていいんじゃないか。近代という概念は、ある時代をそういう言葉でとらえただけじゃないのか。言葉っていうのは、いまの時代をつかむため、いまの時代の問題の所在を明らかにするため、そのためのものなんだから、それが有効でなくなったら、その言葉は捨ててもいいんじゃないか。あの時代ともこの時代ともちがう、そこの区切りを明らかにする」

＊原子力に対面した

「ぼくはね、原子力という問題に、今回初めてマジに対した気がするのですよ。共産党は〈原子力の平和利用〉って言ってきた。そのスタンスは今でも変わってない。対抗近代化路線の延長で考えたらそれもありなんだよね。対抗近代化を離れたら、こんどはすっきりと原子力に対抗できる気がするんです」

＊PTSD

「いま、庶民のレベルではみんな不安になっている。なんとなく落ち着かない。地震もしょっちゅう起こる。放射能不安もある。いろんな情報がすべて疑わしい。何を信じていいのか。これから先どうなるのか。先行きが見えない不安。これって、むかしぼくらが経験した、ある〈現象〉と似ている気がする。全共闘運動の時代。ぼくは当時〈未定型の不安〉って言った。あれと似ている。似てるけど大きな違いがある。それはね……。六八年のころの〈未定型の不安〉とか怒りというのは、学生層に集中していた。若者の中での特徴だった。当時、ぼくの問題意識は、形にならざるものを形にする、それが前衛党の任務だった。とりわけ、敵がハッキリしない。だから解決への展望が見えない。道筋が見えない。そこをハッキリさせる。そこがわれわれの任務だと思っていた。

いまはどうだろうか。未定型であることは共通しているが、こんどは若者だけじゃなくて、世代を超えている。国民のだれもが傷ついている。大なり小なりPTSDにかかっている、と言ってもいいだろう」

一一・五・一五

「三・一一」は何を終わらせたのか。

「『三・一一』まで考えていたこと、書いてきたことが、ぜーんぶ、無駄になったみたいに思えるんだ」「書いてきたこと、ゲラまで行ったんだけど、出版社から取り戻して、書き直すことにした」（辻井喬）

「三・一一」は誰の目にも分かる形で近代にとどめを刺した。

「三・一一」以来人びとを襲っている喪失感は、もうこのままでは生きていくことは不可能だという絶望感である。昨日までかれの精神のすべてを占めていたもの、それが終わったのである。昨日まで普通に過ごし来たった生活や、慣れていた思考やその方法、感情や判断や愛情や日常の感覚と呼ばれるもの、生きているがゆえに体内で波打つもののすべて、毛細血管に至るまで、要するに昨日までかれの「生」を支えてきたもののすべてが、その有効性を失ったのではないか。もはやそれらは「われ」のものではなくなったのだ。いや、所持していながらそれらは「われ」の内部で残骸でしかなくなったのである。

いまや残骸でしかなくなったもの、それは何だろうと考える。それはいつ頃からかれの体内に住みついたものか。六〇年代の経済高度成長のころからだろうか。そういう気もしないではない。一九四五年いらい、つまり戦後日本の復興時期いらいだろうか。その気もしないではない。

だが、ぼくはその淵源はもっと遠いところにあるような気がする。残骸が生きて活発であった昨日までのそいつらの性向を思うに、そいつらはおしなべて前進的であった。広がろうとしていた。競争的であった。時間を気にしていた。効率的であろうとしていた。快楽指向性がつよかった。ひたすらの安楽を求めていたような気がする。少なくともそいつらはのんびり指向的ではなかったし、まして や相互扶助的ではなかった。ということは近代の精神そのものではないか。近代のはじまりとともにつくられ、形となり、生成されたもの。日本の近代のはじまりを「一八六八年」とすれば、ほぼ一四〇年間の時間の経過のなかで生成されたもの。

「三・一一」は、ほぼ一世紀半の歴史にとどめを刺したのだ。

とどめを刺されたのは体内にあるものだけではない。かれの外界にあるもの、空気も水も景色も、かれの周囲にあるすべてのものが、昨日までと違ったものになってしまった。違った色をしている。匂いまでが違ったように感じられる。

「息ができなくなっていた大地が深呼吸をして、はあって息を吐き出したのでは。死なせてはいけない無辜の民を殺して。文明の大転換期に入ったという気がします」(石牟礼道子)

一一・五・一八

世界の危機(ガラと。五・一八)。

「アフリカのドミノは何か。油田の底が見え始めたということ。枯渇するのは時間の問題だ。独裁者たちは国の将来に危機を感じている」

「食糧の問題もあるんじゃないの?」「水の問題もある」

「要するにローマクラブが六〇年代に指摘していたことが現実になったということ」

「それとね、普天間とビンラディンは一体なんだ。つまりね、アメリカはもう国債発行できない。法律で発行の上限が決まっている。その上限になっている。だからアフガンからもパキスタンからも韓国からも、それから普天間からも撤退したいわけよ。でも金がない。撤退の口実はビンラディン逮捕・殺害。〈我らは勝った〉なんだ。だから、まずオバマをほめたのはチェイニーだぜ。普天間やめろよって言ったのはマケイン。撤退の音頭とってるのは共和党さ。もうアメリカは世界に関心失っている。失わざるをえない。だって金ないんだもん」

＊パッケージ保証

近代国家はパッケージ保証なんだ。あれこれ不備があったら文句言っていいよ。全部直してやるから。その代わり税金は高くなるよ。

これに対して選択的保証。こちらで直せるところは直す。どうしても直せないところだけ直してくれ。こちらが選択する。こっちがいい。どんどん税金高くなる。もう国家なんていらない。おれたちでやってくよ。

政府がいう「復興計画」はパッケージ保証。全体を直すという工程表なわけだ。できっこないのに。

近代国家の特徴だよ。第一待ってられないわけよ。

被災地の共同体は市や県や国の建てる仮設なんか待ってられない。小さい半島にある村。取り残された村。どうせ取り残されたんだから。畑、あそこがいい。地主に交渉したら、いいって言ってくれた。水は？　ネットでＨＰ開いて応援たのんだ。すると助っ人がやってきた。そうやっていけば国なんか要らないわけ。おれ、この方向だと思う。

一一・六・一

八〇年代——辻井と宮崎。

八〇年代は、じつは貴重な八〇年代は、ぼくの記憶から外れている。

だが、その時代は堤清二の五〇代だった。いちばん活力に溢れた時代だった。消費社会を牽引したリーダーの一人だった。イメージ戦略を立てた。消費者は消費したかった。道筋をつけてやることだった。その道筋をイメージさせることだった。堤はそれに成功した。シュンペーターの理論で彼は納得した。

一一・六・五

アナーキズムの再生。

大窪の『アナキズムの再生』を読む。

「アナーキズムの父」プルードンと「コミュニズムの父」マルクスとの関係史について記したのが第

二章である。

プルードン『所有とは何か』「所有とは盗みである」

「奴隷制とは何か」それは人殺しである。人間を奴隷にするとは人間から思考、意志、人格を奪うことである。

本来売買できぬものを売買して手に入れることは、だから盗みなのだ。

「集合力」＝労働者同士の結合と調和、努力の集中と同時性。

個々の労働者の労働に支払ってはいるが、集合力には資本家は支払っていない。

一八四四年マルクスとプルードンはパリで会う。

マルクスは「大衆的プルードン」はいいが「批判的プルードン」はくだらない。

だが、『所有とは何か』を高く評価した。

プルードンは「革命による政治権力の奪取で社会問題を解決する」のではなく「新しい経済的結合を生み出すことによって社会問題を解決する」。

一八四八年二月革命の教訓を二人は対照的に引き出した。

のちに「一八四八年人」という言葉が流行ったという。

一八六五年、プルードン死す。

パリコミューンはプルードン派の労働者がリードした。

「フランスの内乱」でマルクスは「労働者の自己統治」を見た。できあいの国家は使えない、ことを見た。協同組合についての見解も改めた。

一八四八年の、反プルードンのマルクスは一八七一年を経て、親プルードンのマルクスに変身した。

マルクス社会観「経済的社会構成体」。

プルードン社会観「うわべの社会」「ほんとうの社会」→国家や全体政治が全面支配しているときも潜在しているもの。

それは「集合力」によって富を生み出す原理を生む。

経済的社会構成体の移行か、ほんとうの社会の再生か。

全体社会・表層社会・歴史的社会か、部分社会・深層社会・恒常的社会か。独裁か連合か。同質者の協同か、異質者の協同か。


近代になって国家と社会の分裂。

近代以前、社会は生きていた。一人の飢えは放置されなかった。放置は掟違反だった。

しかし、近代においては、飢えの解決は国家のやることとされた。

「一人は万人のために万人は一人のために」ではなく「各人は自分のために国家は総人のために」。

だが一度もそんなことは実現しなかったし、これからもしないだろう。

一一・七・八

樋口遺稿集見本出来の日に（七・八　明日、樋口宅で乾杯会の予定）。

「二〇〇年だろうよ、せいぜい。マルクスだって。よくがんばったんじゃないの？　二一世紀も二二世紀もマルクスなんて、そんなことだれも思わないよ。いま、そのこと考えるべきじゃないの？　樋口さんはその最期の言葉を残した。最期の格闘を残した。全く新しい時代の局面をマルクス主義の末裔は藻掻いた。それが樋口であり松崎であった。おれはそう思う。末裔の遺書よ、今回の本は。格式を尊重しそれに基づいてなりふりを考える、身の処し方を考える、それはいい。しかし、新しい時代には、その処し方が変わってくるかもしれない。そのこともこの本は示唆してんじゃないの？　それがわかんなきゃ、おれはやってられないよ。マルクスは産業資本主義が勃興した、その、まったく新しい現象に挑んだ。挑んだ人はマルクスだけじゃない。プルードンもいた。バクーニンもいた。イギリスには、マルクスによって空想的社会主義者と呼ばれた、フェビアン協会の者たちがいた。また、サン・シモン、フーリエたちがいた。新時代のこと考えるなら、彼らをみんなスタートラインに並べたらいいんじゃないか。まさにひばりの歌は、〈捨てたお方〉がどっちなのかしらねえけれど、おれの心をどこか刺激するわけ」

「みだれ髪」
髪のみだれに手をやれば
紅い蹴出しが風に舞う
憎や恋しや塩屋の岬
投げて届かぬ想いの糸が

胸にからんで涙をしぼる

すてたお方のしあわせを
祈る女の性かなし
辛らや重たやわが恋ながら
沖の瀬をゆく底曳き網の
舟にのせたいこの片情け

春は二重に巻いた帯
三重に巻いても余る秋
暗や涯てなや塩屋の岬
見えぬ心を照らしておくれ
ひとりぼっちにしないでおくれ

（作詞・星野哲郎、作曲・船村徹）

〈追記　二〇一一・一二・一〉
一一・三〇、いわき市の塩屋埼灯台に灯がともった。八ヵ月ぶりだという。映画「喜びも悲しみも幾歳月」の舞台にもなった。「朝日」が写真付きで報道。

→余談　蹴出しとは腰巻きのうえにつける布。「最近の若いもんは蹴出しの意味がわかんねえ。もう、おれは落語やめた。やめた」。

「樋口の中には次の時代にも生きるキーワード的なるものがある。樋口はキーワードとして残しているわけではない。ないけれど、この全体の中から、われわれがキーワードを作らなきゃいけない。ヒントを一杯残している。そこから創造しなくてはいけない。思想の継続ってそういうものじゃないか」

「樋口本の第二巻の末尾が鳩山革命の評価で終わっている。これを樋口の見通しの悪さを示しているようにとらえる見方もあるが、そうではない。あの評価自体は間違ってはいない。というより、樋口の〈新しい現象〉への興味関心の姿勢をみるべきなんだ。その通り歴史が進行しなかったことは、これはまた新しい現象なんだ」

一一・七・一四

一八七一年マルクス『フランスの内乱』。

マルクス主義イデオロギーを総括しようというのではない。それは勝手に誰かがやればよい。問題は自分自身の内部にあって自分の行動を決めてきた「マルクス主義」を総括しなければならない。私は生涯を終えるにあたってそれに直面している。「マルクス主義」として理解し血肉としてきたもの、常識となっていたもの、それがじつはマルクスの意図、意志、考察とは違っていたのではないか。たとえばマルクスは、パリコミューンを観察し心臓の鼓動を協和させながら考察していたことの中に、私が再発見したものは多い。しかも、その再発見は、これからの時代を考察し、かつ生きていくうえで重要な指針となるものではないか。

「コミューン制度は、社会に寄食してその自由な運動を妨げている国家寄生体のために、これまで吸い取られていた力のすべてを、社会の身体に返還したことであろう。この行為ただ一つによって、それはフランスの再生の発端となったであろう」

「コミューンのほんとうの秘密は……本質的に労働者階級の政府であり、横領者階級に対する生産者階級の闘争の所産であり、労働の経済的解放をなしとげるための、ついに発見された政治形態であった」

「労働の解放については大ぼらが吹きたてられて」きた。「彼らは叫ぶ。コミューンは文明の基礎である所有を廃止しようとしている。……いかにも諸君……コミューンは現在おもに労働を奴隷化し搾取する手段となっている生産手段、すなわち土地と資本を、自由な協同労働の純然たる道具に変えることによって、個人的所有を事実にしようと望んだ」

「もし協同組合の連合体が一つの共同計画にもとづいて全国の生産を調整し、こうしてそれを自分の統制のもとにおき、資本主義的生産の宿命である不断の無政府状態と周期的痙攣とを終わらせるべきものとすれば――諸君、それこそ共産主義、『可能な』共産主義でなくてなんであろうか」

「かれらのなすべきことはなんらかの理想を実現することではなく、崩壊しつつある古いブルジョア社会そのものの胎内にはらまれている新しい社会の諸要素を解放することである」

一一・八・二

墓碑銘―左翼も右翼も墓碑銘は必要である、と思う。

鈴木邦男さんは右翼の衰退を嘆いていた。

もしかすると、野村秋介の死によって、右翼は終わったのかもしれない。

右翼の終わり方と左翼の終わり方。

＊両翼ともに「大状況」を変えることに目的・目標がある。左翼が政治的危機を醸成することを機にそれを果たそうとするのに対して、右翼はテロリズムによって危機を招こうとする。変える内容には大きな隔たりはあるものの、「上」からの変動を目指す点において共通する。共通の感性を持っている。命がけ、とか、生涯を捧げる、とか。

＊その際、強い「動機」が求められる。そしてその動機は個人的なもの、過去に埋もれているもの、歴史的に醸成されたもの、徐々に強くなっていくもの。

ところが、次第に薄くなっていくものもある。鈴木邦男君の動機が弱い。分からない。見つけられない。母親が生長の家だったこと？　そんなことが動機になるの？

＊団塊以降の世代には概して動機が見つけられない。彼らが左翼、右翼になっていく動機って何？

一一・八・四

「みんな他力依存なんです。それでうまく行かないと、こんどは他人のせいにする。自分で解決しようとしない。責任転嫁です」むのたけじ（ＮＨＫ　八・一四）。

流されるわけだ。どうにかなると考える。そこに原因がある。自分の責任でやる、大切に使う、壊れたら自分で直す、「消費は美徳」？　だめ。万国博？　あのとき、ぼくは馬鹿か、と思った。あのころからおかしくなった。いまの問題発生源はあのころ。

「現代のジャーナリズムは国民に忠告するということがない。国民を批判することがない。それができない。なぜか。部数が多すぎる。右顧左眄《うこさべん》する。一〇〇〇万部ですか。それじゃ、あっちこっちのスポンサーに配慮しなければならないから、忠告なんかできない。しかることもできない。むかしは新聞の読者は愛読者と言った。いまは単なる読者。そこには大きな違いがある」

「ぼくがジャーナリストになった原点ですか。それは悔しさですよ。親たちは水飲み百姓だった。それに東北地方はずっとバカにされてきた。陸奥っていう。陸の奥。白河から先は人間に価値を付けきらなかった。十把一絡げだった。そんなところです。たいまつ新聞第一号は、そういう東北地方を受け入れている地元民を叱ったものだった。君たちはバカか、と」

戦後、責任をとって「朝日」を辞めたのはむの一人だった。あとになって知った。

「ものごとには原因があり結果がある。新聞やテレビはなにもそのことを知らせようとしない。原因と結果の中間にある現象を、細切れの現象を伝えるだけではないか」

「ジャーナリズムはみんな大状況を変えようとする。それは無理。原点はあなたと私なんだ。それが広がっていく。それで変わる」

「八月一五日に朝日を辞めてから四七年の二・一ストまでの一年有余、食うや食わずで生きた。二・一ストで、ついに世の中が変わると思った。しかし、占領軍に屈服してストは中止となった。ぼくはこれで終わったと思った。目の前が真っ暗になった。闇だった。ぼくは自分の言葉、方言が通じるところへ行こうと思った。すぐに横手に引っ越した。東京で記者をやるんじゃなくて、田舎なんだ。真っ暗になっても自ら灯りで光ることのできる〈たいまつ〉なのだ」

大状況の変革に絶望したむのの転換がここにある。〈むの〉の誕生である。全国へのよびかけでは世の中は変わらない。変えるには見える範囲で、距離で、聞こえるところで、徹底的に本気の会話をしなければならない、ということ。だからといって小状況の変革、身の回りの変革というのではない。きみとぼくの関係から発射する。きみがきみのだれかに発射する。このくにのあちこちにそう言う関係が生まれる。それが連合する。ただ、それはもたれ合いではない。自力。他人依存ではない。自力が前提だ。

これはアナキズムではないか。むのはアナキストではないか。というより、アナキズムの真骨頂をここから学ぶべきではないか。

冷戦の始まりによって占領軍の方針の転換と組合の弱さとして説明される。しかし、それを受け入れる民衆がいる。その民衆が問題なのだ。そうした視点は左翼からは生まれなかった。戦後革命期が見事に崩れていった要因ではないか。

一一・八・二〇

礼文・利尻の旅（八・一八〜二〇）。沖縄とアイヌ。

沖縄認識を改めさせられたことがあった。七〇年闘争時代の「返せ」スローガンだ。

今回の礼文・利尻の旅で、それとは違うが似たショックを受けた。

北海道という大地に浸みているアイヌの歴史である。頭では分かっていたがこれほどとは、という驚きだ。地名はほとんどすべて、かつてアイヌが付けた名なのだ。リーシリ＝高い山、イシカリ＝曲がりくねった……。自然の光景に対峙したアイヌは、その感動と印象をそのまま一帯の名として付した。それを後代の和人が当て字で表すようになった。アイヌ音を漢字に当てただけのことなのだ。通過するたび、ガイドがアイヌ語による意味を説明してくれたが、そのほとんどを忘れたのが惜しい。「星」「花」「魚が獲れる」「美しい」……など、現在のその土地の状況を前にしてさぞかしと思われた。それが一昔前までは北海道全土だったのだ。

アイヌのほとんどは和人と混血して純粋なアイヌはほぼ消えたという。末裔たちと少数民族の生存のためにつとめている人々によって、文化と生活が残されていると聞くが、直接接した体験としては、悲しいかな、アイヌは「地名」として残っているのみであった。

ぼくは沖縄の二の舞を演じる結果を怖れていたし、新たな発見の糸口だけでもと思ったから、目を凝らして見たが、結局、地名にしかその幻影を見ることができなかった。

アイヌには混住の時代があった。平和的に交易していた時代があった。和人がアイヌの集落に住み着いた。混住していた。ヨーロッパと同様の経験が存在していた。アイヌは消えるようにして和人と同化してしまった、と考えられるか。

北端と南端へ行ってみよう。

周縁にこそ歴史の真実＝事実があるだろう、と思う。

一一・九・一九

さようなら原発集会（明治公園）。

たしかに六万人は集まっただろう。もっといたかもしれない。千駄ヶ谷駅に下車したときからすでに予感はあった。ホームが満杯で、駅員はついに「改札は素通りして結構」と言う次第。明治公園にたどり着くまでが大変という事態は、ここ何年も経験したことはなかった。

ただ、若者がいなかった。いや、いないことはない。大人やおじさん、おばさんの集団の中にまじってはいる。集団としての若者がいなかった、ということ。学生自治会などというものが消えてしまったのだから当然といえば当然かもしれない。もちろん、民青の旗などというものもない。

だから、団塊の世代とせいぜいそのジュニアまでが参加者の中心か。高校生、学生が先頭に立っているヨーロッパの反核運動や差別反対運動などとの決定的な違いだろう。運動から若者は消えてしまったのだろうか。

かつての人々が違いを超えて「全員集合！」の巨大なデモンストレーションであった。何せ「原水禁」が事務局をやった集会に共産党系もかなり集まったのだから。民医連、年金社組合、九条の会、地域の共産党……などの列。

一一・一〇・一七

右翼について（大窪一志）。

＊権藤成卿

丸山真男も一時期関心をもった。社稷《しゃしょく》の概念をキーワードとした。（社＝土地の神）＋（稷＝穀物の神）であり、社稷は祭紀共同体の原基、つまり共同性の原基的形態であった。ムラである。権藤は、こうした農本自治こそが基礎に、その連合こそが「国のかたち」である、とした。「社稷国家の自立」であって、明治絶対国家主義が徹底して批判された。玄洋社、黒龍会の流れを感じさせる。

「社稷は国民衣食住の大源であり、もって国民道徳の大源である」。（社稷は自治主義である）、そのため大杉栄にはシンパシーを感じていたからだった。加えて、権藤には関東大震災や東北飢饉が天保の飢饉や安政の地震にも似た改革への予兆に見えた。井上日召の血盟団にも影響を与えた。

時代が「国体明徴運動」へと大きく迷走していったときにも、権藤はもはやこうした動向に背をむけ、社会の自治的進歩のみが構想されるべきだと言いつづけた。また、高まる戦争の不安のなか、日中開戦の決定的不利を予告しつづけた。その思想は一に社稷自治の歴史を顧みて、その発展を現在に定着させることにある。

社稷は一人ひとりの素直な思い遣りの気持ちが歴史的に積み重なって生成した自治的な地域共同体を指す。『権藤成卿著作集』の第一巻であったが、（復刻版の）版元は黒色戦線社。アナキストの出版社として知られている。オーソドックスな政治思想史のテキストでは〝農本ファシスト〟と分類される権藤の著作にアナキストが関心を持っていた。

二〇一一・一〇・二三

なぜぼくはプルードンに関心をもつか

1　経緯

ぼくのプルードンへの関心は、いまの時代への嗅覚のようなところから出ています。出版という仕事との関連でいえば、ピョートル・クロポトキン『相互扶助論』（一九九六年発刊）→一九一八年革命の際ミュンヘンに誕生したレーテ（評議会）を闘ったグスタフ・ランダウアーの『レボルツィオーン』（二〇〇四年）→一九二〇年代初頭の大杉栄・山川均の論争の全貌とその解説を試みた『アナ・ボル論争』（二〇〇五年）→メキシコのサパティスタ運動に影響を与え続けているジョン・ホロウェイ『権力を取らずに世界を変える』（二〇〇九年）→ヨーロッパマルクス主義の源流のひとつアントニオ・ラブリオーラ『社会主義と哲学』（二〇一一年）などの延長にあるものです。これらの仕事は、何らかのぼくの勉強や研究の結果というより、その時々のぼくの感覚・嗅覚のようなもの、あるいは友人たちとの刺激的な会話や論考から、この辺に問題がありそうだという、かなりあいまいな動機からはじめられたものでした。今回、小原紘一さんの前座をつとめようと思ったのも、これと似たような事情です。ルネ研での報告と議論の中から何かのヒントが出てくるのではないか。さらにその気持ちを強くしたのは東北大震災のあとの現実でした。ぼくを刺激するのは、「三・一一」の大津波が引けたあとの三陸海岸一帯に生きている人々の体験している現実の姿です。

2　災害ユートピアとエリートパニック

『災害ユートピア』（レベッカ・ソルニット）という本が売れています。東北大震災の前、二〇一〇年一二月に出た本です。

大災害に遭遇すると、人はパニックに陥って混乱や略奪が始まると思いこまれているが、実際の災害現場では違っていて、そこには人びとが相互扶助的に助け合おうとするユートピアが閃光のように出現するのだと、アメリカや世界の災害体験から実証している本です。東北大震災のあと、「日本人の礼儀正しさ」「国民性」について騒がれたことがありますが、これは世界と日本のメディアの勘違い、ピンぼけ的思いこみであること、問題はそんなところにあるのではないことがよく分かります。

著者がいうには、多数の人は、権威機関の不在は秩序の不在だと思い込んでいるが、じつはそうではないのだ。金銭も社会的地位も役に立たない状況に陥ると、人は日常の格差や分裂や差別を超えて親密なユートピア空間を立ち上げる、といいます。人は、権力や統治の機構、日常は常識として刷り込まれているさまざまな虚偽意識が、大災害を機に崩壊したとき、それは、大量の受難、痛苦、悲劇を伴ってはいますが、同時に、そこには利他行為があふれ、人間としての真の勇気、友情、やさしさ、他者の痛苦への共感などによって結びつけられもするのだ、と。クロポトキンが言うところの「相互扶助の社会に近い秩序を一時的につくりあげる」とも。

反対に、行政組織や軍隊やメディアなどエリートたちは、人は統制しなければ略奪を始めてしまうと思い込んでいる。つまり権力者たちの妄想は、自分たちが維持すべき社会秩序が、災害下では貧困者やマイノリティによって破壊されると考える恐怖心そのものに他ならず、著者はこれを「エリート・パニック」と呼んでいます。そして、真の災害は彼らの無謀によってもたらされる。災害時に卑劣な行いをするのは、権力をもたない大多数ではなく、権力を手にした少数者なのだということを、関東大震災の際に大杉栄たちを虐殺した権力者たちの振る舞い、ハリケーン・カトリーナの際にニューオリンズの悲劇を一層拡大した、アメリカのメディア（黒人が略奪・暴動を起こすといった「思いこみ」によるデマ）、州兵、自警団、白人至上主義者たちの行動などを詳しくあげながら実証しているのです。

統治の機構がなくてもやっていけるのか。著者はトマス・ペインを引きながら、「イギリスとの独立戦争のさなか、いくつかの州では確立した政府が無かったにもかかわらず、比類のない秩序と調和が保たれていたこと、社会がその代わりの役割を果たしたこと」をあげて「やっていける」のだといいます。ペインによれば、そこでは、中央集権的でない、分散した意思決定システムがきわめて有効であったともいいます。逆に見れば、エリート・パニックがなぜ起きるのか、ということです。それは災害のときは一時的に権力が災害現場の住民の側に移るからなのだ。輸送、分配、食糧の調達、修理、医療などが自治によってまかなわれ、権力者たちは役立たずの烙印を押されるからなのです。

さて、われわれに残された問題です。問題は、なぜ相互扶助と利他主義が災害時に出現するのかではなく、なぜ普段はそうしたユートピアが他の世界の秩序に押しつぶされてしまっているのか、というところにあります。著者は、そうした社会が押しつぶされずに、生きた社会として機能し闘っている例として、メキシコのサパティスタなどを紹介していますが、それ以上の展開はしていません。われわれに課題として残されたわけです。そのまえに、われわれの社会が被った東北大震災をみたいと思います。

3　三陸海岸で見えた閃光

東北大震災は、歴史の時間からすれば一瞬ではありますが、ふだんはヒルのように東北の大地に吸い付いていた統治の機構を崩壊させました。菅政権の無能、エリートたちのパニックがこれに拍車をかけました。かさぶたのように被さっていた権力が引き波のように引いていった。そのあとに何が現れたか。現場で何が起こっているか。

『三陸物語』という本があります。震災後の三陸海岸で、生き残った人々の生の声を、その群像を記録したものです。震災直後から毎日新聞に連載されたものをまとめた。萩尾信也さんという記者は、取材にあたって現地「泊まり込みを原則」としました。被災地に外部の者が泊まるのですから、一宿一飯のお礼として野菜とおからを用意したそうです。そして、「たき火を囲んで酌み交わし、共にくゆらす紫煙があってこそ、開いてくれる胸襟もあった」と書いています。釜石で青春の一時期を過ごした記者だからできたことでもありましょう。しかし、記者クラブ情報と電話とパソコンの情報で、デスクワークとして記事を垂れ流しているほとんどの記者には、彼の爪の垢でも煎じろと言いたい。

萩尾さんは漁師や消防士や若い高校生や母親を失った子どもたちや、さまざまの人の声を拾っています。

引き波に流されていく家の二階のベランダに人がいて、こちらのビルの屋上に向かって必死に手を振っていた。その光景が脳裏にこびりついて離れないおじいさんが言った。「あれは、助けてという意味なのか、お別れのさよならなのか」と。漁師が津波にのまれ、九死に一生を得て、杖をついて、がれきの中をスリッパで歩いていた。すると、凍える寒さの中で黙って長靴を差し出してくれた人のことを書いてます。津波から必死に逃げてきた中年の女性が、途中で年寄り二人にしがみつかれた。

彼女は濁流が間近に迫っていたので、その手をふりほどいて逃げた。その感触がこの手にいまでも残っている。そういう話をとめどなく話すその女性の腕を、やはり避難所に逃れていた盲目の鍼灸師は、ただひたすら揉んであげたのだといいます。

三陸海岸では、多くの人が恩人に命を救われた体験をもっているといいます。「なんで助けてくれたの？」と問う女性に、その恩人は言ったそうです。「あんたを助けっぺと思ったから、オレも助かったんだ。助けねかったら、オレも死んでたかもしんねえんだぞ。お互い生かされた命だ、生かすべよ」と。べつの人は言ったそうです。「物を失っても、決して不幸とは思わない。人との絆が何よりありがたいと思います」と。

黒沢和義さんという私の友人が（彼は『山里の記憶』という画文集の筆者なのですが）震災後、陸前高田に行き、高台に残った老人ホームの庭で三ヵ月間テントを張り、そこで一〇八枚の被災者の「面影絵」を描きました。すべて自炊のボランティアで、肉親を失った家族から亡くなった人の話を聞き、写真や語りから故人の「面影」を描いて差し上げたのです。「一日一枚一人」と決めて一〇八日間、それが精一杯だったそうです。黒沢さんはデザイン会社の社長なのですが、こんどそれをたたむそうです。自らを犠牲にして「利他行為」に没頭したわけです。

一応の区切りをつけて帰ってきた黒沢さんに聞いたのですが、信じていいと思った相手には、被災者たちは亡くした故人について、えんえんと話してくれたそうです。濁流の中で思わず手を離してしまった妻の手。その消えた手を探して、夫は何回も水中でぐるぐると手を回したのだそうです。一方では、私がこの人にいつまでもすがっていたら共倒れになると思ったのか、自ら手を離して消えた妻した。

のことを語ってくれた人もいたといいます。他者を生かすために犠牲になる。究極の「利他行為」でした。『三陸物語』や「面影絵」の世界に登場する人々の中に経済的動機、市場経済的動機で行動した人は一人もいなかった。まさか利潤を動機として動いた人間もいるはずがなかった。そういう人間は、アトから、「外」からやってきたにすぎない。「ガンバロウ、東北」などとそらぞらしいスローガンとともに。人々はみな自発的に、自力で助け合い、力を合わせたのです。まさに人類学者のいうように、「共同体全体が飢餓に陥らないかぎり、一人の人間が餓死することはない」のでした。

これは生身の人組《ひとぐみ》（＝人と人の繋がり、組み合い）、つまり「社会」がここに現れたのだと解釈すべきではないでしょうか。血の通った人組、有機的な、相互扶助的な人間の関係が、まさに閃光のように出現したのだと。

一ヵ月ほどまえ、三〇〇〇億円を超す空前の義援金の三分の一が、まだ被災者のところに届いていないという。その理由は、被災者たちのあいだの不公平や不正を怖れているからだそうです。統治の機構の無能ぶりを象徴しています。介在する巨大な組織が、機構が邪魔しているのです。必要なものは固有名詞宛に届けるのがいちばんだといいます。まさに生きた人組です。現場に任せるのがいちばんいいに決まってます。かさぶたは無用なのです。暖かい人間の手から手へ、これが確実なのです。

震災直後、南三陸町の馬場・中山地区の話も忘れられません。ここは一週間近く瓦礫と水で孤立した地域でした。詳しくは「なじょにかなるさープロジェクト」という彼らのホームページを一覧してみてください。すべて自力で生き抜き、さらに復興自体も自力をもとにし、ネットを通して全国によびかけ、必要物資と資金を調達しぬいた例の一つです。毎日更新し「いま、何が足りないか」を訴えると、即座に集まったと言います。こうした例はおそらく三陸海岸には枚挙に暇がないことでしょう。

4　フランス革命の閃光の中に

三陸海岸に出現した生きた人組は、べつの言い方をすれば、ポランニーのいう「経済システム」の中にふだんは「埋め込まれていた社会システム」が、突然、ナマの姿を現したのだ、といえるでしょうか。敷衍《ふえん》すれば、人々の日常のなかに溶け込んでいた「統治のシステム」が、突然溶けてしまって、まったく頼りにならなくなったので、人々は自力を発揮して本来の「社会のシステム」を、急遽復活・復興させたのだ、ともいえるでしょうか。

そう考えてくると、ぼくがこれまでの人生で「わがもの」としてきたマルクス主義は、こうした事態をどのように考え扱ってきたのか、という問題に逢着《ほうちゃく》せざるをえなくなるのです。

マルクスは一八四八年革命の経緯をじっと見つめながら、フランスの国家を「五〇万の軍隊とならぶもう五〇万の官吏軍、網の目のようにフランス社会の肉体にからみついて、そのすべての毛穴をふさいでいるこの恐ろしい寄生体」（ブリュメール一八日）として描き出しました。寄生体としての国家は、自治社会としてのいくつもの、あるいは幾層にも重なって存在する社会（「部分社会」と言いたい）を鷲摑みにし、そのことによって「村の橋や校舎や公有財産から、フランスの鉄道や国有財産や国立大学にいたるまで、およそ（人びとの）共通の利害はたちまち社会から切り離されて、より高い、一般的な利害として社会に対立させられ、社会成員の自主活動の範囲からはずされて、政府の活動の対象とされ」（同）ていたのでした。

一八七一年、革命によって常備軍と官僚機構が一掃されたパリには、これまでの社会が胚胎していた、人間の瑞々しい有機体的関係がそこそこにその姿を現したのでした。コミューン執行部がまずやるべきことは、彼らを励まし解放することだとマルクスはいいました。「かれらのなすべきことはなんらかの理想を実現することではなく、崩壊しつつある古いブルジョア社会そのものの胎内にはらまれている新しい社会の諸要素を解放することである」（フランスの内乱）と。

また、こうも言う。「コミューン制度は、社会に寄食してその自由な運動を妨げている国家寄生体のために、これまで吸い取られていた力のすべてを、社会の身体に返還したことであろう。この行為ただ一つによって、それはフランスの再生の発端となったであろう」（同）と。

マルクスはまた共産主義の未来を展望した文章の中で、協同組合の連合についてもふれて、「もし協同組合の連合体が一つの共同計画にもとづいて全国の生産を調整し、こうしてそれを自分の統制のもとにおき、資本主義的生産の宿命である不断の無政府状態と周期的痙攣とを終わらせるべきものとすれば——諸君、それこそ共産主義、「可能な」共産主義でなくてなんであろうか」（同）と記しています。

もちろんマルクスのこれらの記述には、このほかにも多数の論点とくにプロレタリアートの独裁をめぐるコミューンの総括もあります。マルクスの真意を探ろうとするとき、総合的に総括が必要であることは明らかです。ただ、コミューンを構成するメンバーの中にバクーニン、ブランキ、プルードンらの影響が強くあったこと、さらに一八四八年、マルクスとプルードンがそれぞれベルリンとパリで闘い、それに基づいていくつかの「論争」を重ねていたことを知るとき、あらためてプルードンへの関心をつよく持つことになったわけです。

それにしても「新しい社会の諸要素」が、何らかの革命的変革なしに、めでたく花開くことはないだろうし、そもそもそうした「諸要素」が古い社会の「胎内」ですべて流産してしまっているとしたら（社会存亡の危機！）、すべてがオハナシ以前のことになるでしょう。革命的変革が暴力革命という産婆を必要とするのか、それがグラムシのいう「機動戦」なのか、あるいはそのような概念なしに説明できるものなのか――ただ現にある有機的社会の有機性は、人びとの永続的な抵抗の精神、権力者に対する反骨の心によってこそ、その健康性が担保されるものと信じます。かなり馬齢を重ねてしまいましたが、権勢ある者の傲慢や圧迫や生意気に対しては、いつもむかっ腹をたてる若さだけは失いたくないものと思います。

＊ブント＋回想
「プルードン」報告をやった。
一応、反論はなかった。かつ、一種の問題提起として受けとめられたようだ。
だが、二次会になるとホンネがでる。
「だってさ、やっぱり勝負は街頭で決まると思うんだよなあ」
がくん。
要するに変わらないもんなんだ、人間というもの。彼らは変わらない。
夜、昔を回想した。

世の中はまだバブルのころだった。

ゴールデン街「青梅雨」に二年間ほど通っただろうか。ギョロがいた、楚々とした美人の奥さんと二人でやっていた。「ギョロさん、調理師免許とったの?」「うん、ほら、俺たちって、試験に強いでしょ、ウフフ」。京大の赤軍。

「俺の夢はね、新宿の、ほら、大通りを行進するんです。赤軍の兵士としてさ。みんな銃を肩にかけてさ。銃口の先にはみんなカーネーションをさしている。かっこいいでしょ。沿道はものすごい人で溢れている。歓呼の中を俺たちは行進する。川上さん、どお? いいでしょ」

一一・一〇・二四

煙幕のメディア

ものごとがなんとか回っていて、事態がそこそこ安定し、いろいろな意味が連続し、まあまあ納得できているとき、人は考えない。ところが、自明の秩序が揺らぎ崩壊破綻したとき、人は考えるのである。のっぺりした日常がつづくとき、人は考えない。しかし、突如その壁にひびが入り、地面に割れ目ができたとき、人は割れ目や隙間の向こうに何があるのか、なぜこんなことが起こったか、考えるものである。「三・一一」は、われわれの世界に大きな悲劇を運んできたが、そのことを契機に、人びとは深刻に考えはじめ、新しい発見をし、これまで眠っていた人間のさまざまな本然が甦るのを感じた。

のっぺりした日常の中で人びとが眠っていてくれるとき、権力者たちは安穏として利益をむさぼることができた。だから彼らは、揺らぎは思ったほど大きくはなく、事態は工程表どおり進んでおり、しばらくすれば収まるものであり、安心していて大丈夫なのだと、人びとに信じ込ませようとする。人びとが考えないように煙幕を張るのだ。それがこの間のメディアの基本的役割であった。

だが、今回の原発を含めた大震災の揺れはあまりに大きく、こうした煙幕の構造が怪しいものであることに、人びとは気づきはじめている。またメディア自体にも亀裂が入ってきはじめた。そうした事情を、本欄（「マスメディアの鏡像」）執筆者各位は明かしてくれている。ぼくはそう理解している。

こうした隙間に入り込み、そこで何が起きているか、半年間にわたって現地に泊まり込んで連載記事「三陸物語」を書いた新聞記者がいた。毎日新聞社会部の萩尾信也という人だ。彼は権力機構が一時的に機能を停止し崩壊したあと、生身の人間だけが生きていくさまを、彼らの視線で書いた。震災の中できらめいた「閃光」に照らされて記事を書いた。震災や原発を政治的、経済的側面で書かれたものがほとんどの中で（とりわけ社説では）、社会の視点で「そこで何が起こっているか」報道したものは数少ない。こんどそれが連載と同名の単行本になった（毎日新聞社刊）。啓発され、考えさせられることの多い本であった。

一一・一一・一〇

三・一一は世紀を画するほどの巨大な歴史的な転換点だったのではないか。

何よりも国民の意識が変わった。

七二年のローマクラブ宣言を国民的意識として共有した。戻ったのだ。あの時点まで。縮んでもいい、と。ゼロ成長でも、ひょっとしてマイナス成長でも仕方ない、と。

ここ数年のあいだ、とくにバブル崩壊後、徐々に、そして急速に、そうした意識は、多少の悲観も含めて、じわじわと広がりつつあったけれど、三・一一は決定的に背中を押した。電力が減ってもやっていけるじゃないか、という自信のようなものさえ生まれたじゃないか。

こんなことは日本の歴史上なかったのではないか。ずっと日本人は成長神話にとらわれてきた。生産力主義の破綻が目に見えてきた。

右肩上がりに。だから、進歩という言葉は肯定されてきた。進歩勢力。いまや退歩勢力こそが進歩勢力なのだ。

一一・一一・一五

沖縄と福島、さらには震災を被った三陸の民衆。

藤田が福地桜痴のダンディズムにふれた部分で、こんな文章がある。

「変質したあらたな状況の中で、いつまでも勢力を保とうといじましい努力をする卑しさよりも、高い費用を払ってでも自分を解放する美的精神の跳躍力がある」

一一・一二・五

痩我慢の精神〈一二・五『人民の力』〉

ここ数年、「人力」〈『人民の力』の略称〉のみなさんにとって貴重な誌面を使わせてもらっている。恐縮の限りである。でも、満身創痍の常岡さんからの依頼であれば、図々しくてもいいのかな、と甘えてもいる。最近、さまざまな左翼諸党派、諸人士とのおつきあいを通じて身にしみることは、それぞれ容易ではない状況の中で頑張っているということだ。党員の高齢化、党勢のジリ貧化に悩んでいるのは共産党ばかりでない。社民党もその他の左翼諸党派も例外とはいえないだろう。異論、異見があることを承知で敢えていえば、ぼくはいま、左翼勢力全体が衰勢のなかにいる、とおもう。

ぼく自身の半生を振り返ってみれば、半生のほぼ前半分は「かなりゴリゴリの共産党」、あとの半分〈現在まで〉は「根無し草の左翼」、いずれにしても左翼人生を送ってきたと思っている。その意味で言えば「衰勢のなかにいる」という実感はつよく、その原因は何か、自己批判的に探ることの必要を痛感せざるをえない。だが、それはおそらく単純に過去を振り返ることではできないだろう。自戒しつつ思うのは、どのような心構えで過去を振り返り、未来を見ようとするのか、その精神のあり方が問われているのではないか、ということだ。

福沢諭吉『痩我慢の説』がある。本書は冒頭の「立国は私なり、公にあらざるなり」にはじまる、ナショナリズムとインターナショナリズムの結合の構造を説いた前半と、幕臣であった勝海舟と榎本武揚の出処進退を批判した後半部とからなる、小論ではあるが名著である。ぼくの俗流読み方からすると、勝が幕臣として江戸城を官軍に無血で引き渡したのはいい、榎本が五稜郭で敗北・降参したのはやむをえまい、ただ、かつて幕臣として敗北に責任ある者が、その後どうして明治新政府の要職を引き受けたのか、福沢はそこに異議をとなえた。なぜ痩我慢でもいいから、政府の要請を断らなかったのか。引き際が大事ではないか、退いたあとでどうするかが大事ではないか。出処進退を誤ったのではないか、と。そうでなければ、君たちに従って命を落とした多くの幕臣や武士たちは救われないではないか。

痩我慢の精神は、集団や小国が衰亡の危機にあるとき、クリティカル・モメントの際にこそ必要となるものだ、と福沢は言う。小国の痩我慢があってこそ「万国の同権」が実現するのだ、とも言う。そこで例示されているものは、当時のヨーロッパの圧倒的小国ベルギーやオランダ、百万石大名の隣に位置する一万石大名であり、同じく戦国時代にあって周囲を大国に囲まれた三河武士などであった。集団による痩我慢はえてして集団的エゴイズム、排他的セクショナリズムに転化するものだが、その集団が衰勢にあるとき、敗北しつつあるとき、活路を塞がれてしまったとき、決定的に逆境にあるとき、痩我慢の精神は「人として」生きるための命綱となる。

福沢の立論を読みながら、これは現代のわれわれのことを言っているのではないかと思った。そして、衰勢の中にありつつも左翼的人生を全うしたいと願う人びとにとって、痩我慢の精神は、ヨリ決定的に逆境の中にいる他者への共感と義侠心。義侠心があってこそ生かされるものなのではないか、とおもう。それが原点だからだ。それを失って、どうして万国の同権、万人の平等を口にすることができようか。

逆境の中にある者はじっと耐えているにちがいない。辛さゆえに、誇りゆえに、むしろその精神的苦境は他者からは見えにくいものだ。だが、かれらのなかに潜んでいるに違いない隠然たる矜持、精神的直立、内面的自尊――。これを見抜かなければいけない。思想史家藤田省三はかつて言ったことがある。「これらのものの精神的本質に到達するには、共感と義侠心を含めたありったけの注目と眼光をそのものの中に注ぎ込まなければならない」と。

これまでの人生で痩我慢が必要なときは何度もあった。おそらく「人力」の諸兄妹も同意してくれるだろう。現在の試練は、われわれと同じように痩我慢をしながら生きている他者への共感と想像の視界をどこまで的確に広げられるか、にある。

夏、テレビニュースで、何頭もの牛が田畑や林の中を走っていく光景を見た。立ち入り禁止区域になった福島のことだ。ヘリコプターの音に驚いたのだろう。痩せた牛たちが全速力で走る姿は哀れであった。彼らの将来を熟知している農家の人たちの苦悩は計り知れない。

私事で恐縮だが、妻の故郷は南相馬にある。そこには先祖の墓地がある。ぼくも一度訪ねたことがあった。小高い丘の上にあり、遠望の景色はすばらしく、丘は桜の樹に囲まれていた。季節は外れていたので花を見ることはできなかったが、満開の様子、散りゆくさまは想像できた。いま、そこは避難地域に指定され、立ち入ることはできない。おそらく、これからもだれも入ることはできないだろう。広い墓地であったから、無念の想いを抱いている人は数知れない。

「共感と義侠心を含めたありったけの注目と眼光」を注ぎ込むべき世界は、ぼくらの周囲に満ちている。

――・――・――

辻井喬さんと。

「生産力主義が破綻した以上、左翼はいったん精算しないではダメです」

「同感です。そうだとすれば、保守思想としての右翼は、もともと反近代なんですから、今こそ出番じゃないですか」

「ぼくは、右翼の原点は、日本的ユートピア主義だとおもうんです。出発は西郷。西郷の反乱とその死はテルミドールの反動です。維新の第二革命は失敗に終わった」

二〇一二年

一二・三・一二

太田昌国さんへ『「拉致」異論』の感想文。

Mさんのメールに触発されて、急いで『「拉致」異論』読みました。かつてこの本が発行された当時、書評や周囲の感想など聞いていて「ようやくまともな本が出たか」との思いでいました。なにしろ「狂風」が吹いていましたからね。が、手にすることはありませんでした。どうしてなのか記憶は定かではありません。当時は「拉致」という言葉、活字を見ただけで、身体が拒否反応したように思います。ですからこういう機会があって本当によかった。

ほぼ読み終わって、まず、太田さんの、ここまで書き抜いた（そのためには「読み抜く」労力が必要だった）ご労苦に頭がさがります。そして、労苦を厭わないで持続させた太田さんのパッションの強さに敬意を表します。

ぼくは本書を、左翼運動破綻史の一断面と読みました。ずっとそんなテーマが頭をよぎっていましたから、その意味でも刺激を受けました。新旧左翼の中で、その中でもとりわけ中心的な位置にある共産党で半生を送った者として、間もなく消えゆく左翼運動が「なんでこんなになってしまったのか」、こだわってきたからです。

さて、いくつかの雑感ですが――。

萩原遼さん。ぼくはかれが平壌から帰ってきた当時、いろいろなつきあいをしました。そして無惨な変身を遂げていく過程を目撃し、つきあいを途絶しました。その他、本書に登場する人物の何人かとは、断片的に交差していることを知りましたが、本書を読みその多くは納得しました。佐藤勝巳氏とはなんの面識もありませんが、太田さんの省察は深く鋭く、かつ正確なのだと思います。自分に引き寄せて書いているあたりは、優しさもあり説得力がありました。

池明観先生。この人はある意味で私の思想的恩人の一人でした。ぼくの『査問』の原稿執筆当時から先生とは交流があり、大きな声では言えませんが、原稿に赤字を入れてもらったこともありました。拉致問題では、社会主義協会の山崎君らと訪韓し、先生の来日講演会に来てもらったこともあります。かれの故郷は平壌近くにあり、親戚もいるのだそうです。複雑な心境を語ってくれました。

安江〔良介〕氏とは相当深い親交があり、亡くなるまえはつきっきりの看病をしたそうで、意識もなくなりそうなとき、「今日はぼくが手を握ったら微かに握りかえしてくれた」「ぼくにとっては恩人なんです」と、うれしそうに、涙を浮かべて語ってくれたことを思い出します。

さてさて、こんなことを書いているときりがないのですが、あれこれ考えることは行ったり来たりで、結局のところ、ぼくはこの問題では「表現する」ことはできないでしょう。そういうこと〔沈黙）もありうる、と最近では思っているからです。飲み会では騒がしいかもしれませんが――。とりあえず、太田さんの迫力ある文章に煽られて書いてしまいました。

一二・三・一三

暴対法改訂にひそむ危険

暴対法が施行されてから二〇年経った。政府は二月二八日、今国会に改定案を提出することを決めた。これに呼応するように、その前日、読売は「暴力団対策　市民の安全前提に摘発強化を」という社説を発表した。ほぼ法案の内容に沿った〈政府激励〉社説である。

今回の改訂は、昨年、全都道府県で「暴排条例」が施行されたのを受け、その延長線上に〈法律化〉しようというものである。問題は多い。

これまでの暴対法は主として指定暴力団を取り締まるものだったが、改定案では、そのうち「特定抗争指定暴力団」と「特定危険指定暴力団」と指定されたものについては、さまざまな法的手続き（行政命令）を省略し、警察が直接に取締ることができるようになっている。指定に際しては、これまでは聴聞手続（相手の言い分を聞く）があったがそれも省く。さらにあらたな概念として、警察は「警戒区域」を自由に設定できる。臨機応変に区域を拡大したり移すことも自由である。その区域内では相手の聴聞なしに警察は自由に行動できる。いわゆる警察用語でいう「直罰規定」に溢れている。

罪刑法定主義の法治国家の原理は、人は「どういう罪で自分は捕まるのか」があらかじめ明示されていなければならない。こうした規定は、法律の及ばない空白地帯（無法地帯）の設定を警察と公安委員会に任せるというものだ。人権の及ばない人々を作り出そうというものである。驚くべきは、その際の捜査に対して、被疑者とされた者は証言をこばむことができない、という規定まであることだ。拒むと懲役、罰金の罰則が与えられる。黙秘すること自体に罰則が課せられるというのである。憲法に保障されている黙秘権の否定である。どうしてもしゃべりたくない人間を、警察はどのように扱おうというのだろう。

背筋が寒くなったのは、さまざまな「指定……」にされた暴力団事務所のしかるべき場所に、警察は「標章」を貼り付けることができる。どのような標章なのか分からない。だが私は、ナチの時代、ダビデの星を各戸に記されたユダヤ人の悲劇を想起した。ある種の人々から人権のかけらをも奪い取る所行のように思える。

すでに各地暴排条例では、指定暴力団構成員ばかりでなく、これの「共生者」「密接交際者」をも取締りの対象にしている。暴対法改訂では、その延長上に「暴力団員への不当な利益供与の防止に係る事業者の責務」についても詳細な規定が設けられている。結果的に暴力団に「利益供与」になるのでは、ということで、かなりの事業分野で「自粛」という名の「萎縮」現象が現れている。

私は、暴対法の改訂が、この取締りはじつは暴力団「だけでなく」、一般の我々にも拡大適用されるから反対だ、とは言いたくない。暴力団に「対する」規制それ自体が、憲法違反の人権侵害だから反対なのだ。「人権を喪失した人間集団をこの世に創出する」という作業を許してはいけない、と考えるからである。もちろん、前者の側面は重要である。だが、眼前にある暴対法改訂は、そんな生やさしいものではないのである。

　いちばん寒いのは、この法案が、国会では、ほぼ全会一致で可決されるだろうとの予測があることである。

一二・三・一五

暴対法改正反対講演会から

　去る三月三日、「暴排条例の廃止を求め暴対法改正に反対する」講演会が開かれた。講師は詩人・作家の辻井喬、評論家の西部邁の両氏。主催者としてこの二人に講師を依頼するには、個人的には多少の緊張があった。

　かねて辻井さんとは、宮崎学君とともにある共同作業をし、その人柄に直接接してきた。その印象では、鷹揚で温厚な印象を人に与えつつも、人間の自由に関する原点的な問題に関しては、きりっとした対応をする人だという信頼感に揺らぎはないものの、こうしたテーマの講師として登場することは、なにせヤクザの世界に一歩踏み込むことである。共産、社民を含めて全部の政党を相手にまわす選択行動といえなくもない。

　西部さんとは因縁の再会であった。彼も講演の中で紹介したことだが、私が東大に入学した一九六〇年、彼は駒場自治会の委員長であった。我々は委員長選挙での不正を追及し「西部ニセ委員長」といって彼を糾弾した。さらに、六〇年安保の最中であり、全学連主流派対反主流派として対抗していた私たちはことごとく対立・抗争した。さらにその後、西部さんは右翼・保守派の論客として名を馳せてきており、私には遠い存在と思ってきた。さて、どんな話をするのか。

結論からいえば、二人の講師の話は私にとって期待以上のものであった。

辻井さんは冒頭、「言論、思想、表現の自由」はそれ自体としての価値がないわけではないが、と断りつつも、「表現しよう」という内実をもたない者にとっては価値がないのではないか、と切り出した。一瞬、聴衆の表情には「?」が見えた。「だから、現在のメディアには言論、表現の自由が無いのです」とつづけると、聴衆には「?」がもう一つ増えたように見えた。我々が眼にするメディアは、無制限に見える自由を謳歌しているではないか、「やらせ」も含むやりたい放題の自由を濫用しているではないか。それを辻井さんは、「彼らには自由がない」とおっしゃる?

これは辻井さんの独特のレトリックであった。彼はそれから自分自身が右翼から脅迫された一つの体験を披露する。自分の会社の役員たちにも脅迫の範囲が広がったときには、さすがに辻井さんも参ったらしいのだが、結果的に彼は最後まで屈しなかった。内部から発する意地があったからなのだ。「負けられない」というもの。深沢七郎「風流夢譚」事件の際の中央公論社社長の情けない屈服と比較したとき、「自由」というものの意味が伝わってくるようにおもう。

「問題は……汝の生命と引き換えにしてもそれを表現せずにはやみがたいところの汝みずからの宝石であるか、どうか、ということだ」(「日本文化私観」)。

かつて坂口安吾はそう書いた。

いまのメディアにそんなものがあるか。発出しないではいられない「宝石」のようなものを、内部に抱えているメディア人がいるのか。レトリックは、激しい問題提起として、私は聞いた。そうした意味での言論の自由は彼らには、無い。

三・一一から一年過ぎて、文学の世界でようやく「これを書かないでは自分が自分でいられない」というような作品が出てきた、辻井さんはそう紹介した。そこに希望がある、とも。そして、講演を結んだ。今回の暴対法改正の動向は、こうした希望的展開を権力としてあらかじめ防止しておこうという策謀ではないか、と。

西部さんの話は多岐に及び、私としては「?」と感じる論点も無いわけではなかった。が、話の全体から受けとめられる彼の「人間観」ともいうべきものは、共感することが多かった。人間なんて、そう、一筋縄で「ふんじばれる」ものではないし、「ふんじばった」ところで「真っ当な」人間になれるものではない、役人たちは内心ではちっともそう思っていないのに、建前でその体裁をつくろうとする。暴対法は役人たちの発想そのものではないか。

「水清ければ魚棲まず」。イタリアの魅力はマフィアがいることですよ。世の中、きれいになったら、いや、きれいになりすぎたら、ちっともおもしろくない。夜中に歌舞伎町に一人で行ったら怖いのですよ、そう言って、自分の娘が教育される、そんな環境があったほうがずっといいのですよ――西部さんの話は、かなり悪態のつき放題の観もあったが、聴衆は笑いころげながらも頷いていた。

彼には少年時代以来のヤクザの友人がいたという。「パンチョッパリ」のその友人からは、学生からも、東大教授たちからも、そのほかの友人からも、絶対に学び取ることのできない大切なものを得た、そう西部さんは語った。おそらくその友情は、彼にとっての「宝石」だったのではないか、私はそう思った。

「右」の西部と「左」の辻井が並んでいる、講演会はそう見えたかもしれない。たしかにこれまでの常識からすれば、そう分類されるだろう。しかし、講演会が終わってみて、そうした分類にどれほどの意味があるのだろう、との思いがつよい。「ここに問題があるぞ」「これは許してはいけないことなのだぞ」、そういった視点を発見する力、この世に存在する痛苦を自分の痛みとして感じ取る感性、それらを共有するのに、少なくとも政治的な意味における「右」「左」の区分けは、ほとんど意味が無い。

＊追記　この講演会をもとに編集したブックレット『あえて暴力団排除に反対する』（同時代社、定価八四〇円）は三月末発行される。

一二・三・一七

大和田幸治さんが亡くなった。

その死はまさに武士の死であった。三月一六日、初めて「痛い」と言った。昨年来、大腸癌を患いやせ細ってきていたが、けっして「痛い」とは言わなかった。毎日事務所には顔を出していた。周囲は自宅に帰した。家族が救急車を呼んだが、大和田は「必要ない！」と隊員を一喝し追い返した。しかし、深刻な病状は明白であった。翌日入院し、一八日、死亡した。葬儀は遺言にしたがって行われた。遺体の上の正面には「南無阿弥陀仏」の文字が大書されていた。彼は信仰心のあつい毘沙門天信徒であったという。生前の大和田は毎月お寺に行っていたという。近しい人びとも大和田の信仰についてはあまり知らなかった。樋口篤三が一九六〇年代から予科練の同期会に毎年出席し、涙を流して軍歌を歌っていたことを、ほとんどの人が知らなかったことと似ている。

＊プルードンの「真実の社会」

プルードンは「公認の社会」→うわべの社会に対比して「真実の社会」（ソシエテ・レエル）を置いた。

これは、周囲の者たちには見えなかったが、「そこ」で生きる力を蓄えていたところの、つまり、大和田にとっての毘沙門天の世界であり、樋口にとっての予科練同期会（戦友会）であったのではないか。人は、「じつは……」という世界を持ってる。ほんとうの世界、これが「真実の社会」である。フォーマルな社会。そこには、会社があり、学校があり、自治会があり、区役所があり、人と人はそれらの中を往来しながら生きている。有機的な繋がりの中で生きている。公認された、かなりシステム化されたもの。

だが、もう一つ、インフォーマルな社会の中でも生きている。見えない社会である。溜息をつける酒場であり、信仰であり、旅先の安堵であり、多様な顔をもった親族たちに囲まれた私的社会。それは隠微で非合法なこっそりとした秘密を抱えているときもある。人によってはだれにも相談できない貧困と向き合っている夫婦だけの世界のこともある。要するに定義づけることができない。

左翼はこの世界をほとんど無視してきた。

一二・八・二六

深井純一最終講義の核心と自伝エッセーについて

最終講義は深井の半生から絞り出した到達点と思う。

最終講義の構成は、自身が大学教師になり、独自の農村調査方式を確立し、水俣から震災史研究に向かった過程、その間の苦労経験を綴ったあとで、講義のタイトル「孤立を恐れず、対等の協同を」の骨格部分ともいうべき「4、孤立を恐れず、勇気をふるって自説を述べよう」につながる。

そこで展開されている核心は、徹底的な少数意見の擁護である。社内で孤立させられた組合員の例、少数組合で闘い続けている教え子の例などを引きながら、自分の信念を曲げていない不屈の精神にこそ価値があることを訴えている。

その精神で、長らく人生の「場」を張ってきた苦労人・深井だからこそできるきめ細かい助言を、最後の聴講生に与えている。いわく「少数意見を守る援護射撃を」。援護を痛切に求めて得られなかった体験をもつ筆者だからこそ言えた言葉だろう。思わず納得の笑みがこぼれる。

同じく深井は、教え子たちが社会に出てからも、その生業（なりわい）の実相を把握もし、想像もできたのだろう。いわく「多数派に漫然と従っていると会社はつぶれる」。まさに退職間際のころの立命館がそうした危機的事態に陥っていた。深井自身の痛切なる体験から発した言葉であったはずである。

私はかねて「大勢にしたがうことが保身の要」であり「多数派についていればとりあえず安心」と

いう社会心理が、いわば時代精神になっているこの世の中では、多数派にはつねに懐疑の精神で臨むことこそが大事なことだと考えてきた。拉致問題で「北」制裁の嵐が吹きすさんでいたとき、あえて「交渉を」と唱えることは勇気が要った。ヤクザ・暴力団の撲滅がスローガンとなり、彼らの「存在の基盤」を奪うことを目的とする「暴排条例」が各自治体で満場一致採択される状況のもとで、「ヤクザ・暴力団員にも生きる権利がある」と主張するのには、それなりの決断が必要だった。こうした、「大勢に対抗して直立しようとする精神」の状態を「少数派精神」とよぶとすれば、深井の最終講義の結論は「少数派精神」の「輝き」であり「礼賛」であった。

問題は、深井が自伝エッセーで自分を「戦後民主主義一期生」と規定していること、その、かつてのピカピカの「戦後民主主義一期生」がこうした少数派精神を自身の半生の結論としていることである。

自伝エッセーを読むと、深井の「人間賛歌」が聞こえてくるようだ。思えば、私も深井も我々戦後民主主義一期生は、青春の時代にマルクス主義と出合い、まるで自然の摂理のように人間性善説を哲学のスタート地点とした。古在由重には『人間讃歌』という単著があり、我々の世代のベストセラーだった。人間はそもそも「善き者」であり、「悪く」したのは社会であり、さまざまなイデオロギーによって「悪く」させられているからなのだ。卑屈さや追従はその人間に本来的なものではない。瘡《かさ》蓋《ぶた》をはがしていけば、一旦は痛みを伴うが、その下から瑞々しい生命の肌が現れる。マルクス主義教育学は、すべての人間には無限の可能性が宿っており、差別と貧困によってそれが眠らされている不幸な人々がいるが、我々はその社会的不平等を取り除くことによって人々の可能性を解放するのだ。

そう信じた。

性善説は、多衆による意志決定の際の民主主義という多数決に適合していた。「善き者」の多数が決めたこと、それはとりあえずの合意としては尊重すべきものではないか。それでも、多数決で破れた少数派はあすの多数派かもしれないのだから、彼らにも留保の権利をみとめようではないか。それが民主主義の神髄である——深井もそのことを強調している。

こうした発想は、社会がある寛容度を持っているときは明確な破綻を示すことはなかった。人々が右に左に揺れ動くことのできる余地があり、いくつかの選択肢の中から選び取る余地があるとき、試行錯誤が許されているときにおいては、妥当な発想方法であった。一旦貼り付けたものをはがして貼り直せる、ノリシロのある社会でなら、民主主義は有効に機能した。

ところが、社会からこうした寛容度が失われていくにしたがい、様相は一変する。人々の生活から余裕が失われ、自分にとって安全・安心な選択を絶え間なくつづけなくてはならなくなったとき、人々は思考すること自体を放棄する。人々は魔術にかかったように、思考が一つの方向にしか向かなくなってしまうのだ。

そうなってくると、人々の視界から少数派は消える。昨日そんな少数派がいたこと自体が、あっという間に忘れ去られる。「明日の多数派？　その可能性？　バカ言ってんじゃないよ」。そんな乱暴な心理が支配的な時代精神となる。こうして少数派の存在自体が煩わしくなる。次第にその存在が奇異に見えてくる。そのとき少数派は異端となる。異端はもはやあすの多数派ではない。多数派のお目こぼしによってのみその存在が許される存在となるのである。

異端がますます息苦しい現代。そこにおける「少数派精神」は、これからどんな展開を示すことになるのか。深井とあらためて議論してみたいところである。

〈以下蛇足〉ついでに「性善説」について。私の「左翼」体験はたしかに性善説をスタート地点としたが、現在はそうではない。性悪説というほどのこともないが、人間はそもそもたいしたもんじゃない、危ういもので、間違いを犯す存在である、と覚悟しておいたほうがいいのではないか。その程度のことである。危ないと思うのは、そうした覚悟の片鱗もないまま、自らを懐疑する批判精神を失ったままの人々が社会の多数派になったとき、本当の危機がおとずれる。眼前の日本がまさにそうである。みんな欲ぼけした血走った眼で走り回っている。政治家が劣化し、経済人が劣化し、メディアが、大学の教師たちがすべて劣化の速度を競うようである。ここまで社会の劣化が進行してしまったあとに、明日の多数派になりうる良質な少数派は存在しうるか。おそらく、ない。深井はそれでも「ある」と言うだろうか。

すべての人間に無限の可能性はあるか。ない。そこには有能・無能の差別化はあるか。ある。人間は生まれながらにしてその才には差があり、体力にも差があり、性格には陰と陽の違いがある。社会的、後天的条件によりそうした差異が拡大・縮小することはありうるだろう。だがみんなが平等ということはありえない。問題はそうした差異を前提にした人間の哲学、相互扶助と互恵の哲学こそが現代に求められている。深井がいれば、議論をふっかけたいところである〔深井純一氏は二〇一二年一月に逝去された。享年七〇〕。

二〇一四年

川上徹・大窪一志往復書簡から川上徹の書簡

〔以下は、「単独者通信」http://neuemittelalter.blog.fc2.com/ に掲載された川上徹・大窪一志往復書簡から川上徹の書簡のみを抜粋した。カテゴリ「時代の終わりと僕らの終わり」に全文が収録されている。〕

一四・八・二三

ガラちゃん、しばらく。

ガラちゃんのブログ、以前から多少議論もしてきたことであるし、ほぼ肯定です。ぼくも入院中いろいろ考えた。その一つは戦後史というくくり。来年はちょうど戦後七〇年。戦後元年と戦後没年。まさにキアズマスを連想させる〈大窪は、ブログのなかでマーシャル・マクルーハンに拠りながら「最後の相が最初の相のまったく逆の性格をあらわしてしまうこと」としてキアズマスを論じている〉。この歴史がそっくり、完全に、日本人の意識から消滅するのが今年から来年です〈極端に言えば〉。九条だけではないのです。革命も、意地も、悔しさも、宮崎たちの言う掟もその社会も、良くも悪くも道徳も、人びとにとって何よりも昨日までの記憶が、まずきれいに消尽することでしょう。こういうの「社会の皮膚」っていうのかな〔大窪は、ブログのなかで戸坂潤に拠りながら、思想が社会というレヴェルにおいて肉体的リアリティをもったのが「道徳的本質をもつ思想物」という意味での風俗で、それが「社会の皮膚」である、としている〕？　ということは、宮崎は来年七〇ということだけど（ガラちゃんは六九）、それはそっくり消えることなんだ。つまりキミたちはその全身が完全に人びとの記憶から埋没する運命にあるのです。われらの本やブログの読み手はともかく。ところでぼくはどうか。キミたちとちょっとだけ違うのはぼくは七〇年前に五歳だったということ。人間の記憶はおのれの生まれる三～五年ぐらい前までは親の体験話として追体験として記憶形成に取り込めるから、強弁すれば一〇歳以降の「戦後史」を客体視できるということ。団塊はこれができない。一九四五年以前の苦労と歴史、ましてや加害の歴史など蓋をして親たちに育てられた世代だからです。七〇年をひとくくりにする発想自体が無いのです。お勉強の対象でしかない。安心してください。ガラちゃんたちは先ほどのぼくの計算では五歳以降の「戦後史」を皮膚感覚で客体視しているからです。皮膚感覚として客体視できる最後の世代がぼくらの世代なんだ、と。ぼくらの世代が死ねば本当にオワリ。ちょっとだけ実感したのです。ゴメンネ、偉そうに言って。

以上、じつは序論。

これまでのぼくだったら「最後に言わせてもらう」式の発想になった。『戦後左翼たち』はその最後の作業だった気がしています。病院でつらつら思ったのは発想を変えよう、ということ。その中身はじつはまだ熟していないのだが、団塊の次の世代、若い世代に、七〇年はどう見えるか、我らの思いは何処まで通じるか、通じないのか、かれらにひと肌脱いでもらうアタックが必要かな、ということ。

古在さんが少年のころ、土手でメンコに興じていた少年達のヨコを大山巌元帥が一礼して通った。「あれっ、あの人見たことある」と。メンコの人だった。話をしたときの古在さんの嬉しそうな顔は忘れられない。我が身の危機をいとわず尾崎秀実の弁護士を探しまくった話など、明治の時代の皮膚感覚はこういうものだな、と思わせる。ぼくらの世代にまで香りを残した明治の断片です。七〇年のインタビュアーいないかな？

一四・八・三一

ガラちゃん※

問題状況はあまりに多岐にわたると思ってます。ぼくはまだ整理もつかない。そんな段階だということを前提に、ひきつづき、ガラちゃんにつぶやいて行きたいと思う。

ブログに論評的なつぶやきをしたくなったのは、何よりも、「この時代」（戦後元年から始まった一つの時代としておきましょう）に対する断裂感、本当に「オワッタ」のだという、なんとも言えない断念感、終末感を表明したくなったのです。大げさにいえば悲鳴みたいなもの。戯画的には、来年は「戦後没年」として年表に記されるだろう、そう言って笑ってみたいのです。

ただ、念のため言っておきたいのは、「戦後精神」とか「戦後的価値」と言われているもの、それらが消尽することへの危機感や断念とは、重なる面はあるけれども、とりあえずそういう言葉は使いたくない。これまでのぼくはかなりそれらの言葉を念頭に発想してきたから、余計にそう思うのです。

もっとトータルなもの。もちろんガラちゃんよくご存じの「近代の奈落」の世界〔宮崎学『近代の奈落』に描かれた被差別部落民の世界〕をふくむもの——このヘンは釈迦に説法か。某巨大ヤクザ組織も学歴社会に変質したとかいう話を聞くと、もう何をか言わんや。

ちょっと話がずれそうだ。ぼくの断裂感のそもそものきっかけに戻す。それは、「自分の生の限界（まもなくオワリが来る）」という感覚から発想したことです。つまり、戦後「元年」から「没年」にいたる七〇年、というのは、ぼく自身の寿命と重なっている、ということ。左端が一九四五年、右端が二〇一五年で区切られる左右に長い長方形が描かれたとして、この図中に重ねて左端と右端を左右に数年延ばした単線がぼくの寿命であり、こうした単線の束が、ぼくの世代がそれぞれ個となって、ぼくを含めて間もなく自意識をも失って（ボケ）消えて行くんだなぁという、慨嘆に近い事実認識なのです。

ただ、これにはぼくの思い入れが加わる。元年から没年にいたるそれぞれのポイント地点における断片的な風景を、幼年期の、少年期の、青年期の……それぞれの時期をぼくは見てきた。その空気を吸ってきた。記憶に残っている等身大の「ぼくの時代」なのです。滝野川の土手で古在少年の記憶に残った大山元帥の会釈のようなものが、明治のある時代の等身大の記憶（の断片）だった。晩年、いい気持ちになった古在さんが、小学校唱歌で教わった「ジョージ・ワシントンをたたえる歌」（?）を嬉しそうに大声で歌う、それも等身大の明治の風景だったことだろう。

そんな明治はとっくの昔に消えた、といえば言える。たしかにそうだ。でもね、しばらく明治は残っていたと思うんだよ。世代を超えて明治の「味」は残っていた。風味みたいなもの。少なくとも戦後七〇年の半分ぐらいのころまでは生きていた。中野好夫や吉野源三郎たちが吐き出す言説は人びとの記憶とともに生きていた。丸岡秀子なんか強烈に発散していた。いずれ残しておきたい歴史だ。だけど、人びとの寿命とともに薄れ消えていった。その意味で歴史が消えるのはやむを得ないことだ。だがね、今の消え方は尋常ではない。まるで日めくりのように「きのう」のことが消えていく。歴史が消えていく。

そんな思いを刺激したのは、入院中に読んだ『HHhH』という本だった。フランスのゴンクール賞最優秀新人賞をとった作品。ナチのヒムラーの腹心ハイドリヒをチェコ人とスロバキア人の二人の若者が暗殺したという実際にあった事件を、一九七二年生まれの著者が歴史的に検証した。著者自身を想像させる若者が、ホロコーストの時代を手探りで探っていく。その過程を描いたのだ。歴史を生半可にしか知らぬ世代の若者が歴史の実像に接した時の驚きや怒りや感動が素直に伝わってきた。ここには歴史の「架橋」がある。「架橋」することへの好奇心がある。芥川賞、直木賞に比べられる賞だということだが、あえてその比較にはふれない。

ぼくがこの本を手に取るにはちょっとした前史がある。ゴンクール賞には「高校生が選ぶゴンクール賞」というのがあり、勧められてそのうちの『ブロデックの報告書』『碁をうつ女』など何冊かを読んだことがあった。前者は一九六二年生まれの著者によるもので、戦争が終わって間もない小さな村の村民による〈よそ者〉の集団殺人事件——その記憶は主人公ブロデックをはじめ人びとのトラウマとなって戦後もずっと残った。後者は一九七二年生まれの中国系フランス人シャン・サの作品で、日本軍占領下の一九三七年、中国人の娘と日本人士官の叶わぬ恋を描いた。悲劇的な死で終わる。

一読後、ぼくは仰天した。「高校生が選ぶ…」はフランスの夏休みの課題図書みたいなもので、規模と質が日本と比較にならないものらしい。ところが、十分に〈おとな向け〉の文学作品なのだ。こんなに質の高い作品は日本のほとんどの高校生は読めないだろうと思った。いや、まず書き手がいないだろう。ぼくが何を言いたいか推察できるでしょう。フランスでは、幾層にも重なって、〈文学〉の世界で、一九四五年以前と以後の歴史を繋げようという営為がつづけられていたのだ。「社会の皮膚」のレベルで歴史は「架橋」されている。いや、社会の側に「架橋」しようという意志がある。コイツはかなわねぇや。

もちろんヨーロッパだってそう単純じゃないことは分かる。でも、この国の歴史の消尽のさま（焼き尽くされ方）を見るとき、こんなに無惨で野蛮で知性の欠片もない国は世界でここだけじゃないか。そんな思いにとらわれてしまう今日このごろです……いくらかぼくもファナチックになっているようだ。この辺で一息入れて、べつの角度から。

一九四五年にはじまる歴史の長方形に戻ります。この図にいろんな人の単線を引いてみる。こうした見方は、「人」と「時代」を見るときのぼくの発想のクセのようなものだと思う。最近はとくに「人」に焦点を当てて「時代」を考える機会が多いのですが、その際のクセのようなものです。だから上記長方形に、その都度、ぼくの関心ある人物の単線をあてはめてみる。例えば、

吉野源三郎（一八九九～一九八一年）／戸坂潤（一九〇〇～一九四五年八月九日獄中）／古在由重（一九〇一～一九九〇年）／宮本顕治（一九〇八～二〇〇七年）／伊藤律（一九一三～一九八九年）／樋口篤

三（一九二八〜二〇〇九年）／藤田省三（一九二七〜二〇〇三年）といった人びとの単線が、左端を何歳で迎えたか、一九六〇年を何歳で迎えたか、一九九〇年は如何、といった具合です。もちろん七〇年の長方形の途中からスタートし、現在は勢いよく右方向に延ばしている単線（ぼくからは「若い世代」と呼ばれる人たち）もある。『永続敗戦論』の白井聡は一九七七年〜、『東京自叙伝』の奥泉光は一九五六年〜、『里山資本主義』の藻谷浩介は一九六四年〜など、最近読んだものをアトランダムに挙げれば、彼らにはそれなりに発想の新鮮さを感じる。あまりの単純化と感じつつも、「おっと、君たちも、いい感性してんじゃん」と感心することもある。内田樹一九五〇年〜もそうかな。いや、挙げればキリがないことだろう。

こうした発想を背景にして、さまざまな人びとに「七〇年間」（元年〜没年）を鷲づかみにするという感覚・認識があるのだろうか、という問いかけをしてみたいという気持ちがぼくにはあるのです。それは過去と現在を「架橋」しようという意志の前提になるのではないか。ぼくら以前の人びとにとって、「架橋」がなければ現在がない。だから、例えば樋口さんが生きていたら？　彼は激しく「ある」というだろう。藤田省三は？「そんな質問は三〇年遅い」と答えるかな。焼け跡・闇市の「昭和一桁」は？　あれこれ思い入れをたっぷり聞かせたあとで、いろんなことを語るような気がする。でも彼らはすでに滅んでしまった。

想像ですが、ぼくらの世代以前の人びとには、少なくとも「七〇年間」（元年〜没年）という認識はあると思うのです。愛か絶望か諦念かはともかくそれを含めた、彼のこれまで人生に（歴史に）引き寄せた「認識」があったはずです。藤田さんにはかなり先走った認識が感じられました。古在さんが生きていたら卒倒するかもしれない。いずれにしても多くが鬼籍に入ったこれらの人びとは、自分の人生の延長としての「戦後史」があった。そしてその後の歴史を刻んでいる人びとへの愛と期待と敬意、ときには絶望をもっていた、と思うのです。

そしてぼくはといえば、ぼくらより前を歩いていた人びとへの無条件の敬意と関心をもっていた。転向や戦犯といえども「なぜ」という関心の対象となった。ここには「元年」とそれ以前の歴史をつなげよう、理解しようという暗黙の意志があった。歴史意識があった、と思う。「ぼくらの時代」はどこから来たのか、そしてどこへ行くのか。かなり神経質なぐらい、その脈絡への関心はあった。そんな発想をするのは、ガラちゃんのいう「六〇年安保世代」だけなのだろうか。そんなことないはずだと思いつつ、じつは最近、ぼくもうすうすそんな気がしているのです。そうかもしれないナ。ぼくらでオワリなんだナ、と。そして、つづいて、なぜそうなんだろう、という疑問が湧いてくるのです。もしかしたら先ほどのゴンクール賞が（とりわけ「高校生向け」のそれ）日本では絶対に（言い過ぎ?）生まれないだろうという確信と関係するのかもしれない――コレ考えはじめるとキリがなくなるので、このへんでいったんオシマイにします。

※ガラちゃん（川上註）学生時代の大窪一志は「トリガラ」のように痩せていて、周囲の仲間から「ガラ」と呼ばれていた。川上はその後も愛称としてこれを使う。

一四・九・九

戦後「七〇年」の問題性。

かなり論争的調子のメール受信。今後の「大窪節」の展開を予想させるものがあるけれど、ぼくはこれにあまり乗らない方がいいのではないかと予感している。ぼくはおそらくこれからもマイペースの思いつきといきおいで書いていくことになるでしょう。

もちろん、いきおいだけで書いていくと、言い過ぎが必ず起きる。ぼくの半生は「言い過ぎ」だらけだった気もします。舌禍事件をよく起こした。これは治らない。その意味ではこれからも、あまり論理とか整合性、厳密な概念規定などには拘らないことになるだろう。結果、言葉も概念もその場のいきおいで変わってしまうこともあるでしょう。その点では大窪君、戸惑うこともあるかもしれませんが、ご勘弁を。

「戦後精神」「時代精神」の概念整理……フムフム。この整理はおおむね理解・了解するつもりです。そして、「風俗」のかたちをとったとき「思想」は社会的リアリティをもつ、という、「社会の皮膚」についての戸坂の説明など、膝を叩いて同感の意を表したい箇所だ。まさか戸坂はそのとき、「唯物論」(思想)が「おけさ」(風俗)ほどのひろがりをもったときのことなど夢想したとは思わないけれど。

また、ぼくは自己流概念で、大窪君の整理を勝手に壊しちゃうかもしれないけれど、自分が生き＝生かされた「時代精神」という意味でなら、ある時期まで「戦後精神」を自分の言葉として概念として遣うことにまったく躊躇いはなかった。戸惑いもなかった。ぼくはその精神の「海」のなかで生まれ、それに育まれ、そのために闘い、そして現在がある。だから、躊躇いどころかむしろ誇らしい概念だった。おかしいのは、その際、ぼくは「戦後精神」って何なんだという問いかけは自分にしていない。そんなことはどうでもよかったのです。

まあ、それはともかく、いまのぼくは躊躇うのです。かつてぼくを自己形成に導いたさまざまな「価値」はかなり前からこの世から消えた。見あたらないのだ。そういうときにこの言葉を使っても、意味がないだろう。むしろ、問題状況としての「七〇年間」というひとくくりの時代を問題にすべきだろう。この時代のさなかに「戦後精神」は消えた。いや、消された。最初は無視され、そのうちに人びとによってたかって袋だたきにされて消尽してしまいそうなのだ。焼かれるのは苦しい。発せられる悲鳴が聞こえる。そういう悲鳴に覆われた時代の「時代精神」って何だ？　こうした意味において、ぼくは「七〇年」とひとくくりの時代とはいうものの、これを「戦後精神」とか「戦後的価値」という言葉を遣って表現したくない、表現しにくい、と言ったのです。ぼくのメールのあの箇所ではそれ以上の意味はありません。

ただ、そうした文脈で言うと、大窪君が展開しているいくつかの論点が、ぼくの問題意識とちょっとすれちがってしまうような気がしています。とくに大窪君が「近代精神」と自身の思想形成を語り、そのうえで「近代精神のなかから救い出せるものは何か」「近代社会の残骸のなかで生きながら、それに代わる社会での生き方を模索」しようという。そうだとすると、ぼくは大窪君のその思考の「流れ」としては共感しつつも、こう呟かざるをえないのです——ちょっとすれちがうんだナ、ぼくと。

反対、と言うんじゃない。その土俵に乗るにはぼくは未だ機が熟していないということ、第一、「近代精神」という概念だって、ぼくにはまだ大窪君みたいに分かっているわけでもないし、しっくり来ているわけでもないんですよ。ぼくはもう少し横道を歩いてみたいのです。概念にとらわれず。それはご勘弁を願うほかない。メールでは、ひきつづき脈絡なく飛んでしまうかもしれない想念の断片を記してみます。

その一つ。前の世代に対する「無条件の敬意と関心」ということ（大窪は、直前の書簡で「若い世代との対話は、僕ら自身が現在の情況にみずから直面し、僕らの体験のなかでもっともクリティカルであった場面を、現在の情況との関わりにおいて語れるものでなければ成り立ちえないのではないか」「受け手の生き方に資するようなものを贈れないままに、『無条件の敬意と関心』をもってもらえるということはないのではないか」などとのべている）。

どうもこのテーマになるといつも思うのだが、ぼくは大窪君に「痛くない腹」を探られてる気がする。若い世代はぼくらをもっと「見て」「見て」と、ぼくが思っているのではないか——そう言われている気がするのだけれど、それはまったくの誤解！　かなりの誤解であるということ。

ぼくは「前の世代」と言っているわけで、ぼくにとっては「昭和ヒトケタ世代」から遠く明治の世代に及ぶ相当の距離感覚をもった「前」であるということ（明治を通して幕末の息吹さえ感取したい欲求）は、あらためて強調しておきたい。そういう歴史に対する敬意と関心がぼくらの世代にはあった、そのことを言ったわけで、狭い意味でのぼくらの世代をもっと「見て」などとケチなことを言うわけがない。見たくもない人の目をこちらに向かせることが容易じゃないこと、ぼくはよく知っているつもりです。牛は川のほとりまでつれていけるけれど、水を飲ませるのは無理。

ぼくにとって問題は、いま、若い人たちの多くが「前の世代」への興味を失っているように見えること、「敬意と関心」どころじゃない。それはかれらにとって（直近の）「前の世代」への反感などという次元でさえない。振り返ることへの興味、いわば歴史への興味の欠如です。べつの言い方をすれば、自己確認（省察）の一部としての振り返り機能の欠如。これはいまの若い人に限らない。あらゆる世代に共通の問題状況かもしれない。なぜそうなってしまったのか。それこそが「七〇年」の問題性の一つなのではないか、ぼくはそう思っています。

彼らはいつも走っていないといけないのです。永遠に走り続ける実験動物みたいに、脇目もふらず前へ、前へ。そうなると、振り返ることなどとうてい無理。振り返ったとたんにかれは追い抜かれ脱落者になるのですから。それは居たたまれない恐怖です。とりあえず現在位置をスマホで確認し、今後の方向を探る。おそらくそこが精一杯のところではないか。そこに「見て」「見て」なんていうヘンなおじさんがヨコから口を出したら「おまえバカか」ということになるでしょうねぇ。

そんな時代、ときどき「過去」が熱狂的に人びとの話題にのぼるときがある。「南京虐殺」なんて無かった、ちからあるものが叫ぶ、それにならう人がつづく、躊躇いの声へ強烈なバッシングがつづく。「もうちょっとちゃんと歴史を検証しましょう」だれかが勇気をもって声に出す。でも、そんな、たしなめる声にはだれも耳を貸さない――そう、みんな忙しいのです。そんな余裕がないんです。振り返ろうなんていう「無駄」な時間に割く時間は無いんです。そんなヒマのあるやつはどこぞの大層なサヨクか？　これはもう野蛮以外のなにものでもない。

社会全体が余裕というものを失ったということなのだろうか。結果、過去と未来を両にらみしながら現在位置を確かめる、そういう社会的文化が消えつつある、ということなのか。ぼくには、幾層にも重なる前の世代に象徴される歴史に対する「敬意と関心」を、社会の側が意図的に放棄（無視）しているように見えるのです。「敬意と関心」があってはじめて歴史の「架橋」も可能となるのだが、その前提が掘り崩されている。もう、そんな土壌が枯れ果ててしまったのか。これは「七〇年」問題の一つの焦点ではないか。この辺でとりあえず一区切り、とした上で、関連してひとつ。


「公理」について〔大窪は、前の書簡で「戦争が悪であるのは公理だから戦争を放棄するのだ」というのが戦後民主主義の立場であるとするなら、それは独立のための戦闘行為、帝国主義支配に対する武装抵抗行動をも否定することになり、また対米従属をのりこえて日本人民共和国が樹立されたときに日本の自衛をどうするのかという問題を回避するものであり、戦争放棄の問題は、そのような立場によってではなく、歴史的な国際関係の構造のなかで具体的にその意味と機能をとらえなければならない——僕らは六〇年代のヴェトナム反戦運動のなかでそう考えていた、と批判した〕。

一九八〇年代半ばのころだったと思う。喫茶店「版」で開かれていた読書会でのことだった。例の古在さんの会です。高校生から大学生、主婦やサラリーマンたち二〇人ぐらいだったか。どんな文脈だったかまったく記憶にないのだが、一人の高校生が古在さんに質問した。「先生、戦争はなぜいけないんですか？」。一瞬、古在さんは質問者に顔を向けた。座は静かになり、先生がどう答えるか空気は緊張した。残念ながら、そのとき古在さんがどんな答をしたか記憶にない。ただ、ひとしきり説明した後で、古在さんが語ったことは今でもよく覚えている。

戦争＝悪ということは、本来、「公理」なんです。公理とは証明不要ということなんです。太陽が西から上がることはない、三角形の二辺の和は一辺より長い、これは中学生までは証明が必要かもしれないが以降は証明不要ということ、戦争も差別もこれがなぜいけないか、それは証明するまでもない、というのが「公理」なんです――概してそんな話だったと思う。

じゃあ、先生、ベトナム人民の側からみた解放戦争も戦争ではありませんか？　その場ではそういう質問は出なかった。古在さんのそのときの主な関心は、かつて「公理」とされた「常識」が通用しなくなっている社会的風潮への苛立ちだったのだろうか。あのとき、もう少し古在さんと話をつづけていたらどう展開しただろう。いずれにしても「公理」をめぐる会話はあのときが最後だった。

古在さんのいう「公理」が、戦後史においていつごろから揺らぎはじめたのか。今や揺らいでいるどころではない。集団的自衛権など戦争をすることが前提となった議論が、カタチの上では今や多数派なのだ。どうやら、非戦・反戦を証明するのに汗をかかなきゃいけない時代になってしまったらしい。新聞広告欄に載った週刊誌の巨大見出しには連日頭をぶん殴られる気分だ。「××は『売国奴』『国賊』だ！」最近は「非国民」という言葉さえちらほらと出てきている。ぼくはこれらの言葉に接するとき、肉の部分で微かな緊張が走る。少年の原始の記憶に残っているのだ。ヘイトスピーチの現場ではモロにそれらの言辞がまかり通っている。

戦後社会が産み育てたいくつもの「公理」を戦後「七〇年」は葬り去ってきた。その死屍累々たるとりあえず、ここで止めておきたい。

荒野をぼくらは眼前にしている。それを招いたにあたっては「戦後思想」にも責任があるといった言説がありうるのはぼくも知っている。しかし、とりあえずぼくは、荒々しい野蛮が周囲をなぎ倒して闊歩しているのを見ていると、こちらがかしこまる気分にはとうていなれないのだ。――このハナシ、とりあえず、ここで止めておきたい。

ハナシ転じて、しかも前に戻って恐縮だけれど、「前の世代」との継承、架橋といったテーマに関連して。前述したことと直接の関係はありません。

ぼくにとっての直近の「前の世代」は、いわゆる「昭和ヒトケタ世代」といわれる人たちです。ぼくは一時期、彼らに対して複雑な心理に陥ったことがある。七〇年代に入ってから、ぼくの学習塾講師時代いわゆる失業時代だったと思う。世間では「昭和ヒトケタ世代」の作家たちの作品に注目が集まっていた。注目の前後関係はすっかりあやふやだが、彼らの作品がどれもまぶしく見えたのだ。

五木寛之の「デラシネの旗」(一九六九年)は前年のパリ五月革命の見聞から書いたものだが、その内容というよりタイトルに衝撃を覚えた。かっこいいなぁ。五木のタイトルはいつも新鮮だが「デラシネ」には参った。これは本来「オレの旗」じゃないのか。同じく五木の七六年「青春の門 筑豊編」。内容を読む前に、舞台が北九州の炭鉱だということが衝撃だった。オレの「青春の門」はかすんでしまった。野坂昭如は自らを「焼け跡闇市派」と呼んだ。そして「火垂るの墓」(一九六七年)は同世代の人びとの共感を呼んでいた。ぼくも読んでみた。まさにオレの少年・幼年時代そのものじゃないか――そう思いつつ、オレにはこうした表現ができないと思われることに苛立った。かねて大江健三郎が東大病院地下室を舞台に「死者の奢り」を著していた。

総じて「昭和ヒトケタ世代」の颯爽とした活躍がまぶしく感じられたのだった。ケチな根性といえばそれまでなのだが、どうしても彼らにかなわないことが分かっていたから、余計に苛立ったのかもしれない。彼らはみな「一九四五年」という「門」を一人前の少年としてくぐっているという事実だった。五木寛之一九三二年、野坂昭如一九三〇年、小田実一九三二年、大江健三郎一九三五年。かれらが産出した作品のいずれもが、一〇代の少年のみずみずしい感性であったからこそ描けた世界だった。当時五歳の少年にとっては、親の疑似体験を水増ししてもとうていかなわないことだった。彼らは精一杯の力で、見聞し感取した世界を作品というカタチで表出していた。思うに彼らは、「四五年」体験を後の世代に架橋しようなどと優しくはなかったよ。言いっぱなしだったと思うよ。そういうもんじゃないかと、今だから思う。

ケチな根性のついでにいえば、ちょうどそのころに重なって、「団塊の世代」が台頭してきたこともこたえた。つまり見渡す限りのマスコミは、団塊の世代の拡声器になっているようだった――時代の寵児。べつに党派闘争とは関係ない。概して反日共系、ノンセクト・ラジカルと呼ばれた世代が、さまざまな論壇を席巻していた。かれらの世代の特徴は、あえて「四五年」を無視し、それをくぐらなかったことの特権を思う存分にふるっているように見えたことだ。それのどこが悪いんだ！「四五年」の諸価値？　そんなもの欺瞞だ！　戦後民主主義ナンセーンス！　量を頼みに量をかざして無知の特権を振り回しているように見えた。

そんな喧噪のなか、ぼくらは「昭和ヒトケタ」と「団塊」に挟まれた「谷間の世代」なんだ、そんな思いがよぎった。わが人生の中でそう長くつづいたメランコリーではなかったけれど、ある一時期、ぼくらの世代の「層の薄さ」を痛感したことがあったのはまちがいない。層の薄さは声量の大小に直結していた。戦前生まれにしては、社会的には比較的自己主張の弱い世代といえるかもしれない。大窪君への返信のなかで、架橋とか継承とかぼくが盛んに展開しようとする背景には、その深層心理としてこうした「谷間」意識があったのだろうか。

ちょっとくたびれました。この辺でいったん区切りにしましょう。

（川上追記：これまでメール上では気楽にニックネームで呼んできましたが、公開した文書では不親切だと思うので大窪君に変えます）

一四・九・二九

「回り舞台」は回ってしまったのか。

大窪君とのブログ上でのメールの交信を一種の「論争」と考えた場合、その「かみ合い」の中からお互いの認識の深まり、広がりを予期し期待する、もしくは認識の隔たりを確認し、その確認の中からそこに潜む「新しい問題」を発見すること、これが通常のあり方かもしれない。その点でいえば、ぼくは大窪君の寛容に甘えてきたとおり、あまりそのことに留意してこなかった。むしろ、最近とみに強まるおのれの想念の世界を中心に考え、大窪君の通信をそのための格好の「誘い」と考え、それを期におのれの新しい好奇心を刺激し、さらに記憶の倉庫に埋もれていたものを引き出すきっかけにさせてもらってきた。こうしたぼくのわがままにも関わらず、今回の通信でも大窪君は、戦後史に関するそれぞれの認識の差と概念の系譜とを丁寧に整理し、その上でいくつかの質問という形でまとめてくれている。今後のために、ぼくの想念の展開は後回しにし、まず質問に応えられるところは応え、あわせて、なぜ、ぼくがわがままをつづけてきたのか、少しばかりふれておきたい気がする。

たしかに、大窪君の指摘のとおり、戦後史のスタートにあたり、結果的に人びとはそれ以前の時代の歴史的精神的資産（初々しい精神）を継承することができた。人びとは、敗戦という未曾有の民衆的経験をも噛み砕いて吸収し直し、新しい精神的資産（戦後精神）として形成し直したと言えるだろうか。それには、明治の精神のみならず、「わだつみ世代（一九二〇年代初期生まれ）」の壮絶な精神的苦闘（「きけ　わだつみのこえ」のほか最近「東京新聞」から出た「真実の『わだつみ』」など象徴的には木村久夫遺書、これらについてはいずれちゃんとふれたい）、前回少し述べた「昭和ヒトケタ」世代の精神的展開、獄から解放され息を吹き返した日本共産主義者と当時の在日朝鮮人と中国人の政治・社会活動の展開などが、占領下という条件のもとで、熱気を保ちながら泡だち、それぞれの色彩の蒸気として混じり合い化学反応を起こす過程が、不可欠いや必然であったともいえるだろう。そして、その結果として、いくらかの時間をかけて、そこに誕生した精神的アマルガム状態が「戦後精神」といわれるものではなかったのだろうか。

いずれにしてもこのとき歴史はつながったのです。少なくともぼくの体内には、その時代のアマルガムの一片一片が記憶の断片として残っています。ぼくは現在でも、つい最近にいたるまでの見聞によって想像できる「仮想事実」の欠片の数々をも、できるだけ体内に残そうと思っています。そうでないと歴史が可哀想ではないか、と思うのです。人びとに残った固有の記憶の断片（それぞれの人の断念とか再生とか妥協とか、あるいは、忍耐の限界と逃亡と、結果として残った怨念とか、その他一切）の総量が歴史の「架橋」の成否と内容を決めるのです。

　ぼくがそもそも大窪君のブログに刺激され「反応」したきっかけとなったのは、こうした背景をもつ「戦後史」がその没年とともに人びとの記憶から消去されようとしているのではないか、そうした虚妄感からでした。べつに「二〇一五年」がどうの、ではないのです。歴史と記憶は「七〇年間」のうちに徐々に浸食され、変質し、結果として、単なる事項と事件の羅列と化した年表だけが残った。その年表さえ、大事なことが消され怪しげな「事実」が追加されるようになった。歴史の偽造です。あえていえば、「二〇一五年」は年表風に言うところの象徴的な意味になったのだ。

　ぼくは消去されるものが「歴史」と「記憶」ではないかと記しました。「戦後精神」「戦後民主主義」の概念はできれば避けたいと言いました。そのココロは、「戦後」の意味さえ風前の灯なのに（「えっ、日本は戦争で中国に負けたの？」「アメリカにも負けた？　そりゃウソだろう」）、その「精神」や「民主主義」を検証することの無力さを思うのです。激変するスピードにアタマがついていけない。たとえ必死についていったところで、そこにどれほどの意味があるのか――そんなところにありました。

　ガラちゃん、いまや「売国奴」「非国民」という言葉がメディア上を肩いからせて闊歩する時代になってしまったんだぜ。あっという間の逆転世界の出現だ。正面に戦後史を体現する回り舞台があるとして、それがまるごと回転し裏側に消えてしまいそうなのだ。情けないのは、奈落の底でメディアの音頭に合わせて、ぎしぎしと舞台を回転させているのが国民自身のように見えることだ。ぼくの錯視錯覚ではあるまい。「戦後精神」？　オジサン、それって何？　どんな精神なの？　ぼくがあの世でこの世のことを報告したら、先人たちはどんな顔をするだろう。

だから、ぼくは分かるのです。大窪君が「戦後精神」「戦後民主主義」の潮流を主流（丸山真男）と傍流に分け、傍流としての日本共産党の流れを概括的に説明し、傍流自体その三回にわたる分岐を概説してくれた。ぼくは濃淡はあるもののこの三回のいずれの分岐にも関わっているから当事者たちの痛みを含めてよく分かるつもりです。概説自体、ぼくはほぼ了解です。

ところが、主流であれ傍流であれ、それらの形成に関わった当事者たちの末裔の現状はどうなっているのか。少なくとも傍流においては、ほとんどの人たちに分岐自体の記憶もなく、指導者の中には「そんなことはなかった」と語る者もいたり、自身の歴史を消しゴムで消して幾度も修正しているうちに、自身も含めて歴史が分からなくなり、結果として消えてしまったり。はたまた全共闘運動が主流・傍流を問わず闇雲に「ノー」を突きつけたのはいいけれど、そのあとに何か残ったのか。その痕跡さえ無くなっているように見えるのはなぜか。ぜんぶ引っくるめて、歴史は何かの「妖怪」に呑み込まれてしまったかのようではないか。ぼくは末裔たちの責任を問おうと言うんじゃない。彼らだって何が何だか分からないんだ、正直なところ。いつの間にか呑み込まれてしまったというのが実感じゃないだろうか。

では、呑み込んだもの、壊滅させてしまったものの正体は何だろうか。人間の理解・認識能力を超える変化を人間に強要し迫っている力、すべての変化という変化を幾何級数的変化に転換してしまったものの「正体」は何だ。

そう問われたときに、「戦後精神」(「近代精神」なき「近代化要求」?)が自ら孕んでいた陥穽=落とし穴を指摘することはできるだろう。みずからその危機を招いたのだとして、「戦後民主主義」が自分で墓穴を掘ったんだとすることもできるだろう。「キアズマス」の伝でいけば、「元年」の切断面に「没年」の凶相はすでに現れていたのだと納得することもできるだろう。検証にはそれなりの価値があることは間違いない。それは、先程来の「正体」探しの役に立つことでもあるだろう。
しかし、それでは遅すぎるのではないか。ぼくらが滅んだあとの世界で生きる若い世代にとって、そんな「正体」探しはどれほどの意味をもつのだろうか。むしろ彼らは、そんなことにほぼ興味を失っているのではないか、と思うのです——ああ、これ以上つづけようとすると、ぼくは空理空論に発展しそうな予感がするので、一旦、話題をずらします。

戦後史が「没年」を迎えようとする背景にある巨大な事象のことです。いよいよもって人類史自体が存亡の危機を迎えようとしているのではないか。じいさんたちの「床屋談義」に近いかもしれないけれど、ぼくらの周辺の普通のおじさん、おばさんの世界ではごく日常の話題になっているのは事実です。毎朝BSテレビで各国のニュースを見るけれど、異常を通り越した凶暴な気象、国土が水没の運命にある人びとの移住計画、エボラ出血熱なる疫病の蔓延、蔓延の結果としての罹患者・死亡者数の予測、海で砂漠で高山地帯で漂流している途方もない難民の群れ、辿り着いた人間を棍棒で追い払う排斥運動……人類史が終わっていくその様を、ぼくはリアルタイムで目撃しているような錯覚に陥るのだ。この巨大な事象を前にしてなにを語っても、もうムダではないか。もはや手遅れではないか、そんな気分に襲われるのはぼくだけではないだろう。

かつて「猿の惑星 創世記」(一九六八年)という映画があった。ぼくはずっと後になってこの映画を観たのだが、そのラストシーンが強く印象に残った。あのラストはぼくらが滅びたアトの話で、いまのぼくらはあの寸前の世界、この世のオワリを生きている、と言っていいのだが。そのラストシーンでは、ほぼ壊滅状態の地球に宇宙から生還した一組の男女が砂浜を歩いている。戻ったこの星が地球だとは信じられず、ここはどこだろうと訝しんでいる彼らの前方に自由の女神の残骸が横たわっていた。納得し何事か語り合いながら二人は歩いていく。微かなる人類再生の夢を託したまま映画は終わる。

じつはこの映画には続編「猿の惑星 新世紀」があり、現在上映中だ。前作のラストから一〇年が経過した後、それぞれ孤立して生き残っていた人間と猿のコロニー世界が、あるとき偶然に接触してしまったとき、二つの世界はどうなったか。彼らは共存できるだろうか。不幸な未来を予感させつつ映画は終わる。これはこれ――とりあえず、これ以上語ることはない。

砂浜の男と女に戻る。ぼくらは彼らのために何かを残せるだろうか。瓦礫をよけながら砂浜を歩く彼らは、壊滅という結果を痛みの記憶とともに引き受けなければならないのだが、とりあえず彼らが歩んでいる大地は、過去とはしがらみのない「更地」なのだ。旧世界は残骸としてしか残っていない。そんな世界に降り立った彼らのために、瓦礫しか残せなかったぼくらが、「ためになるような」何ものかを残せるだろうか。

自分が「彼ら」の立場になって考える。おそらく「オワッテ」いく「サマ」を克明に残した記録は参考になるかもしれない。その記録は、できれば「事実」にこだわり、ディテールに気を配ったものが望ましい。その方が嘘や誇張が入りにくい。事実の解釈は生き残った「彼ら」が再生のためにするのであって、壊滅の当事者による解釈は参考程度でいいだろう。壊滅の解釈が残されてもあまり参考にはならないのではないか。ましてや「自分たちは正しかった」式のものは「そう言いながら滅んだんだ」と言われるのが関の山なのだから。解釈は良質のものだけでいい。

翻って非力なぼくに何ができるか（そう、ぼく個人です）。

もし残せるものがあるとしたら、「彼ら」二人に参考になるような人間のものがたりだろうか。滅び行く世界を実感しながらも、あえてこれに抗い、人間らしく、人間の速度で生きようとした個々の人間の、飾らないものがたり。さらには、その人たちに残っていた記憶の断片。末世だからといって自棄を起こさず、楽しかった記憶を披瀝《ひれき》することによってみんなと共有し、すでに滅んでしまった人びとの記憶の断片さえ、今の時代に再生させることによって歴史を再生する、そう、歴史の復活です——そんなことの一部であれば、ぼくにも力が残されていたら、やれるかなあ。

名も無き市井の民のものがたりや人びとの記憶の断片が残されたからといって、「彼ら」がそれをどう使うか。そんなことは分からない。注目するかどうかさえ分からない。しかし、それを選択するのは「彼ら」なんだ。新しい設計図の素材としてそれを使うかどうか決めるのは「彼ら」。断片を組み合わせ、新しい「絵」を描くのは「彼ら」なんです。「彼ら」が真剣にそこに目を配り、計画を立てて始めたとき、少なくとも、いったん閉じられた人間の歴史が復活するのではなかろうか。

――ハナシをずらしたのはよかったけれど、またまた、大窪君の通信とあまりに大きくすれちがってしまったようです。

ぼくがここに書いてきたこと、一気に吐き出してしまった気分のような文章の痕跡を読み返すと、大窪君がさいこくんとの対話を通して記した三段階のそれぞれの状態〈大窪の書簡によると、「三つの状態」とは、「その普遍的命題がもつ具体的で固有な力を実感できている」第一の状態、「その普遍的命題がいっていることの必要性と合理性が社会的ルールとして通用していると実感できている」第二の状態、「そのいずれでもないけれども、しかし、その普遍的命題を護持しなければならないと観念されている」第三の状態〉とは、あまり関係なく語っているようですね。むしろ、無関係に。あえていえば、ぼくは「日本の近代化が近代精神なき近代社会をつくり」だしてしまった結果に対して、呆然としているだけなのかもしれない。「戦後民主主義を称揚してきた知識人や社会運動家」のように「それまで通りの主張を繰り返す」ことをしたり、あえて原点にもどって旗幟鮮明《きしせんめい》の力を振り絞ったりしないだけで、ひたすら嘆いているだけなのかナ。そうかもしれないな、とも思うのです。

たしかに呆然としている。それはまちがいないのだけれど、かつての言葉の「武器庫」（！）では説明しきれないばかりか、理解もできないような現実が、眼前に次々と起こっているように見えるからなのです。ぼくの分身がその舞台にはたくさんいたはずのその回り舞台が、あっという間に向こう側に消えてしまいそうな感覚――その辺の事情は「痕跡」の中に縷々記したように思うのですが。そして、ぼくの感覚的表現とはちがって、「新しい中世」を提起する大窪君には、べつの表現があるはずだ。互いに認識として共有できる共通の現象に対して、べつの言葉で光を当てられるのではないか。

それを願うのだけれど。近代から脱近代には橋は架けられない。それはそうだ。だが、オワッタあとも人類史は在るのだとすれば、ピリオドを付した歴史として彼らに手渡しするのは、ぼくらに残された最後の仕事ではないだろうか。

戦争と「公理」についてのエピソードの件。

ごめんなさい。これは、ぼくの記憶に大きな勘違いがあり、それを前提にしてあらぬ方向にぼくが展開したので間違いがいろいろ出てくることになりました。

読書会で古在さんが「公理」について話したのは、トマス・ペイン「コモン・センス」（一七七六年）をテキストにした際であった。トマス・ペインはこのテキストで、アメリカ独立戦争の論理的根拠を明らかにし、イギリス本国政府が植民地の人民の権利を侵害するならば、人民はその支配から離脱し独立する権利を有することを主張した。そしてこの論理は植民地人民にとっての「常識＝コモン・センス」であるとし、テキストのタイトルにしたのだった。ペイン自身、その後、独立軍将軍の副官となり戦争に参加し、のちにワシントンのもとで働くことになった。つまり、ここでの話は「戦争＝悪＝公理」という理屈とは真逆のことだったのです。人民を抑圧する不当な政府に対する反乱＝戦争は人民にとっては「常識」なのだということ。そうした「常識」とは「公理」とも言えるということ。この延長上に、古在さんの「ワシントン贔屓」があるのでした。

たしかこの読書会でも、最後に古在さんは、腕を振り振り「将軍ワシントンを讃える歌」を歌ったのではないかと思う。かねて一九六〇年代から七〇年代にいたるベトナム反戦運動において、知識人として古在さんが果たした歴史的貢献については今さら繰り返すまでもないでしょう。「戦争＝悪＝公理」の話がどういう文脈の中から出てきたのか、前信にも記した通り、記憶は定かではありません。高校生に説明するに際し、敗戦直後の民衆の気分を肯定的に評価したうえで八〇年代との比較を表したものだったか、あるいは八〇年代半ばにおける「戦争」という現実、身近に迫っていた（人類絶滅を意味する）「核戦争」の予兆に対する、古在さんの洞察、改めてする洞察の結果としての戦争評価、それらの一端を吐露したものであったか、この辺も定かではありません。ただ、「公理」についての話は、ぼくが聞いたのはこのときが最後でした。

なお、「公理」に関連して大窪君が展開しているいくつかの論点には、ぼくの勘違いを除けばあまり異存はありません。

大窪君、今回もすれ違ったかな？　これでも今回はできるだけ議論がかみ合うように努力したつもりなのですが——。

一四・一一・一三

「時代経験」として〈いま〉を語れるために。

大窪君の最新論、スムーズに素直に読むことができました。ぼくの希望や言いたいことを大窪君がかなり的確に受け止めてくれていると感じました。現代にあって、ぼくが、「人間らしく、人間の速度で生きようとした個々の人間の、飾らないものがたり」や「その人たちに残っていた記憶の断片」

などを記録に残し、さらには「すでに滅んでしまった人びとの記憶の断片」さえも、「今の時代に再生させること」に意味があるのではないかと書いたことに、大窪君は肯定的に応えてくれました。こうした作業を「手を組んで」いっしょに進められればありがたいと思う。

その作業の延長上には、個々の人間の「記憶の断片」のみならず、過去において、人びとが群れることによって引き起こしたさまざまな種類の埋もれた「事件」さえも、視野の射程に入って来るだろう。もう少し時間の余裕があれば、溢れる塵芥の中に隠され埋もれてきた歴史的事実を発掘していくこともできるだろうか。これらの作業の先にこそ、「歴史の再生」「歴史の復活」があるのだと思うのです。

大窪君は、記録を残そうとする際のぼくの姿勢を問うています。端的に言えば、『素描・1960年代』（二〇〇七年）の文中でぼくが語っていた「ファイティングポーズ」から、後退しているのではないか、と。つまり、未来に対する「絶望」感の度合いが強すぎるのではないか。ぼくは読みながら、ああ、そうかもしれないな、とも思う。これまで体力まかせで多少の困難はねじ伏せてきた自信過剰の人間にとっては、加齢その他の最近になってわが身をしばる不可逆的な衰勢には、抗いがたいものを感じているからです。正直に言えば、たしかにこうした「諦念」のようなものはある。だが、大窪君の指摘を読み、あらためて考え直してみた。

＊＊＊

思うに、大窪君にとって「絶望」と感じられるぼくの「終末」感、「終わった」感には、眼前に見る光景（時代認識）を、なんと表現していいか分からない、ぼくの馴染みのある言語では説明がつかない、そうした「手に負えない」感といえるようなものがある。絶望というよりは驚きというべきか、はたまた狼狽というべきか――そんな表現のほうが当たっている面があるのだ。もしこれまでのぼくの送信文で誤解があったら、この際、補足しておきたい。

大窪君の指摘がきっかけになって、あらためて『素描…』の最終章の「対談」に目を通してみた。ぼくの率直な印象は、いまのやりとりはあのときの延長じゃないか、ということだ。そしてぼく自身は、あのころとほとんど変わってないな、進歩もないけど、突っ込みもそれほどやってないな、深まっていないな、という思わずの苦笑でした。

例えば、ここでの、「絶望というよりは驚き」や狼狽、といった問題もその一つ。「対談」では、「概念が欠けているところにこそ、ことばが折りよく現れる」と、大窪君がメフィストのことばを紹介している。まさにそうなんだ。メフィストのときは「折りよく」ことばがあらわれたけれど、いまは、そのことば（「散文」）も出てこない。概念が破綻していることはたしかなんだ。驚きに満ちた「何とも言えない」この時代を説明する概念が、ぼくには見つからない。だから狼狽もする。馴染みの概念で説明しようとすると肝心なことが抜け落ちてしまう気が残る。既成の思考枠組みからでは、驚きを説明することができない。名状しがたいものは、どうしてもそこからこぼれ落ちてしまうのだ。

こういうと、ぼくが大層な「哲学者」風なことを言っているように受け取られるかもしれない。でも、誰だって似た体験、経験をもっているのではないか。

戦中時代のことである。町で用事を済ませた母親と娘が家路を急いでいた。信州の山中のことである。雲間から洩れる月明かりを頼りに、少女の手を引いた母親はずんずんと歩いていく。近くに狐か何か動物の目が光っているのが見えた。少女には、道も見えない漆黒の闇の中を、自分たちが風のように走っているように思えた。少しばかりの恐怖が背中に張り付いていた。突然、視界が開けた。そこは馴染みの小学校校庭だった。ここからなら目をつぶっても家に帰れる。少女はほっと胸をなで下ろした。「お母さんって、魔女みたい」。そのときの少女の驚きを表現することばは「魔女」のほかには見つからなかったことだろう。

後年、当時を振り返ったその女性は、「あの驚きをそのときの私は口に出せなかった」。ことばが見つからなかったのだ。計り知れない母の偉大さへの敬意も含め、多くのことばを豊かに駆使して、周囲に説明できるようになったのは、ずっとのちになってからだった、という。

受け売りだが、内田百閒が言うには、体験を記憶のままに記したものは経験ではない。体験を一旦は忘れてその後で思い出し、自分のことばで綴り合わせたものが経験といえるものなのだ、と。山中を風のように走った少女の体験は、数十年ののち、ふとした第三者との対話をきっかけに、遠い記憶の回路を通して駆け上がってきてことばとなった。そのとき、彼女の体験は経験となったのだ。

ぼくの「時代認識」に戻ろう。ぼくだって、いつまでも「諦観」のなかに浸っているわけではない。いずれぼくらの世代の「時代経験」として、「いま」を語れるときがくるだろう。しかし、それまでの暫しのとき、既成の思考枠組みでは整除しきれぬままの形で、ぼくらの体験を表現しておくほかないだろう。古い世代としては、古い思考枠組みの方法で、「〜のようなもの」「〜に似た感じの」と、今風に理解してもらえるように工夫して記しておかなければなるまい。

忘れてほしくないのは、ぼくもまた、この時代を「時代経験」として納得したいと思っているということ、言い換えれば、この時代と「折り合い」をつけるということだ。そうすれば、この時代を自分の未来につながる時代として生きざるを得ない若い世代と、どこかでことばを共有できるのではないか。それを期待しているということでもある。

だが、ぼくらに残された時間は少ない。しかも「経験」として納得する道はそう容易くはない。そう考えると、この際、今後のために、問題をいくつか整理しておいたほうがいいかもしれない。

＊＊＊

一つは、驚きに満ちたこの時代に、キミは（ぼくは）「いつ」遭遇したのか、という問題がある。つい最近のことなのか、それとも一〇年、二〇年来のことなのか、ということ。大窪君は「精神を失った」「近代化」の結果として、この驚きに満ちた時代は誕生したのではないか、という。そして、それは「一九七五年」までの社会が生み出したものだと指摘してきた。『素描…』では、いくつかのメルクマールを提示しながら強調していたのだったよね。

これに対してぼくはなんとなく曖昧で、今回は、「戦後七〇年」の結果として、忘却の時代が生み出したのだ、というような言い方をしてきた。刻々と変身を繰り返してきた戦後七〇年だったということ。しかもその変化は、経済も、社会も、人間の意識も、すべてが幾何級数的、放物線状なものであった。だから、時間軸としてのX軸を微少に移動させても、手加減によってはY軸の変動は天井知らずになることだってある。戦後「没年」としての二〇一五年になって見上げた放物線の果ての景色がどんなものなのか、霞んでまったく分からなくなってしまった——。ぼくにはそんな感覚があった。X軸をどこで刻むか。一九七五年、一九八五年、一九八九年、二〇〇五年……いろいろな考え方があるだろう。それぞれの地点からの上昇線と放物線との交点がどんな景色を見せていたか、あらためて検証することは必要であるのかもしれない。だが、放物線を押し上げているもの、その推力は何かということが、いずれにしても問題として残る。ぼくにとっては、X軸の刻み方自体は二次的な問題のように見える——そのときだ。その推力こそが「精神を失い、むき出しの欲だけに化けてしまった近代化」ですよ、という大窪君の声が、ぼくには聞こえるような気がするのです。ちがうかな？　今後の問題点の一つだろうか。

＊＊＊

もう一つの見方。〈いま〉の時代を見るなら、いっそのこと原点との比較において見たほうがいいのではないか、ということ。「戦後七〇年史」はむしろ、一九四五年から始まった時代の溶解過程だったのだ、と。そう考えると、ぼくは前信で「〈キアズマス〉の伝でいけば、〈元年〉の切断面に〈没年〉の凶相はすでに現れていたのだと納得することもできるだろう」と書いたけれど、まさに〈元年〉の切断面を検証し、そこに見えるいくつかの〈アマルガム〉がその後どのように変遷と変貌を経た結果として、のちの時代の凶相となって現出したのか、そこを明かすことが必要ではないだろうか。

宮崎学や大窪君らは『近代ヤクザ肯定論』などの言説で、敗戦直後からのある期間、ヤクザと解放された朝鮮人、中国人らが、廃墟と化した焼け野原を生き生きと暴れ回り、闇市を取り仕切り、彼らがこれまでの歴史ではけっして光りを当てられることのなかった窮民たちとつくりあげた世界を描き出した。労働組合として組織された「組合」的団結と「組」的団結の比較も、部分社会のあり方に関する問題提起といえるだろう。さらに、近代ヤクザがどのようにして社会的権力として成立し、その後変質していったか、その構造の描き方も見事であった。

友人の井上学は、敗戦前後から朝鮮戦争に至る時期の在日朝鮮人組織と運動に詳しい。その詳しさは、彼らの呼吸の間合いにまで通じていると思わせるものだ。また井上は、戦後、コミンテルン下の日本共産党における、日本人と朝鮮人共産主義者たちの共同、同志的連帯の実態について検証を進め実態に詳しい。

生前の樋口篤三は、一九四五年から四七年二・一ストに至る時期こそ、戦後唯一存在した革命情勢の時期であったと言っていた。その時期、労働者による生産管理闘争に関する樋口の見聞と見解を聞く機会を逸したのは返す返すも残念だったけれど、〈元年〉後数年間における労働者運動の実相を、その断片であってでも復元しておく価値はあるだろう。

時代変革の主導力、推力となったこれらの諸力は、登場した当時、表舞台で輝いていた。時代の花形であった。べつに彼らがそのとき警棒で叩かれ護送車に乗せられていたかどうかなどは問題ではない。彼らには、押しも押されもしない社会的（ときには政治的）存在として、舞台では善玉・悪玉としての役回りが与えられていたはずなのだ。

ところがいつのころからか、これら諸力のいずれもが「異端」者扱いを受けるようになり、「変わり者」となり、挙げ句のはては「過激派」「反社会分子」などのレッテルが貼られ、彼らに同情し支援しようとする者には「売国奴」といった悪罵が公然と投げつけられるようになった。いま、諸力はいずれもその衰勢から逃れられないように見える。一見ドラスティックに見えるこうした変容が、諸力内部の変質過程とどのように内部呼応しながら進んだのか、ぼくにはよく見えないところがある。

それはともかく、いずれにしても、諸力のそれぞれが衰勢・変質・消滅の瀬戸際にあることと、この時代の閉塞感、終末感とは、おそらく深いところで繋がっているのではないか。もう一つの問題点と思う。

＊＊＊

三つ目の問題。それは、前項のつづきでもあるのだが、一九四五年がゼロからのスタートではないということ、過去をリセットしてから始まった原点ではないということだ。おそらく諸力を構成した人びとも含めて、「四五年」を迎えたときのおとなたちは、いまのぼくが当惑しているのに似た感覚をもっていたのではないか。

朝鮮人や中国人にとっては、突然訪れた「解放」のときであったろうし「春」であったかもしれない。その一方では、国家におのれの命運を預けたと信じていた昭和ヒトケタ世代、わだつみ世代の若者を襲った突然の「天啓」を前に、彼らが受けた狼狽は、戦後育ちのぼくらには想像もできないことだったろう。学生運動時代以来、かねてぼくが尊敬していた日本山妙法寺の佐藤行通師は、四五年八月、戦地から帰還するや皇居前で自決をはかり、それを藤井日達上人に諭され、以来信仰の世界に入り、平和運動に身を捧げることになった。ぼくの父親は、戦局悪化一途の時期にボルネオ島に征かされた。死を覚悟していたところに突然の降伏。オランダ兵に手を挙げたときは心底ホッとした。しかし、収容所生活に慣れてきたころ、現地住民による「人民裁判」のウワサが流れてきた。恐怖から、先行きはまったく見えなかったという。

おそらく、戦後〈元年〉のその年、前日まで権力者然として振る舞っていた者も含めて、この列島の内外に住み、この国と関わりをもつすべての人間が、従来の思考枠組みでは説明できない混乱（歓喜、絶望…）と狼狽を味わっていたにちがいないのだ。

ぼくの世代には、その時代のおとなたちの、こうした狼狽と混乱の息吹を肌で感じたという感覚が残っている。記憶を含めて肉眼と肉声が脳髄に刻まれた世代としては、現代史における最後の世代となるにちがいない。その意味では、「振り返ることへの興味＝歴史への興味」が失われ、「自己確認（省察）の一部としての振り返り機能の欠如」が特徴であるこの時代、できれば、ぼくらの世代に残る最後の記憶と見聞の断片を残しておきたいと思うのだ。

ヘンな言い方かもしれないが、六〇年安保のときも、ぼくの入党のときも（当然、離党のときも）、七〇年安保のときも、ぼくは振り返ることによって安堵した。あの年の八月一五日は、ぼくの回りでもいろいろなことがあった。疎開先の隣室で、同い年の女の子が日本脳炎で死んだ。母親の悲鳴がいつまでも脳裏に残った。同じ日、ぼくの従兄が牛車に山のように藁を載せ、途中で学校の校庭に立ち寄ると、大人たちがみんな泣いていた。そのときは涙の理由が分からなかった。後日、その従兄がぼくにそっと教えてくれた。「間もなくロシアが攻めてくるからチンチン取られねえように気ぃつけろや」。

なぜ安堵したのか——よく分からない。思い出されるのは、ごく日常的な些細な出来事ばかりである。〈大きなものがたり〉に繋がるような事柄でもない。強いて安堵の意味をさがすとすれば、遙か遠くから流れてくる歴史の大河、その淀みの一角に、泡のような小さな椅子があったこと、そこが自分の〈席〉だったと、勝手に信じられたということだろうか。いつでも（いまでも）その気になりさえすれば、ぼくは、その小さな〈席〉に座り、滔々と上流から流れてくる川面に映る過去たちと対話することができるだろう。安堵のひとときと言えようか。

人はみな、それぞれのそんな〈席〉を、大河のほとりにもっているのではなかろうか。もちろんそれは一九四五年に限らない。自分は何処から来たのか、いま何処かへ行く途中なのか、ふと考えさせてくれる、そんな場所でいい。それぞれが勝手に「原点」と決め、自己を確認できる場所であればそれでいい。

それはアリラン峠のようなものである。朝鮮半島にはもともとそんな名の峠はなかった。いま半島各地に在る同名の峠は、その後の人びとがそれぞれの時に思いを込めて命名したのだという。過去の戦乱の終わった時であったのかもしれない。あるときぼくは、ハバロフスクで謳われていたというロシア語のアリラン峠を聞いた。聞けば、中央アジアにもさらに西方にも朝鮮族の住むところにはそれぞれの哀調をもったアリランがあるのだという。峠の上に立った彼（彼女）は、新たな運命を予感しながら行く手を望み、さまざまな思いを込めて来し方を振り返ったことだろう。

四五年八月、ぼくらのさまざまな先輩たちは、峠の上で何を考え、意欲し、決別し、希望したことだろう。哀調のアリランとはちがったメロディーであったろうことは想像のつくところである。

****

一四・一二・八〔川上徹の最後の手紙（大窪一志宛メール）〕

その後お変わりなし？

今日はつぶやき……。

だんだんぼく自身の原稿とその他、がカタチになろうとしている。

その中間報告と相談と。

最近は内田樹、白井聡とか古くは加藤典洋×高橋哲哉論争とかが気になっていた。

つまり戦後生まれの者たちが手探りで「戦後」と「戦前・中」の「架橋」をはかろうとそれなりの論陣を張ってきた。ところが「架橋」したいはずの大正世代（大窪敏三さん〔大窪一志の父。自伝『まっ直ぐ』がある〕の世代）がほぼ全滅し、最後の世代である昭和ヒトケタが死に絶えつつあり、残ったのが、ついにぼくらの世代だけとなった……そんな意識はこの間のガラちゃんとの議論の背景でもあったのです。


一九四五年を期に「帝国臣民」が「日本国民」になる、その構造を理解すること、それが「戦後精神」といわれるものの「正体」を明かすことなのではないか。その際、「臣民」から「国民」へ、一個の人間としての「継続」と「飛躍」があるわけで、それはその時に置かれた人びとの立場によってさまざまな人生の色合いで生きた形となって表現される。大窪敏三を改めて読んだけれどたいへん面白かった（自伝『まっ直ぐ』のこと）。彼は軍事委員長なんかやるけれど、戦中も戦後も生き方としては「アナ」的ですよ。彼は変わってないんです。この点では木元康博と似ている（ぼくの中では、ネ）。敏三は「臣民」でもあり「国民」でもあるわけだが、一人の「有機的人間」として「継続」していたのであり、ひょいひょいと気安く「飛躍」を遂げた。あっけらかんとしている。他方、B級戦犯として処刑された戦没学生木村久夫、これを研究対象として生涯苦吟した陸軍少尉五十嵐顕の跡を見ると、「継続」も「飛躍」もかなり込み入っていて、文字通り決死なんです。前者は処刑、五十嵐は高校生の質問に答えつつ息絶えた。樋口篤三の場合は「戦友会」では涙を流しつつ、左翼の中ではそれを秘していた。左翼の中へと飛躍するには過去を切らなければならなかった。少なくとも切ったフリをしなければならなかった。でもね、つながっているんですよ、じつは。五十嵐は振り返っているのですよ。「あの時の中隊には人間の信義があった」と、それと戦後の共産主義者人生はつながっている。大学管理法闘争のときの学内集会、参加者が少なくて、五十嵐一人が両襷、両手に旗二本持ってデモしていたのが記憶にある。……というようなことをつらつら考えつつ、一九四五年を断面として切った場合に見える諸力、その「誕生」と「消滅」という大きなテーマに挑戦できないか、その端緒でも囓れないか、そんなことを思っているのですよ。井上学には先日の一九四七・一〇・五大会（?）だったかな、あれを突破口に朝鮮人と日本共産党を七〇年史に位置づけてほしい、と思っている。そして、ぼく自身の上記問題意識の背景にあるのは、「消滅感」とともに、最近は「アナ」的に生きる、若い人に考えてもらう、それっきゃない、という確信かな。国家と社会がこれほど分裂し、国家が社会にとってよそよそしい無縁な存在となり（低投票率）、その一方で社会が小さく消えそうになっているときの、最後の人類の生き方です。最後になって気づくのは遅かったけれど、ぼくの人生、「国家」にあまりに賭けすぎた、そんな反省です。ガラちゃん、親父様のこと、今度は自分の人生と関連して、一志として書いてみない？　そうするとぼくの構想・文脈の中で生きてくるような気がするんだけどな。いずれにしても内実はともかくぼくは、四人著者構想（座談会も含めて）はなんとか生かしたいのです。とりあえずのつぶやき。

人名索引

あ行

アイスナー、パーヴェル　48
浅野長政　195
朝日健太郎　52, 83, 124, 164
アジェンデ、サルバドール　26
安倍晋三　8, 91, 147, 168, 175
新井白石　150
荒木和博　34
荒岱介　2
アリストテレス　169
アレント、ハンナ　33, 74, 100, 101, 102, 104, 105, 106, 107, 110, 111, 129, 159, 200
安斉育郎　220
安藤昌益　151
いいだもも　44, 45
家永三郎　149
五十嵐顕　7, 88, 142, 155, 308
石川恒太郎　194, 195
石川啄木　182, 183
石島紀之　182
石原慎太郎　30, 31, 32, 33, 75, 223
石原吉郎　99, 103
石牟礼道子　228
市川白弦　44
五木寛之　286, 287
糸井重里　114
伊藤成彦　84
伊藤博文　182, 196
伊藤律　277
井上日召　242
井上学　303, 308
茨木のり子　59, 68
今井文孝　38, 158
今田好彦　126
植草一秀　169
上野千鶴子　114
上原真　146, 148
ウォルフォウィッツ、ポール　36
ウサマ・ビンラディン　229
内田樹　278, 307
内田百閒　300
榎本武揚　255
エマーソン、ラルフ・ワルド　193
及川孝　158
オーウェル、ジョージ　71
大江健三郎　286, 287
大窪一志（ガラちゃん）　5, 6, 7, 8, 126, 131, 132, 146, 170, 173, 190, 225, 228, 230, 241, 272, 273, 274, 275, 279, 280, 281, 282, 284, 288, 289, 290, 291, 295, 297, 298, 299, 301, 302, 307, 309
大窪敏三　7, 307, 308
大下敦　206
大杉栄　132, 137, 242, 243, 245
太田哲男　74
太田昌国　259, 261
大塚英志　114, 115
大畑龍次　85
大山巌　274, 275
大和田幸治　266, 267
小川晴久　158
沖浦和光　83
荻生徂徠　150
奥泉光　278
奥田英朗　143
尾崎秀実　274
小沢一郎　168, 175, 176, 184, 185, 187,

214
小田実　287
小野田圭介　121
オバマ、バラク　167, 168, 215, 229
小原紘一　243
オブライエン、ティム　88

か行

ガガーリン、ユーリイ　171
柏井宏之　41
勝海舟　255
加藤清正　195
加藤典洋　307
金原ひとみ　53, 55, 145
カフカ、フランツ　48, 183
賀茂真淵　150
唐牛健太郎　121
菅直人　175, 178, 182, 184, 185, 187, 214, 215, 220, 221, 224, 246
菅孝行　225
カント、イマヌエル　183
北島義信　76
キプリング、ラドヤード　105, 107, 110
金正日　35, 116
金永煥　130
木村久夫　289, 308
木元康博　308
雲英晃顕　121
草野信男　69, 149, 155, 156
久保田邦彦　125, 126
久保文　155, 156
グラムシ、アントニオ　41, 43, 83, 251
クリヴィツキー、ウォルター　103
クリントン、ヒラリー　224
黒沢和義　247
クロスマン、リチャード　103
クロポトキン、ピョートル　243, 244
クンデラ、ミラン　103
ケストラー、アーサー　103
ゲッペルス、ヨーゼフ　181
小泉純一郎　35, 84, 128, 147, 167, 168, 175, 187, 216
古在由重　45, 83, 116, 137, 148, 149, 150, 151, 153, 155, 156, 157, 158, 199, 269, 274, 275, 277, 278, 284, 285, 296, 297
小島弘　123, 140
小谷野毅　152, 153, 154
ゴルバチョフ、ミハイル　128
コルバラン、ルイス　26
近藤典彦　182
権藤成卿　241, 242
コンラッド、ジョゼフ　106

さ行

西郷隆盛　258
齋藤驍　60, 121
早乙女裕　141
酒井啓子　57, 58, 59, 76
坂口安吾　264
桜井よしこ　34
サダム・フセイン　58, 65
佐藤栄佐久　214
佐藤勝巳　260
佐藤行通　304
佐藤優　128, 131, 175
サルコジ、ニコラ　224
サン・シモン　233
シェイクスピア、ウィリアム　50
塩見孝也　51, 124, 171, 172
篠原浩一郎　140
島成郎　61
下山保　172
釈弘元　86
シャロン、アリエル　33

シャン・サ　276
朱川湊人　143
シュンペーター、ヨーゼフ　230
上佑史浩　114
白井朗　39
白井聡　278, 307
杉田玄白　150
鈴木邦男　237
鈴木宗男　177
スターリン、ヨシフ　102, 103, 131, 132
関川夏央　55
宗邦洋　159
ゾラ、エミール　105, 131
ソルニット、レベッカ　243

た行

高樹のぶ子　54
高杉一郎　103
高遠菜穂子　77
高野孟　169
高橋哲哉　307
高柳新　220
武井昭夫　119
タシナ・ワンブリ　40, 44, 74, 75
立松和平　22
田中清玄　122
田中森一　210
田辺忠顯　125
谷垣禎一　219, 220
田畑稔　191
田原総一朗　22
田宮高麿　191
チェイニー、ディック　229
チェンバレン、ネヴィル　36
池明観　36, 37, 38, 42, 52, 130, 131, 260
チャウシェスク、ニコラエ　157
チャップリン、チャールズ　72
全斗煥　129
辻井喬　227, 230, 258, 263, 264, 265, 266
辻元清美　181
常岡雅雄　164, 213, 255
戸坂潤　149, 273, 277, 280
戸塚秀夫　211
豊臣秀吉　195
トリアッティ、パルミーロ　83
ドレフュス、アルフレド　101, 105
トロツキー、レフ　40, 119, 191

な行

長崎浩　39
中西五洲　45, 137
中野重治　89
中野好夫　149, 276
西井一夫　61
ニーチェ、フリードリヒ　171
西部邁　121, 263, 264, 265, 266
ニュートン、アイザック　151
根本萠騰子　182
野坂昭如　286, 287
野村秋介　237

は行

パール、リチャード　36
ハイドリヒ、ラインハルト　276
ハイネ、ハインリヒ　191
萩尾信也　246, 253
萩原遼　260
バクーニン、ミハイル　233, 250
ハクスリー、オルダス　50, 51
長谷川四郎　99, 103
長谷川如是閑　73
鳩山由紀夫　153, 166, 168, 174, 175, 177, 178, 184, 235

原之夫　60
樋口篤三　7, 52, 140, 152, 153, 154, 155, 156, 157, 159, 160, 161, 162, 163, 164, 177, 204, 209, 211, 232, 233, 235, 267, 277, 278, 303, 308
ヒトラー、アドルフ　36, 129
姫岡玲二　121
ヒルファーディング、ルドルフ　101
フーリエ、シャルル　233
フォスター、E・M　47
深井純一　268, 269, 270, 271
深沢七郎　264
福沢諭吉　255, 256
福地桜痴　254
福村圭民　210
藤井日達　304
藤田省三　8, 74, 99, 100, 101, 103, 104, 108, 112, 116, 117, 155, 158, 159, 165, 200, 254, 257, 278
布施茂芳　182
ブッシュ、ジョージ・W　33, 35, 63, 65, 78, 79, 82, 112, 167, 168
ブランキ、ルイ・オーギュスト　250
プルードン、ピエール・ジョゼフ　230, 231, 232, 233, 243, 250, 251, 267
ブレジネフ、レオニード　131
不破哲三　45, 83
ペイン、トマス　128, 149, 245, 296
ペータース、カール　106
ヘッセ、ヘルマン　183
ベルルスコーニ、シルヴィオ　41
辺見庸　73
北条民雄　99, 159
ホーネッカー、エーリッヒ　72
細井宗一　134
堀田善衛　59
ホブソン、ジョン・アトキンソン　101
ポランニー、カール　249
ポル・ポト　131
ポレツキー、エリザベス　103
ホロウェイ、ジョン　243
洪南基　115

ま行

前田利家　195
牧梶郎（バンちゃん）　21, 22, 30, 31, 32, 33
マクルーハン、マーシャル　272
マケイン、ジョン　229
松尾徹　141
松崎明　156, 160, 211, 212, 233
松平直彦　52, 124, 164
松田健二　135, 137, 181
丸岡秀子　149, 155, 156, 199, 276
丸山真男　242, 291
三浦梅園　150, 151
三崎亜記　143
美空ひばり　179, 233
皆川博子　183
宮崎学（ガクちゃん）　1, 4, 6, 39, 180, 190, 193, 197, 201, 205, 209, 210, 230, 263, 272, 273, 275, 302
宮沢賢治　59
宮本顕治　29, 102, 204, 277
むのたけじ　237, 238, 239
村上信彦　121, 124
村上龍　53, 54
村木厚子　191, 192
室生犀星　89, 99
室鳩巣　150
文富軾　129
藻谷浩介　278
本居宣長　150

森絵都　143
森川友義　119
森恒夫　114, 115
森輝子　88, 141

や行

安井三吉　126
安江良介　260
山縣有朋　196
山川均　132, 243
山崎耕一郎　40, 42, 52, 112, 160, 164, 260
山崎行太郎　169
山田太一　57
山田正行　88
山根献　191
山之口貘　59, 64, 67, 68
由井格　59
横田滋　34
横田めぐみ　115
吉田嘉清　69, 156
吉田傑俊　158
吉野源三郎　149, 218, 276, 277
四茂野修　133, 134, 135, 136, 137, 152, 160

ら行

ライト、リチャード　103
ラブリオーラ、アントニオ　191, 243
ラムズフェルド、ドナルド　31
ランダウアー、グスタフ　245
リーム、アントニーン　103
ルィバコフ、アナトーリー　103
レーニン、ウラジーミル　43, 71, 73, 101, 119, 191
蓮舫　214
ローレンス、トーマス・E　105, 111
ローレンツ、コンラート　91, 98

わ行

ワシントン、ジョージ　151, 275, 296
渡辺一枝　74
綿矢りさ　53

川上徹《終末》日記 ——時代の終わりと僕らの終わり——

2017 年 11 月 15 日　　初版第 1 刷発行

著　者　　川上徹
編集協力　　大窪一志・山本惠子
発行者　　川上隆
発行所　　同時代社
〒 101-0065　東京都千代田区西神田 2-7-6
電話　03(3261)3149　FAX　03(3261)3237
装幀・組版　　有限会社閏月社
印　刷　　中央精版印刷株式会社

ISBN978-4-88683-827-8